Z'ev ben Shimon Halevi

Der Weg
der Kabbalah

Aus dem Englischen von
Marie-Therese Hartogs und
Ursula Rahn-Huber

Die Kabbalah (wörtlich: »mündliche Überlieferung«) verkörpert das mystische Wissen des Judentums. Darüber hinaus sind ihre Lehren universell und somit im Christentum wie in allen okkulten westlichen Traditionen zu finden. Das erstmals im »Sohar« niedergelegte kabbalistische Wissen war jedoch aufgrund der apokryphen Darstellungsweise bislang nur wenigen zugänglich. Das Verdienst Halevis liegt darin, die kabbalistischen Gesetzmäßigkeiten herausgearbeitet und in die heutige Zeit übersetzt zu haben. Darüber hinaus läßt er die Kabbalah als lebendiges System mystischer Praxis und gelebter Esoterik vor uns auferstehen: als Weg religiöser Erfahrung, der denjenigen, der diesen Weg beschreitet, mit tiefsten spirituellen Erkenntnissen belohnt.

Halevi betrachtet die biblischen Berichte von der Versklavung in Ägypten und vom Gelobten Land als Allegorien für grundsätzliche menschliche Bedingungen. In ähnlicher Weise analysiert er die Geschichte der Brüder Jacob und Esau – sie symbolisieren Psyche und Körper – als archetypischen Transformationsprozeß.

Der Autor zeigt uns, welche Etappen und Übungen wir auf dem Weg zu bewältigen haben, um durch die Tat, Hingabe und Kontemplation den 7stufigen kabbalistischen Aufstieg zu meistern.

Das Praxisbuch für die kabbalistische Arbeit.

Z'ev ben Shimon Halevi (mit hebräischem Namen) ist auch als Warren Kenton bekannt. Er entstammt einer englischen Sephardenfamilie. Nach 30jährigem Studium und Aufenthalten in den bedeutenden kabbalistischen Zentren in Europa, Nordafrika und Israel sah es Halevi als seine Aufgabe an, die Kabbalah für heutige Menschen zugänglich zu machen. Halevi unterrichtet Studiengruppen auf der ganzen Welt. Seine elf Bücher wurden in zahlreiche Sprachen übersetzt. Er ist verheiratet und lebt in London.

Esoterik

Herausgegeben von Gerhard Riemann

Dieses Buch wurde auf chlor- und säurefreiem Papier gedruckt.

Originalausgabe Dezember 1993
© 1993 für die deutschsprachige Ausgabe
Droemersche Verlagsanstalt Th. Knaur Nachf., München
Das Werk einschließlich aller seiner Teile ist urheberrechtlich geschützt.
Jede Verwertung außerhalb der engen Grenzen des Urheberrechts-
gesetzes ist ohne Zustimmung des Verlages unzulässig und strafbar.
Das gilt insbesondere für Vervielfältigungen, Übersetzungen,
Mikroverfilmungen und die Einspeicherung und Verarbeitung
in elektronischen Systemen.
Titel der Originalausgabe: The Way of Kabbalah
© 1976 Z'ev ben Shimon Halevi
Originalverlag: Gateway Books, Bath
Umschlagillstration Peter F. Strauss
Satz MPM, Wasserburg
Druck und Bindung Ebner Ulm
Printed in Germany 5 4 3 2 1
ISBN 3-426-86038-4

*Für
Joshua ben Shimon Hakham Halevi,
meinen Großvater und mein erstes
Verbindungsglied*

Inhalt

Vorwort 11
Einleitung 13

1. Die Tradition....................................... 15
2. Die Sprache.. 27
3. Der Große Baum von Aziluth 34
4. Das Schöpfungswerk 48
5. Der natürliche Adam und sein Körper............ 56
6. Der natürliche Adam und seine Psyche........... 66
7. Sklaven in Ägypten................................ 79
8. Das Gelobte Land 87
9. Jakob und Esau.................................... 93
10. Der Zadek 101
11. Die Kabbalah...................................... 108
12. Objektives Wissen 120
13. Gruppen... 130
14. Gruppenstruktur.................................. 136
15. Gruppendynamik 146
16. Zusammentreffen.................................. 155
17. Der Auszug aus Ägypten 163
18. Vorbereitung der Unterweisung 172
19. Die wörtliche Betrachtung 178
20. Die allegorische Betrachtung 188
21. Die metaphysische Betrachtung................... 197
22. Der Wille 210
23. Katnuth und Gadluth: Die Bewußtseinsstufen 221
24. Neschamah: Die Seele............................. 230
25. Kavanah: Die Absicht............................. 246
26. Vorbereitung des Weges........................... 254
27. Der Weg der Tat 265

28. Der Weg der Hingabe 276
29. Der Weg der Kontemplation.................... 286
30. Aufstieg 295

Anhang
Zur Transliteration 309
Die Sephirot....................................... 309
Das hebräische Alphabet............................ 310
Glossar... 311

Abbildungen

Abb. 1: Der sephirothische Lebensbaum............. 17
Abb. 2: Der hebräische Baum mit deutscher
Transliteration........................... 19
Abb. 3: Menorah................................... 29
Abb. 4: Der Baum 37
Abb. 5: Lichtblitz, Oktave und zwei Gesichter 39
Abb. 6: Vier Welten in Aziluth 41
Abb. 7: Entstehung der vier Welten 45
Abb. 8: Vier Welten 51
Abb. 9: Der physische Körper des Menschen 59
Abb. 10: Psychobiologie des Menschen 69
Abb. 11: Vier Welten in Aziluth 77
Abb. 12: Eden und die Erde......................... 83
Abb. 13: Knechtschaft.............................. 97
Abb. 14: Aspirant 111
Abb. 15: Die sieben Ebenen der Lehre – die Maggidim 117
Abb. 16: Die Kabbalah 139
Abb. 17: Fünf Gärten.............................. 175
Abb. 18: Männlich und weiblich 177
Abb. 19: Die sieben Hirten......................... 191
Abb. 20: Hebräische Buchstaben und Pfade 199
Abb. 21: Zirkulationsfluß 205
Abb. 22: Der Wille................................ 211
Abb. 23: Katnuth und Gadluth...................... 225
Abb. 24: Die Zehn Gebote 233
Abb. 25: Seelen................................... 237

Abb. 26: Die sieben Todsünden. 243
Abb. 27: Heilige Woche. 259
Abb. 28: Tetragrammaton 261
Abb. 29 Rabbi Akibas Aufstieg 297
Abb. 30: Sieben Himmel. 299
Abb. 31: Die heiligen Namen Gottes 305

Vorwort

Irgend etwas sucht jeder von uns. Einige streben nach Sicherheit, andere nach Vergnügen oder Macht. Wieder andere halten Ausschau nach Träumen oder was ihnen sonst noch in den Sinn kommt. Es gibt jedoch auch jene, die wissen, wonach sie suchen, dies jedoch in der natürlichen Welt nicht finden können. Für diese Suchenden wurden von jenen, die diesen Weg früher beschritten haben, viele Hinweise gestreut. Spuren gibt es überall, doch nur wer Augen hat, zu sehen, oder Ohren, zu hören, der wird sie erkennen. Begegnet der Mensch diesen Zeichen mit dem ihrer Bedeutung angemessenen Ernst, so öffnet die Vorsehung eine Tür aus dem Natürlichen hinein in das Übernatürliche. Sie gibt den Blick frei auf eine Leiter, die vom Vergänglichen zum Ewigen reicht. Wer den Aufstieg wagt, der begibt sich auf den Weg der Kabbalah.

Frühling 5734

Einleitung

Ziel jeder mystischen Tradition ist die Vereinigung mit dem HÖCHSTEN EINEN. Ausgewogenheit und die Anhebung des Bewußtseins durch alle Ebenen des Seins bis hin zur Quelle selbst führen uns zu diesem Zustand der absoluten Verwirklichung. Doch nur wenigen gelingt diese Rückbindung, denn obgleich diese unser aller Geburtsrecht ist, erkennen und verstehen nur wenige die Gesetzmäßigkeiten, die das Universum ordnen und über der Entfaltung des Menschen stehen.
Es ist die Aufgabe einer spirituellen Tradition, diese Gesetze aufzuzeigen und ihre Anwendungsprinzipien zu verdeutlichen. Es mag zwar je nach Zeit und Gebräuchen verschiedene Wege der Annäherung geben, doch das Gesetz von den sich komplementierenden Polaritäten – um nur ein Beispiel zu nennen – bleibt stets dasselbe in seiner prägenden Wirkung für das Verhältnis zwischen Praxis und Theorie. In der mystischen Überlieferung Israels wird dieser aktive und passive Aspekt der Thorah oder Lehre als praktische beziehungsweise spekulative Kabbalah bezeichnet. Beide gemeinsam liefern die für eine direkte Erfahrung erforderliche Unterweisung. Kabbalah bedeutet auch »empfangen«, und empfangen kann ein Mensch nur, wenn er beide Ansätze in sich vereinigt. Ein derartiges spirituelles Ereignis bringt für den Menschen das Gesetz der Triade zum Ausdruck, das das Universum ins Sein und zurück zu seinem Ursprung bringt.
Zwischen dem EINEN und der Entstehung der Gegensätze und ihrer Beziehung zueinander liegt der Schritt vom Unendlichen in die Begrenztheit der Welt. Hier ist der Anfang und das Ende aller Relativität. Energie, Form und Bewußtsein erstrecken sich hier in einem divergierenden und konvergie-

renden Komplex zwischen allem und nichts. Der Lebensbaum – das essentielle Diagramm der Kabbalah – beschreibt die objektiven Gesetze, die das Universum ordnen. Dieses analoge Modell des Absoluten, der Welt und des Menschen ist der Schlüssel für die spekulative und praktische Arbeit in der Kabbalah. Das Leben mit dem Baum läßt den Kabbalisten seine Wirklichkeit erfahren, auf daß er ein sicheres Fundament für den Aufstieg in die höheren Seinsebenen errichten möge. Hat er dort einen festen Stand eingenommen, so kann er Wahrnehmungen und Wissen von Dingen erhalten, die ihm in dieser Welt unzugänglich sind. Er kann auch Kanal werden für das Herabfließen der Gnade. Gelingt ihm dies, so erfüllt er seine Aufgabe als inkarnierter Adam und tritt in direkte Harmonie mit dem Willen seines Schöpfers durch alle Erden, Eden und Himmel. Dann kann er womöglich gar im Wagen seiner Seele bis zum Throne des Geistes vordringen. Auf diesem sitzt der ewige Adam, der göttliche Mensch. Dies ist das letzte Gewahren vor der völligen Vereinigung mit dem HÖCHSTEN EINEN.

1. Die Tradition

Jede Religion trägt in sich zwei Aspekte: das Sichtbare und das Verborgene. Ersteres manifestiert sich in Bauwerken, im Priestertum, in Ritualen und in Schriften. Äußere Formen wie diese sollen uns beeinflussen, sollen unser Dasein – das oftmals nichts anderes ist als ein mühseliger Kampf ums Überleben – mit dem Gefühl einer übergeordneten Macht erfüllen und einen Moralkodex und die Regeln guter Sitten vermitteln. Natürlich hat es immer wieder Zeiten gegeben, in denen das Priestertum den Verlockungen des weltlichen Lebens erlag, in denen es in seiner Macht korrumpiert und so zum Unterdrücker von Geist und Seele wurde. Solche Verfehlungen unterliegen jedoch den Gesetzen der kosmischen Gerechtigkeit, und das Böse zerstört sich schließlich selbst. Jede Religion kennt solche Entwicklungen, und stets handelt es sich dabei um die letzte Phase des Zerfalls, bevor ein neuer Impuls die Tradition wiederbelebt.

Der neue Impuls nimmt stets im Verborgenen einer Religion seinen Anfang. Oft kehrt das Licht, das einst die Lehre mit Leben erfüllte, durch die Kraft eines einzelnen oder einer Gruppe zurück, um die Überlieferung erneut in Einklang mit den Bedürfnissen einer Generation zu bringen, die sich nicht mehr mit den traditionellen religiösen Sichtweisen ihrer Eltern identifiziert. Nur wenn sich diese Erneuerung kontinuierlich wiederholt, bleibt eine Religion lebendig. Findet sie nicht statt, so erstarrt die tiefere Bedeutung schon bald zur reinen Form, wird zur leeren Gewohnheit, die den Ignoranten in Ketten legt und beim Intelligenten auf Ablehnung stößt. Der Ironie des Schicksals folgend, sucht und findet der »Rebell« die wahren Glaubensprinzipien nicht selten weitab von den herkömmlichen, konservativen Institutionen seiner eigenen Religion wieder. Oftmals erkennt er beim Studium anderer Quellen die gleichen Auffassungen und Ziele, und gelegentlich kommt ihm diese andere Darstellungsweise auf sonderbare Art wesentlich vertrauter vor als die verwässerte oder überladene Version, die ihm als Kind aufgetischt wurde. Dies liegt daran, daß alle Traditionen derselben Quelle entspringen.

Diese Quelle ist der verborgene Aspekt einer Religion. Aus ihr schöpfen die für das geistige Wohl der Menschheit Verantwortlichen von Zeit zu Zeit, wenn sie ihre Glaubenslehre in Einklang mit den Bedürfnissen der jeweiligen Generation bringen. Bei dieser Neuformulierung wird das Wesen des Menschen und sein Verhältnis zur Welt und zu Gott auf die verschiedenste Weise dargestellt, doch am Grundsätzlichen ändert sich nichts. Die Lehre selbst ist vollständig und vollkommen, in welche Worte man sie auch immer hüllen mag.

Der verborgene Aspekt einer Religion sorgt für die Erhaltung der Lehre, jedoch nicht mit strengen Regeln. Mag auch die Lehre selbst niedergeschrieben oder in Festlichkeiten, Kunst und Geschichten zum Ausdruck gebracht werden, so können doch ihre wahren Inhalte nur mündlich – das heißt im subtilen Verhältnis von alt und jung – überliefert werden. So werden Sinnentstellungen vermieden, wie sie sich im Laufe der Zeit aus der Wandlung der Sprache ergeben könnten. Jede Generation wird in ihrer eigenen Sprache unterwiesen; so mögen sich zwar einzelne Begriffe mit der Zeit ändern – der eigentliche Sinn der Lehre in der jeweils modernen Sprache jedoch nicht. Deswegen sind viele alte Schriften unverständlich. Wir erspüren die tiefe Wahrheit, die in ihnen steckt, doch die genaue Bedeutung der Worte oder Symbole bleibt uns verborgen, denn sie wurden für die Kinder ihrer eigenen Zeit geschrieben. Das heißt keinesfalls, daß alle schriftlichen Über-

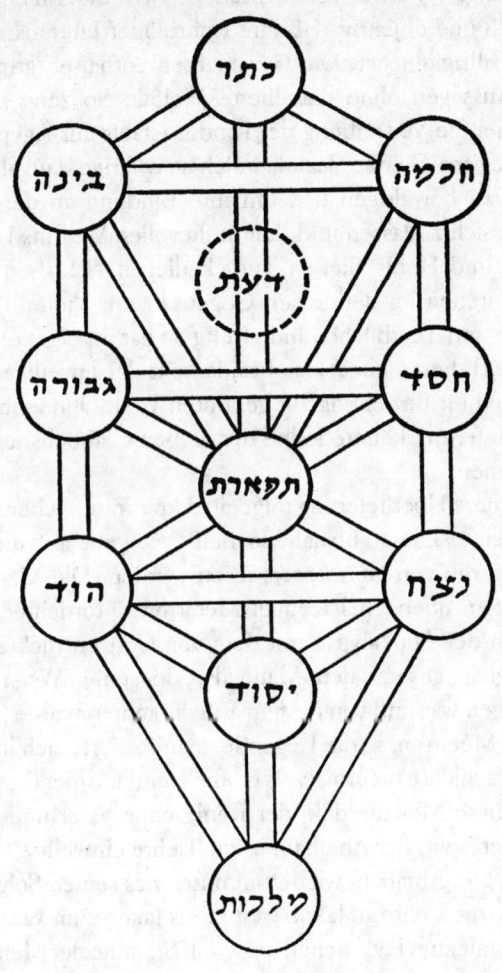

Abb. 1: Der sephirothische Lebensbaum

lieferungen wertlos seien. Manche, wie die Bibel, sind so einfach und objektiv, daß ihre Lehre über Jahrtausende hinweg Gültigkeit hat. Die Geschichten enthalten grundsätzliche Aussagen ohne detaillierte Vielfalt. So zeigt uns zum Beispiel die Vertreibung der Kinder Israels aus Ägypten und ihr Weg ins Gelobte Land, welch schwirige Aufgaben eine Seele zu bewältigen hat, um ihre Bindung an den Körper hinter sich zu lassen und den mühevollen Weg ins Land, wo Milch und Honig fließen, zurückzulegen. Schriften wie die Bibel stehen im deutlichen Gegensatz zur Vielzahl anderer Werke und Textbücher. Jede Religion hat ihr eigenes Schriftgut, und dieses bildet das Fundament der jeweiligen Tradition in ihrer Beziehung zur gesamten Welt. Ohne schriftliche Überlieferung könnte keine der großen Glaubensrichtungen überleben.

Die innere Überlieferung folgt einer kontinuierlichen Sukzessionsreihe. Die Kabbalah, so heißt es, geht auf die Engel zurück, die von Gott unterwiesen wurden. Die Menschheit wird vom obersten Erzengel Metatron unterrichtet. Dieser wird in der Apokalypse mit dem von Gott entrückten Hennoch gleichgesetzt, dem Mann also, der seinen Weg mit Gott gegangen war und von diesem aufgenommen wurde (1. Mose 5, 24). Metatron, so die Legende, manifestierte sich im Laufe der Geschichte mehrmals als großer Lehrer. Einer dieser Lehrer könnte Melchisedek, der König ohne Vater und Mutter, gewesen sein, der Abraham in die Lehre einweihte (1. Mose 14, 18–20). Abraham wiederum unterwies seinen Sohn Isaak, der gab die Lehre an Jakob weiter. Als Jakob zum Vater Israels und damit zum Patriarchen der zwölf Stämme der Menschheit wurde, war nur Levi in der Lage, die Lehre weiterzugeben. Moses, ein Levit, setzte die Reihe fort und unterwies Joshua und die Stammväter Israels. David, der erste rechtmäßige König Israels, stand – so läßt sich an seiner Art der Anwen-

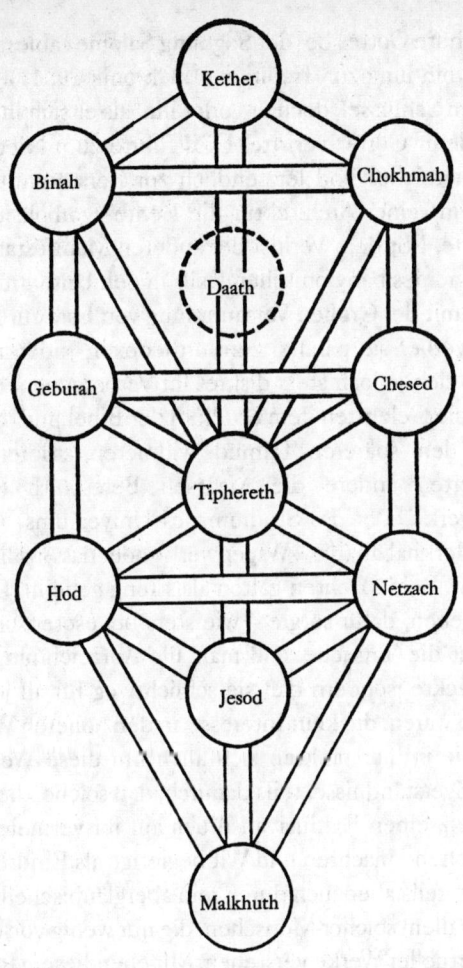

Abb. 2: Der hebräische Baum mit deutscher Transliteration

dung der Attribute Gottes bei der Segnung Salomos ablesen – in direkter Verbindung zur Tradition (1. Chronik 29, 11). Salomo besaß den Schlüssel, doch er verlor ihn, als er sich in die Anbetung anderer Götter verirrte. Dies führte zum Niedergang des Königreiches und letztendlich zur Zerstörung des Tempels, der in seiner Architektur die Lehre symbolisierte und verkörperte. Mit dem Verlust der äußeren Manifestation ging sie während des babylonischen Exils in den Untergrund, kehrte jedoch mit der Großen Versammlung von Esra zurück. Von hier aus verlief sie parallel zum orthodoxen Judentum; dabei hielt sie sich jedoch stets diskret im Verborgenen, und während sich die Gelehrten dem Studium der Bibel und ihrer Auslegungen, dem späteren Talmud, widmeten, studierten und praktizierten andere die Maasseh Bereschith (das »Schöpfungswerk« oder das Studium des Universums) und die Maasseh Merkhabah (das »Wagenwerk« oder das Studium des Menschen). Beide Lehren galten als streng geheim. Daß sie geheim blieben, dafür sorgte – wie stets bei esoterischen Lehren – nicht die Tatsache, daß man alle Aufzeichnungen sorgsam versteckte, sondern daß sie schlichtweg für all jene unverständlich waren, die kein Interesse an den höheren Welten hatten. Wie immer rankten sich auch um diese Werke zahlreiche Mißverständnisse, teils dadurch, daß solche, die zu wissen glaubten, einen Exklusivanspruch auf ihr vermeintliches Wissen geltend machten und Wißbegierige als Eindringlinge verjagten, teils aber auch durch rein abergläubische Unwissenheit vor allem solcher Menschen, die nur wenig von der Tragweite spiritueller Werke verstehen. Mit ebendiesem Phänomen kämpften Mystiker aller Religionen. Der heilige Johannes vom Kreuze bekam den massiven Druck der Kirche zu spüren, und nicht wenige Sufis wurden vom orthodoxen Islam verfolgt. Auch die Mystiker des Judentums waren mit diesem Problem konfrontiert, und einige, wie die Essener, schlossen sich zu eigenen Gemeinschaften zusammen und führten ein Leben in der Abgeschiedenheit.

Die Kabbalah – wenngleich sie diesen Namen auch erst im Mittelalter erhielt – war während des gesamten römischen Zeitalters sowohl in Palästina als auch in Babylon präsent. Bis zu jener Zeit hatte sie viele griechische und babylonische Worte und Ideen aufgenommen und an die mystische Tradition des Judentums angepaßt, um sie so den in den jeweiligen Kulturen dieser Reiche lebenden Generationen nahebringen zu können. Bücher wie der Sepher Jezirah zeugen von dieser Mischung; andere, wie das Buch Hennoch, belegen, daß die Prophezeiung trotz ihrer deutlich nichtjüdischen Ansätze alles andere als tot war.

Die Reihe der Überlieferung setzte sich bis in frühchristliche Zeiten fort, und es besteht kein Zweifel daran, daß Joshua ben Miriam, oder Jesus, mit der verborgenen jüdischen Tradition wohlvertraut war. Sein ganzes Handeln und seine Sprache sind kabbalistisch geprägt: So bezieht sich beispielsweise der von ihm gebrauchte Begriff »Königreich im Himmel« direkt auf Malkhuth von Beriah. In der orthodoxen Welt wurde das Wagenwerk fortgesetzt. Der Talmud nannte seine Anhänger die Reisenden Merkhabahs oder die Besucher des Paradieses. Auf der Grundlage ihrer Erfahrungen entstand um diese Zeit eine eigene Literatur. Von spirituellen Exkursen in die unterschiedlichen Sphären wird mit Bildern von himmlischen Hallen, dem Thron Gottes und in einem Fall der Beschreibung des göttlichen Adam und seiner Größe berichtet. Die Hüter des traditionellen Judentums glaubten, das gemeine Volk könne derart gehaltvolle Schriften nicht verkraften. Zahlreiche Rabbis verboten gar, sie zu lesen, und wiesen die Gläubigen an, sich auf die verstandesmäßige Logik der Thorah zu konzentrieren, die sich im wesentlichen mit dem rechten Verhalten des Menschen auf dieser Erde befaßte.

Es lag in der Wesensart der Chokhmah Nistarah, der verborgenen Weisheit, daß sie im Geheimen blieb, und so wurde diese Weisheit über viele Jahrhunderte hinweg nur von einigen wenigen Eingeweihten unauffällig praktiziert, bis sie schließlich Mitte des neunten Jahrhunderts durch Aaron ben Samuel von Babylon nach Italien gelangte. Von hier aus breitete sie sich gen Norden nach Deutschland aus, wo eine stark praxisorientierte Kabbalah entstand. Im Westen wurde sie nach Frankreich und Spanien getragen; hier bildete sich ein eher spekulativer Zweig heraus. Diese philosophische Entwicklung im westlichen Mittelmeerraum wurde durch die Rückbesinnung auf die griechischen Lehren im muslimischen Spanien angeregt. Um einen Gegenpol zur Anziehungskraft des Aristoteles zu schaffen, formulierten die Kabbalisten die Lehre in eine für die damalige Zeit akzeptable akademische Sprache um. Da die Kabbalah zu diesem Zeitpunkt bereits zahlreiche neuplatonische Begriffe enthielt, erwies sich die Adaption als erfolgreich – so erfolgreich, daß die Kabbalistik eine parallel zur großen scholastischen Bewegung des Christentums verlaufende Blütezeit erlebte. Das geographische Zentrum der kabbalistischen Studien lag in der Provence und in Spanien, und hier insbesondere im katalanischen Gerona, wo man umfassende spekulative Arbeit zur kabbalistischen Theorie leistete.

Aus diesem großen Aufstieg der Tradition entstand, was wir heute im allgemeinen unter Kabbalah verstehen. Sie fand Niederschlag in einem umfangreichen literarischen Werk, dem »Sohar« oder Buch der Herrlichkeit; dieses enthält eine Sammlung von esoterischem Material, das bis auf römische Zeiten zurückgeht. Der Sohar – obwohl er bestenfalls als Auflistung und schlechtestenfalls als brillante Fälschung seitens seines Autors Moses de Leon gewertet wurde – avancierte zur maßgeblichen Grundlage der schriftlichen Kabbalah.

Die mündliche Überlieferung vollzog sich weiter im Verborgenen, obwohl jede Generation über sie sprach und sie so niederschrieb, wie es für sie verständlich war. Die letzte große Neuinterpretation geht auf Isaak Luria, einen im Palästina des sechzehnten Jahrhunderts lebenden Kabbalisten, zurück. Zwar sind keine seiner Schriften erhalten geblieben, doch sein Einfluß auf den spekulativen Bereich und auf die Praxis sind auch heute noch spürbar, wenn auch nur in fragmentarischer Form. Die Reihe setzt sich durch viele Ereignisse der jüdischen Geschichte fort, von denen manche für die Tradition ebenso katastrophale Folgen hatten wie für die betroffenen Menschen selbst. Der falsche Messias des siebzehnten Jahrhunderts, Sabbatai Zevi, brachte das Ansehen der Kabbalah für mehrere Jahrhunderte in Mißkredit. Auch durch den von ehrgeizigen Magiern praktizierten Mißbrauch kabbalistischer Begriffe und Diagramme für ganz und gar unkabbalistische Zwecke wurde ihr Ansehen stark herabgesetzt. Schon zuvor hatten Juden in Zeiten schwerer Verfolgung zu magischen Zwecken auf die Kabbalah zurückgegriffen, doch ähnliches geschieht in allen Völkern, wenn großes Leid über sie kommt. In ihrer reinen Form setzte sich die Überlieferungsreihe jedoch trotz all dieser Anfeindungen fort. Sie manifestierte sich unter den Chassidim Osteuropas und den orientalischen Juden, die sie von den Sephardim oder den über ganz Europa, Nordafrika und das türkische Reich verstreut lebenden spanischen und portugiesischen Exilanten aufgegriffen hatten.

Bei jeder wie auch immer gearteten Formulierung einer Tradition folgt auf die Initiation, das Wachstum und die Erfüllung einer Aufgabe stets der Zerfall und der Tod. Oftmals bemerken jedoch die am Rande einer solchen Bewegung Stehenden nicht, daß das Licht gewichen ist, das Herz bei der Formulierung nicht mehr schlägt und nichts als ein

Kodex hohler, überholter Regeln von ihr übrigbleibt. Uneingeweihte ahmen den Meister nach, ja treten oftmals gar an seine Stelle, und sie lehren ohne Tiefgründigkeit und ohne die Regeln zu kennen. Sie lehren mechanisch, denn sie haben die Lehre nicht selbst erfahren. Diese Erfahrung bleibt ihnen versagt, solange sie selbst sich nicht ändern. Die Geschichte ist voll von solchen spirituellen Körpern, aus denen das Leben gewichen ist – und stets kehren sich diese zum genauen Gegenteil dessen, was die Begründer der Lehre beabsichtigt hatten. Schulen, die entstanden sind, um den Menschen dabei zu helfen, ihre geistige Freiheit zu erlangen, können zu psychischen Gefängnissen werden. Für all diejenigen, die hier nach Wahrheit oder mystischen Erfahrungen suchen, ist dies eine echte Gefahr. Ein Meister, der nur seinen eigenen Lehrer nachäfft oder, schlimmer noch, einen längst verloschenen Mythos predigt, ist nutzlos. In diesem Falle kann jeder, der wirklich sucht, Hilfe erhalten, aber nicht aus der Institution einer formalen Dynastie. Die Kontakte zur verborgenen Tradition können sich direkt und unmißverständlich manifestieren. Diese Art der Verbindung ist selbst für Schriftgelehrte nicht nachvollziehbar; sie fällt in den Bereich der rein mündlichen Überlieferung. Das Ergebnis kann spektakulär sein, wie im Falle der Vision Ezechiels (Hesekiels) am Flusse Kebar; doch viel häufiger zeigt es sich in Form einer offensichtlich glücklichen Fügung, einer psychischen Verhaltensänderung oder einer Begegnung, die das ganze weitere Leben eines Menschen verändert. Ein solches Ereignis kann nur dann herbeigeführt werden, wenn der bedingungslose Wunsch nach geistigem Wachstum besteht. Ist diese Voraussetzung erfüllt, können Gnade und Vorsehung die Bedingungen für eine innere und äußere Veränderung schaffen. Solche Weichenstellungen geschehen sehr selten; und selbst wenn sie geschehen, sind nur wenige bereit, alles für die eine Perle von unschätzbarem Wert aufs Spiel zu setzen. Rechtzeitig und stets genau im richtigen Augenblick tritt ein Lehrer oder Maggid in Erscheinung. Dieser kann sich auf viele verschiedene Weisen manifestieren, wie alte kabbalistische Dokumente belegen. Vielleicht bekommen wir ihn nur ein einziges Mal zu Gesicht oder stellen fest, daß wir ihn zeit unseres Lebens gekannt haben. Es kann der eigene Großvater sein oder der Studienkollege, ein Mitreisender bei einer Überfahrt auf hoher See oder gar jemand, den wir immer für einen Dummkopf hielten. Mal klopft er an unserer Haustür an, mal ist er schon im Haus. Niemand weiß, wer unser Maggid ist – außer ihm und uns. Die Kabbalah kann nur von Angesicht zu Angesicht vermittelt werden. Sie ist eine mündliche Tradition: Sie wird in der Sprache der jeweiligen Zeit gelehrt und gelernt und ist doch ein ständiger Dialog, der über viele Jahrhunderte hinweg geführt wird.

Im vorliegenden Buch werden die einzelnen Stufen beschrieben, die die Jakobsleiter hinaufführen. Theorie und Praxis der Tradition werden in alten und modernen Begriffen erläutert, und so erhalten wir einen Eindruck davon, was sich hinter dem Namen Kabbalah verbirgt. Die Realität der Tradition kann jedoch kein noch so gutes Buch vermitteln, sofern der Leser sie nicht bereits in sich trägt. Ich selbst führe die Arbeit fort, die mir meine Väter gaben. Ich schreibe, um meine Schuld zu begleichen. Ich gebe mein Wissen weiter, denn ich kenne die kabbalistische Maxime, die da sagt: »Nur der kann empfangen, der auch gibt.« Auf diese Weise wird die Reihe fortgeführt, auch wenn die uns heute so vertraute Welt in den Augen künftiger Generationen verblaßt, dann alt und sogar altertümlich wird. Dann wird es ohne Zweifel andere geben, die die Tradition aufgreifen und leben – als Lernende oder Erleuchtete. Vielleicht bist du derjenige? Einer, der in einem verblichenen Buch diese Worte liest, die ein längst verstorbener Kabbalist in archaischen Sätzen niederschrieb und die auch in einer modernen Welt weit in der Zukunft noch Sinn machen. In der Kabbalah spielt die Zeit keine Rolle: Nur die Ewigkeit und alles, was jenseits liegt, ist für uns wichtig.

2. Die Sprache

Über ihre lange Geschichte hinweg ist die Kabbalah in vielen Formen erschienen. Alle können jedoch einer der vier nachstehenden Auslegungsweisen zugeordnet werden: die wörtliche, die allegorische, die metaphysische und die mystische. Die Ursprünge der drei ersten Betrachtungsebenen wurzeln im Vermögen des Menschen, mit seinen Sinnen wahrzunehmen, zu fühlen und zu denken. Beim Ungeübten ist gewöhnlich eine dieser Fähigkeiten besonders ausgeprägt. So sieht die in erster Linie instinktiv orientierte Person die Welt durch die Sinne, der Gefühlsorientierte durch Symbole und Stimmungen und der Denker durch Ideen. Normalerweise bleibt uns die vierte, die mystische Sicht, versperrt; gleichwohl kann sie in seltenen und außergewöhnlichen Momenten des Bewußtseins, das uns jenseits unserer natürlichen Verfassung hebt, in jedem von uns erwachen.

Wenn wir davon ausgehen, daß es vier traditionelle Annäherungsweisen an die Kabbalah gibt, finden wir auch eine Antwort darauf, warum soviel kabbalistische Literatur unverständlich ist. Abgesehen davon, daß es sie in einer der modernen Sprachen nicht geben mag, werden nur die unserer zeitgemäßen Ausdrucksweise entsprechenden Werke einen Sinn hergeben. So beschreibt ein Buch möglicherweise komplizierte Rituale, ein anderes eine Welt voll von Engeln, Dämonen und apokalyptischen Dramen, während ein drittes über mehrere Seiten den Versuch unternimmt, den Effekt einer Gleichgewichtsverlagerung im sephirothischen Baum zu erklären, die alles Bestehende durcheinanderbringt. Auch im Alltag versteht der Macher den Träumer oder Denker nicht, und umgekehrt betrachten diese ihn und sich gegenseitig als rätselhafte Wesen. Es hängt eben davon ab, welches Naturell ein jeder hat. Über mystische Literatur läßt sich nur wenig sagen, denn Berichten vieler Mystiker zufolge handelt es sich hier um unbeschreibbare Erfahrungen, die mit dem normalen Verstand nicht zu erfassen sind. Alle Schilderungen sind daher nur verschwommene Nachempfindungen, die gewöhnlich auf einer der drei unteren Kommunikationsebenen niedergeschrieben wurden.

Die Bibel ist vielleicht das beste Beispiel der vier Annäherungsweisen. Man kann sie als eine wörtliche Geschichte, als eine Allegorie oder als ein Gefüge abstrakter Ideen ansehen; und darüber hinaus enthält sie auch mystische Elemente.

Ein gutes Beispiel für die verschiedenen Verständnisweisen eines Werkes wird am Tempel des Salomo in anschaulicher Form dargelegt. Physisch gesehen sind Planung und Bau außerordentlich detailliert beschrieben. In dem 2. Buch der Chronik 3 f. lesen wir über die Art der verwendeten Materialien und Techniken, die Anzahl der Arbeiter – einheimische oder fremde – und sogar über die politische und wirtschaftliche Lage, die die Errichtung eines derart grandiosen Bauwerkes möglich machte. Es gibt zudem Unterlagen über Planung und Bebauung des Grundstückes in drei ansteigende Hofräume, mit dem Tempel auf dem höchsten Punkt des Komplexes angeordnet. Der Tempel als solcher war ein mächtiges Zentrum des religiösen, politischen und sozialen Lebens. Errichtet in Jerusalem, an dem Ort, wo König David zuvor einen Altar aufgebaut hatte, war er der größte Einigungsfaktor in einer von Stammeskonflikten geplagten Nation. Für den Mann auf der Straße bedeutete der Tempel eine Stätte der Begegnung und Ausübung von Ritualen zur Anrufung des Gottes von Israel. Er stand da, um gesehen, besucht und genutzt zu werden. Wenn der gewöhnliche Mensch auch nicht immer verstand, was während des Zeremoniells ablief,

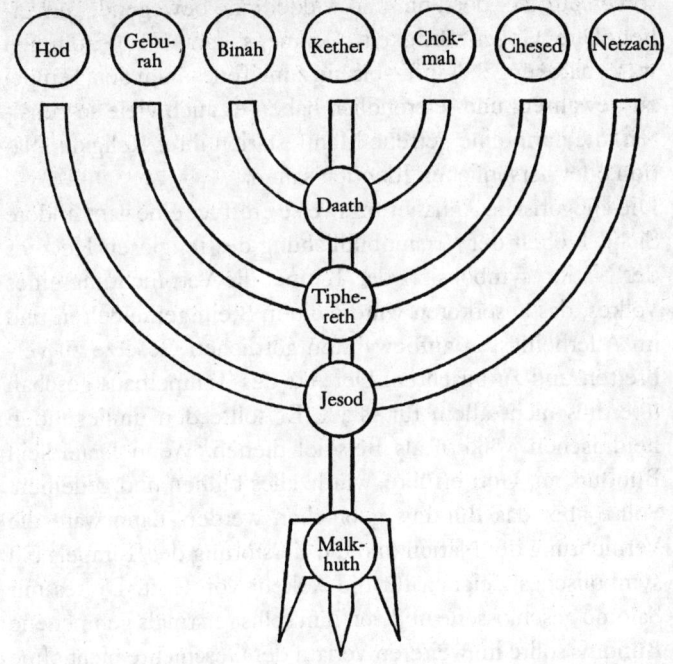

Abb. 3: Menorah

Dieses Bild stellt eine frühere Version des Lebensbaumes dar. Es wurde Moses im Buch Exodus (2. Mose) vorgeschrieben. Hier liegen die aktiven und passiven Sephiroth jeweils zur Linken und zur Rechten mit der zentralen Achse des Gleichgewichts entlang der mittleren Säule. Im Tempel gab es zehn solcher Leuchter – ein kompletter Baum innerhalb jeder einzelnen der zehn Sephiroth des Großen Baumes.

so verspürte er doch hin und wieder eine bewegende, unverkennbare Gegenwärtigkeit. Wenn es darauf angekommen wäre, hätte er gekämpft – bis hin zum Tode –, um den Tempel zu bewahren; und letztendlich haben es auch viele so gehalten, die darin eine getreue Manifestation ihrer Religion, Nation oder persönlichen Identität sahen.

Die allegorische Annäherungsweise eröffnet eine ganz andere Sicht. Neben der Versinnbildlichung des religiösen Herzens der Nation symbolisiert der Tempel die Verpflichtung eines Volkes, das auserkoren wurde, die in Stein gemeißelten und im Allerheiligsten aufbewahrten göttlichen Gesetze zu verbreiten und zu beachten. Der Akt des Tempelbaus geschah überdies nicht allein für Israel. Er sollte den umliegenden heidnischen Völkern als Beispiel dienen. Wenn Israel sein Bündnis mit Gott erfüllte, würde alles blühen und gedeihen. Sollte aber das Bündnis gebrochen werden, dann wäre die Vernichtung der Nation und die Zerstörung des Tempels ein symbolisches Zeichen für die Abkehr von Gott. Dieses mit Salomo geschlossene und von ihm selbst erstmals gebrochene Bündnis sollte im weiteren Verlauf der Geschichte nicht ohne Auswirkungen bleiben. Das Symbol des Tempels ist in der Tat so stark emotional belastet, daß die Juden in aller Welt seines Wiederaufbaus, seiner Entweihung und endgültigen Zerstörung bis zum heutigen Tag gedenken. Überdies ist die Allegorie so mächtig und bedeutungsvoll, daß der Tempel auch in die westliche Mythologie Eingang gefunden hat, wobei Form und Inhalt von der Kirche, den Freimaurern und sogar einem Ritterorden, den Templern, benutzt werden. »Der Körper ist der Tempel«, sagte einmal ein großer Kabbalist, »und die Wahrung des Bündnisses ist immer noch relevant für die Salomo gemachte Verheißung.«

Aus intellektueller Sicht stellt sich der Tempel wiederum ganz anders dar. Metaphysisch gesehen entsprechen die drei aufsteigenden Ebenen des äußeren, inneren und Priesterhofes den drei niederen Welten der manifesten Existenz gegenüber der vierten, verkörpert durch den Tempel. Der Tempel ist der Ort der göttlichen Herrlichkeit. Vor seinem Portal stehen die bronzenen Säulen mit den Namen Boas und Jachin. Diese Säulen repräsentieren die aktiven und passiven Pole der Welt von Aziluth. Im Sanktuarium sind zehn Kandelaber aufgestellt; es handelt sich dabei um Nachbildungen des im Tabernakel der Wildnis benutzten Leuchters. Die Original-Menorah oder der siebenarmige Leuchter drückt die Zehn Gebote oder Sephiroth aus, durch die die Welt entsteht. Die drei Lichter zur Rechten versinnbildlichen die aktiven Sephiroth und die drei zur Linken die passiven. Wo sich die Arme im zentralen Stamm und Fuß treffen, liegen die Sephiroth des Gleichgewichtes, gekrönt durch das mittlere Licht der Heiligkeit. Jede der zehn Menoraoth im Sanktuarium symbolisiert eine Sephirah im Großen Baum von Aziluth, den sie gemeinsam bilden. Dahinter befindet sich der Vorhang, der das Allerheiligste verdeckt, den Ort also, wo Schekhinah oder die Göttliche Allgegenwärtigkeit schwebt. Somit enthält die Tempelanlage ein vollständiges metaphysisches Bild.

Die ganze Bibel kann man praktisch auf diese drei Weisen betrachten, denn aus allen spricht die Thorah – das sind die göttlichen Gesetze des Lebens und ihre Anwendung auf den Menschen. Die Regeln sind klar niedergelegt und die Belohnungen für gutes und böses Verhalten ausführlich dargestellt. Für den Kabbalisten enthält die Bibel die vierte Ebene des Verstehens, die der Mystik. Sie beschreibt bis ins Detail die höheren Welten und wie man Eingang zu ihnen findet. Voraussetzung ist allerdings ein anderer Seinszustand als allgemein üblich und mehrheitlich empfunden.

Wir alle haben schon große Momente des Erwachens erlebt. Sie sind jedermanns Geburtsrecht. In ihnen erscheint uns die

Welt völlig anders und mit herkömmlichen Worten unbeschreibbar. Solche Geschehnisse können in Augenblicken des Schocks oder zu Zeiten der Ruhe, in Momenten der Liebe und des Hasses, ja sogar in Phasen offensichtlicher Indifferenz gegenüber Leben und Tod auftreten. Derart klare und einschneidende Bewußtseinszustände erfahren wir oftmals in der Kindheit. Sie hinterlassen einen tiefen Eindruck, wie eine Erinnerung an ein anderes Land; und tatsächlich sind sie es ja auch. Sie treten in der Jugend und im Erwachsenenalter auf, doch sie verblassen wieder, gehen vorüber, da es keine Möglichkeit gibt, sie festzuhalten. Drogen können beschleunigend wirken, doch sie sind gefährlich sowohl für die Physis als auch die Psyche des Menschen und daher nicht empfehlenswert. Einen solchen Zustand willentlich zu erreichen und ihn aufrechtzuerhalten erfordert eine Menge Training. Dies ist der Zweck der Kabbalah.

Wer sich in früheren Zeiten für die mystischen Aspekte der Bibel interessierte, studierte im wesentlichen zwei Texte, und zwar die einleitenden Kapitel der Genesis (1. Mose) und des Buches Ezechiel (Hesekiel). Dies lag daran, daß erstere die Entfaltung der Schöpfung von oben herab darstellt und letztere eine Vision des Universums von unten wiedergibt. Beide, das »Schöpfungswerk« und das »Wagenwerk«, waren theoretische und praktische Studienansätze mit dem Ziel, den Kabbalisten aus der natürlichen in die übernatürliche Welt zu heben. Solche Exkurse waren jedoch nicht ungefährlich, denn um sicher in eine andere Dimension zu gelangen, muß man zunächst ein festes Fundament in dieser und der nächsthöheren Welt haben. So war es denn auch den Reiferen vorbehalten, die Kabbalah zu studieren und zu praktizieren; die Jüngeren durften dies nur in weltbezogener Form. Stabilität ist sehr wichtig in der Kabbalah. Wer aus falschen Gründen heraus sucht, das heißt zur reinen Selbstbestätigung, der wird keinen

Zugang finden. Mit der Wahrheit zu spielen ist nicht ratsam, denn die ersten Phasen der Initiation befassen sich mit dem Bild, das wir von uns selbst haben. Und nur wenige können eine Bloßstellung ihrer Illusionen ertragen.

In der folgenden Darstellung wird eine Synthese der drei ersten Verständnisweisen vermittelt, um so Theorie und Praxis der Kabbalah aufzuzeigen. Den mystischen Aspekt muß der Leser für sich selbst herausfinden – unter Zugrundelegung der beschriebenen Prinzipien. So kann er mit der Tradition in Verbindung treten entweder über die Linienfolge oder durch direkte Offenbarung, das heißt, wenn es SEIN Wille ist. Unterdessen können wir nur eines tun: uns vorbereiten.

Beginnen wir mit einer kurzen Beschreibung des Großen Baumes und der Erinnerung, daß alles darin Enthaltene relativ ist, denn auch die kabbalistische Literatur erscheint in der Sprache des Menschen. Sie ist lediglich das Kaleidoskop einer Gesamtheit, die für uns als noch nicht entfaltete, natürliche Menschen zunächst nicht verständlich ist. Nur Gott kann im Absoluten wirken.

3. Der Große Baum von Aziluth

Gott existiert nicht. Gott ist jenseits jeglicher Existenz. Gott ist Ain – das Nichts. Aus dem Nichts kommt Ain Soph oder das unendliche All. Innerhalb der Grenzenlosigkeit von Ain Soph wird ETWAS zur unmanifesten Realität, verborgen in der absoluten Stille und eingehüllt in totales Schweigen. Einige Kabbalisten nennen dies den Ort ohne Ende.

Aus der Endlosigkeit kommt der Wille von Ain Soph. Er zieht sich zusammen – oder, wie manche sagen, er verdichtet sich, oder sogar: er strahlt –, um so der manifesten Welt ihr Hervorgehen aus dem Unmanifesten zu ermöglichen. Der aus dem Verborgenen kommende Wille von Ain Soph heißt Ain Soph Aur, denn das Licht (hebräisch: Aur) symbolisiert den Willen. Über die Art und Weise, wie das Licht das unmanifeste Sein durchdringt, wurde über viele Jahrhunderte hinweg diskutiert. Dabei handelt es sich jedoch nicht um eine Meinungsverschiedenheit, sondern vielmehr um eine Suche nach dem Weg, einem göttlichen Geschehnis Ausdruck zu verleihen, dessen Ursprung und Absicht nur ER kennt. Viele Analogien wurden vorgebracht, doch nur als Metaphern. Leider werden sie jedoch oft für die Realität gehalten.

Eine der Analogien für die erste Manifestation SEINES Willens aus dem unmanifesten Sein ist ein dimensionsloser Punkt. Dieser Punkt der manifesten Existenz ist der Quell alles Gewesenen, Seienden und Werdenden. Es ist das ICH BIN, das in der Kabbalah als die »Erste Krone«, das »Uralte Eine«, das »Weiße Haupt« bezeichnet wird. Hieraus emanieren die zehn Ausschüttungen, durch die die relative Welt zur Existenz gerufen wird. In einer schrittweisen Entfaltung entstehen die zehn göttlichen Prinzipien, die Attribute Gottes beziehungsweise Sephiroth, wie ein immerwährender Lichtblitz. Es sind die Sephiroth Kether oder die Krone, Chokhmah oder die Weisheit, Binah oder das Verstehen, Chesed oder die Barmherzigkeit, Geburah oder das Gericht, Tiphereth oder die Schönheit, Netzach oder die Ewigkeit, Hod oder der Widerhall, Jesod oder das Fundament und Malkhuth oder das Königreich. Zwischen Binah und Jesod finden wir eine elfte oder auch Nicht-Sephirah genannte Sephirah: Daath oder das Wissen, der eine ganz besondere Aufgabe zufällt. Einigen Sephiroth sind mehrere Bezeichnungen zugewiesen, sowohl im Deutschen als auch im Hebräischen. Geburah, wurzelnd in Macht, wird manchmal auch Din oder Pachad genannt; sinngemäß bedeutet das »Gerechtigkeit« oder »Furcht«. Hod und Netzach könnten wir auch mit »Herrlichkeit« und »Sieg« übertragen. Die hier verwandten Benennungen basieren auf den original hebräischen Begriffen, so daß beispielsweise Hod in seiner eigentlichen Entsprechung »Widerhall« eine präzise Sinngebung widerspiegelt, während das Wort »Herrlichkeit« nichts über die sephirothische Funktion aussagt. Darüber hinaus wird »Herrlichkeit« auch gelegentlich für Tiphereth und die Welt von Aziluth herangezogen. Ähnlich wird Netzach mit »Ewigkeit« übersetzt, was im sephirothischen Kontext soviel wie »wiederholen« oder »sich endlos drehen« bedeutet.

Der Überlieferung zufolge steht das Wort Sephiroth für Saphire oder funkelnde Lichter. Man hat sie auch Ziffern, Grade, Gefäße, Kräfte, Kleider, Kronen usw. genannt. Hierin zeigt sich die Mannigfaltigkeit der hebräischen Sprache und der Kabbalah. Es gibt keine gefestigte dogmatische Form, wenngleich die Prinzipien immer dieselben bleiben. In einem Jahrhundert hießen sie »die inneren Gesichter Gottes« und in einem anderen »die ursprünglichen Tage«. Dies führt uns zum Thema der Anordnung und Bedeutung der Sephiroth in ihrer fortschreitenden Entfaltung.

Beginnend mit dem EINEN, dargestellt in der Ersten Krone, teilt sich die vollkommene manifeste Einheit zunächst in zwei; dabei gilt die zweite Stufe als aktive Manifestation, die sodann durch ihren passiven Gegenpol komplettiert wird. So entstanden drei Sephiroth aus dem Ort des Gleichgewichtes. Doch ihre Beziehung untereinander war nicht vollkommen, denn der Impuls des göttlichen Willens hatte Spannung zwischen ihnen erzeugt. Bezogen auf ihre nunmehr relative Existenz, befanden sie sich allerdings in einer ausgleichenden Balance, wenngleich diese ständig aufrechterhalten werden mußte. Die drei waren und sind immer noch die »Supernalen«, das ewig Göttliche innerhalb einer manifestierten Existenz. Sie sind das Allerheiligste. Über die Jahrhunderte hinweg haben die aktiven und passiven Sephiroth der supernalen Triade viele Analogdarstellungen erfahren; doch vielleicht sind die vom »Großen Vater« und der »Großen Mutter« die aussagefähigsten. Ihre Rolle in dem nachfolgenden komplexen Gefüge bestand darin, die zwei sich gegenüberstehenden und einander ergänzenden Pole oder Säulen der Barmherzigkeit und Strenge anzuführen. In mehr irdischen Begriffen sprechen wir hier von den Pfeilern der Kräfte und der Formen. Es heißt, daß Chokhmah oder die Weisheit der erste Gedanke war nach dem Impuls des Willens ausgehend von Kether, der Krone, und Binah oder das Verstehen die passive Formulierung der dem göttlichen Intellekt innewohnenden Idee. Nichts konnte jedoch weiter geschehen, bis der Wille von Kether – entlang der mittleren Säule wirkend – den Lichtblitz über die Kluft bringen half, wo die Nicht-Sephirah Daath ihren Sitz hat, um danach wieder die Kraft der aktiven Säule aufzunehmen. Diese Kluft beziehungsweise dieses Intervall, auch unter dem Namen »Abyssus« bekannt, ist ein

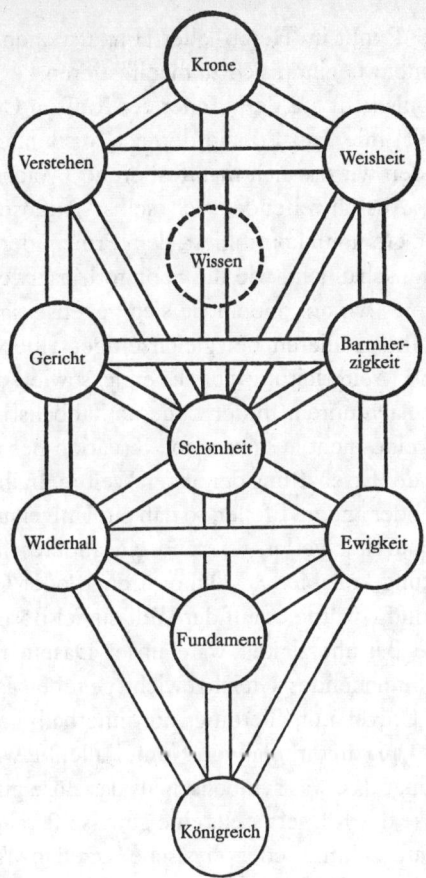

Abb. 4: Der Baum

Die Übersetzungen der sephirothischen Namen variieren stark. Das ist darauf zurückzuführen, daß jedes hebräische Wort verschiedene Bedeutungen haben kann. Auf dieser Darstellung sind Widerhall und Ewigkeit gewählt, weil diese Begriffe den sephirothischen Aspekten von Hod und Netzach am besten entsprechen. Alle Namen vermitteln jedoch nur einen Bruchteil der Bedeutung einer jeden Sephirah.

kritischer Punkt im Herab- oder Hinaufsteigen des Baumes, der nunmehr beginnt, sich zu manifestieren.

Der Impuls trifft auf den Pfeiler der Kraft in Chesed (Barmherzigkeit) mit dem Prinzip der sich ausdehnenden Stärke. Hier finden wir das sich manifestierende Wachsen, das Ausufernde, Ausschweifende, sich selbst Auflösende – wenn nicht von Geburah kontrolliert, dem Prinzip der Begrenzung. Dies veranschaulicht, wie die Sephiroth paarweise innerhalb des Baumes wirken, indem sie sich gegenseitig ausbalancieren und kontrollieren bei gleichzeitiger Überwachung von oben und Weiterleitung von Energie sowie Ausübung von Aufsicht nach unten. In der früheren kabbalistischen Literatur wird eine nicht ausgewogene Situation beschrieben, und zwar die der Erschaffung der ersten Welten. In ihnen überwog der eine oder andere Pfeiler, so daß ein Universum sich selbst in Überaktivität verlor, während ein anderes in übergroßer Verdichtung kollabierte. »Ohne Strenge oder Gericht«, sagt der Talmud, »würde es auf der Welt zuviel Böses geben, und ohne die Barmherzigkeit wäre unser Dasein unerträglich.« Wenn hinreichendes Gleichgewicht gegeben ist, stabilisiert sich das Universum, allerdings nur innerhalb gewisser Grenzen. Alles aus dieser relativen Norm Fallende wird gefährlich und erzeugt das, was symbolisch als das Böse gilt. Die Funktionsweise des Körpers stellt eine gewisse Parallele dar. Jeder molekulare, zellulare oder physische Exzeß in Wachstum oder Begrenzung, in Kraft oder Form verursacht sein Krankwerden und zuweilen sein Sterben. So wie die Ausgewogenheit im menschlichen Organismus von entscheidender Bedeutung ist, so ist sie dies auch für den Großen Baum, nach dessen Prinzipien der Körper geschaffen wurde.

Im weiteren Verlauf des Lichtblitzes bildet sich aus der Beziehung zwischen Chesed und Geburah durch Synthese die Sephirah Tiphereth (Schönheit) auf der mittleren Säule. Diese

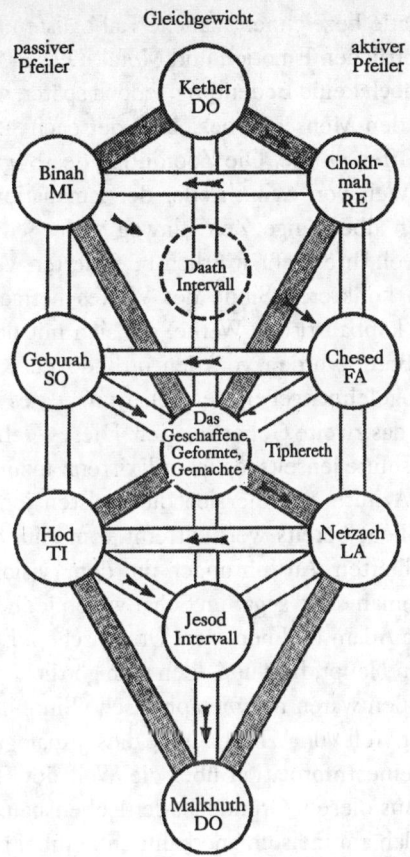

Abb. 5: Lichtblitz, Oktave und zwei Gesichter

Hier wird das Prinzip der fortschreitenden Entfaltung veranschaulicht, indem der Impuls herabfährt von einer Seite des Baumes zur anderen und die kritischen Punkte auf der mittleren Säule durchkreuzt. Die oberen und unteren Gesichter versinnbildlichen das Prinzip des »Wie oben, so unten«, welches in der ganzen Schöpfung seinen Niederschlag findet.

untere Triade bezeichnen manche Kabbalisten als die Dreiheit der göttlichen Emotion und Moral. Dieser Ausdruck hat zwar hier noch keine Bedeutung, jedoch später, wenn wir den Baum auf den Menschen beziehen, der nach SEINEM Ebenbild geschaffen wurde. Die Zuordnung des Begriffes »Emotion« zur Welt von Aziluth oder der Emanationen hat den Kabbalisten über lange Zeit hinweg viele Schwierigkeiten bereitet, weil ihre mehr wörtlich orientierten Vertreter alles jeweils im konkreten Sinne des Wortes betrachteten. Verschiedene kabbalistische Werke, die sich mit der göttlichen Welt befaßten, wurden von den orthodoxen Kreisen jener Epoche abgelehnt wegen der Schaffung eines Ebenbildes, was gegen das zweite Gebot verstieß. Dieses Gebot ist jedoch auf das Absolute jenseits jeglicher Existenz anzuwenden. Die Welt von Aziluth, auf die sich die meisten jener Schriften beziehen, liegt bereits weit entfernt vom Ain, dem Nichts. Die detaillierten Ausführungen in dem visionären Buch »Schiur Komah« und sogar im Sohar waren lediglich Darstellungen von Adam Kadmon, dem Urmenschen. Die Beschreibungen von Haupt, Bart und eben vom göttlichen Körper mit seinen Maßen waren nur metaphysische Sinnbilder zur Illustration der Welt von Aziluth. Ohne diese Analogien hätte der Mensch keine Information über die Welt der Emanationen erhalten. Aus diesem Grunde ist der Lebensbaum zu dem in der Kabbalah am meisten anerkannten Symbol geworden; er enthielt nicht nur die gesamte Information für Theorie und Praxis, sondern galt auch als Abbild des wortwörtlich Nichtsehbaren im Himmel und auf Erden.

Die Sephirah Tiphereth ist das Herz des Baumes. Sie befindet sich auf halbem Weg zwischen der obersten und untersten Sephirah auf der Säule des Gleichgewichtes. Als Zentrum oder Mitte erfüllt sie eine große Aufgabe, denn sie vereint und bringt den Fluß der verschiedenen Pfade, die Tiphereth

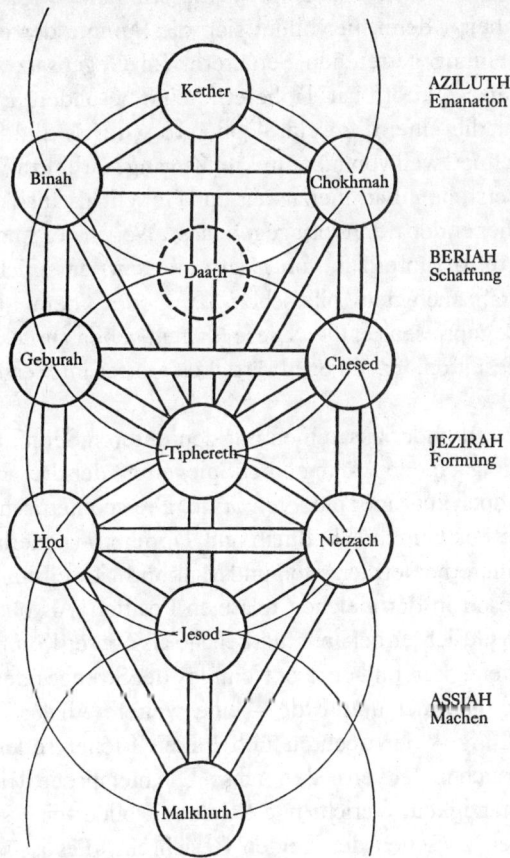

Abb. 6: Vier Welten in Aziluth

Die vier Ebenen, aus denen die niederen Welten hervorgingen, sind in der immerwährenden Welt der Emanationen enthalten. Trotz vieler unterschiedlicher Auslegungen dieser Ebenen sind sich alle Kabbalisten darin einig, daß diese vier Reiche immer in diesem und allen nachfolgenden Bäumen gegenwärtig sind.

durchströmen, in Einklang. Tiphereth heißt »Pracht und Schönheit«, denn hier bildet sich die Summe der bisher in Erscheinung getretenen Sephiroth. Im Gegensatz zu allen anderen Sephiroth hat Tiphereth keine besondere Funktion als nur die eine: dazusein. Tiphereth wird als Sitz Salomos bezeichnet, weil von hier direkter Zugang sowohl zu Weisheit und Verstehen, Barmherzigkeit und Gericht als auch den darunterliegenden Sephiroth gegeben ist. Wegen der Anordnung unmittelbar unterhalb von Daath (Wissen) entspricht diese Sephirah auch dem biblischen »DU« oder »dem HEILIGEN EINEN, gepriesen sei ER«. Diese Namen gehen zurück auf die Manifestation der Allgegenwärtigkeit Gottes im Herzen allen Seins.

Tiphereth bildet zusammen mit den unteren Sephiroth Hod und Netzach den Anfang einer Spiegelung der drei Supernalen, jedoch auf einer niederen Stufe. Die geometrische Figur aus Kether, Chokhmah, Binah und Tiphereth wiederholt sich in Tiphereth, Netzach, Hod und Malkhuth, jeweils mit Daath und Jesod in der gleichen relativen Position. Als obere und untere Gesichter bekannt, wirken sie als oberer Komplex der Barmherzigkeit und unterer Komplex der Strenge oder Härte, so daß Himmel und Erde – eine weitere Analogie dieser Beziehung – den rechten und linken Pfeiler reflektieren, wenn auch in der vertikalen Achse. Die moralische Triade aus Barmherzigkeit, Gericht und Schönheit bildet eine separate Dreiheit zwischen den beiden Gesichtern; dies ist sehr bedeutsam für die Beziehung zwischen oberem und unterem Teil des Baumes, im Göttlichen ebenso wie im Menschen.

Netzach oder Ewigkeit und Hod oder Widerhall wirken als unterstes Sephiroth-Paar der äußeren Funktionspfeiler. Netzach auf dem Pfeiler der Kraft bringt Energie in den Kreislauf, während Hod den Impuls durch den ganzen Baum zurückwirft. Dies ist möglich, weil sich – wie wir uns erinnern – im

Tempel zehn Menoraoth befanden, das heißt ein kompletter »Miniaturbaum« in jeder Sephirah des Großen Baumes von Aziluth. Intersephirothische Beziehungen werden dadurch möglich gemacht; jede Sephirah kann so einen aktiven und einen passiven Aspekt ebenso wie alle Qualitäten der in ihr vereinten Subbäume in sich tragen. Die Idee der Bäume in Bäumen ist von einigen Kabbalisten in vielen Formen subtiler Unterlegungen entwickelt worden (jeder Kabbalist hat seine eigenen, ganz persönlichen Interessen). Unter den dem Baum attribuierten göttlichen Namen wird der der »Heerscharen« Hod und Netzach zugeschrieben, wobei jeder den aktiven und passiven Aspekt des Göttlichen in sich trägt, so daß die verschiedenen zu verrichtenden Aufgaben gemeistert werden können. Die Vorstellung von Netzach und Hod als das rechte und das linke Bein des Urmenschen, Adam Kadmon, veranschaulicht ihre Funktion als tragendes Element.

Jesod, das Fundament des sephirothischen Baumes, wirkt als letztes Intervall in der Oktave, welche sich vom ersten Do in Kether abwärts entfaltet. In der musikalischen Analogie spielen Chokhmah und Binah die Noten Re und Mi mit einem ersten Intervall in Daath. Chesed wirkt als Fa mit Sol in Geburah. Tiphereth auf dem Mittelpunkt bildet die Essenz der Oktave, den Ort, der alles Geschaffene und sich weiter Manifestierende umschließt. Tiphereth hat keine eigene Note zugewiesen bekommen, denn alle sind hier vereint in dem großen Einklang, der sowohl Ende und Anfang als auch Anfang und Ende umspannt. Netzach und Hod tragen den Impuls weiter hinunter zum letzten Intervall, bevor er auf die Sephirah von Malkhuth stößt, die in ihrer Vereinung von Kraft, Form und Bewußtsein das Zusammenspiel der göttlichen Substanz in höchster Verdichtung und Reichhaltigkeit umfaßt. Eine ganz besondere Beziehung besteht zwischen Jesod, dem Fundament, und Malkhuth, dem Königreich:

Malkhuth hat nämlich als einzige Sephirah keine direkte Verbindung zu Tiphereth. Jesod dient somit als Brücke und Barriere für alles, was herab- oder hinaufsteigt. Dies ist ein äußerst wichtiges Phänomen in der Theorie und Praxis der Kabbalah. Jesod hat seinen Sitz in der Mitte des unteren Gesichtes. Als Zentrum aller unteren Sephiroth wirkt Jesod als die erste und letzte Stufe der Manifestation beziehungsweise Verwirklichung, die von dem Einen Quell – symbolisiert durch Kether in der relativen Welt – aus- und zu ihm zurückgeht. Bei Jesod kommt das Bild ins Sein, nimmt Gestalt, Leben und Willen im materiellen Reich von Malkhuth an.

Malkhuth, das Königreich, gilt als Ort des Verweilens von Schekhinah, der Göttlichen Allgegenwärtigkeit. In seiner traditionellen Zusammensetzung aus den elementarsten Ebenen der göttlichen Welt von Aziluth stellt Malkhuth die letzte Phase in der Schöpfung von Adam Kadmon dar, dessen Füße den oberen Teil des inkarnierten Menschen berühren: ausgerufen, erdacht, geformt und gemacht. Diese Sephirah hat ihren Platz am unteren Ende des Großen Baumes, ist jedoch keineswegs die unbedeutendste. In der Tat sind alle Sephiroth gleich wichtig, denn sie sind ausnahmslos Teil eines vereinten Ganzen, wie im Symbol des Adam Kadmon, des Urmenschen, veranschaulicht. Malkhuth ist die letzte Stufe der Emanation, das ewige Reich oberhalb der Welt der Schaffung. Hier wurde der archetypische Baum aller niederen Welten vervollständigt und stabilisiert. Links wurde mit rechts ausbalanciert, oben mit unten und alles wiederum verknüpft in einem System von Pfaden und Triaden, die als Grundmuster für jeden kompletten Organismus dienten, der später geschaffen, geformt und gemacht werden sollte. Diese Ordnung enthielt alle für ein funktionierendes Universum notwendigen Gesetze. Sie drückte in ihrer Form, in ihrer Kraft

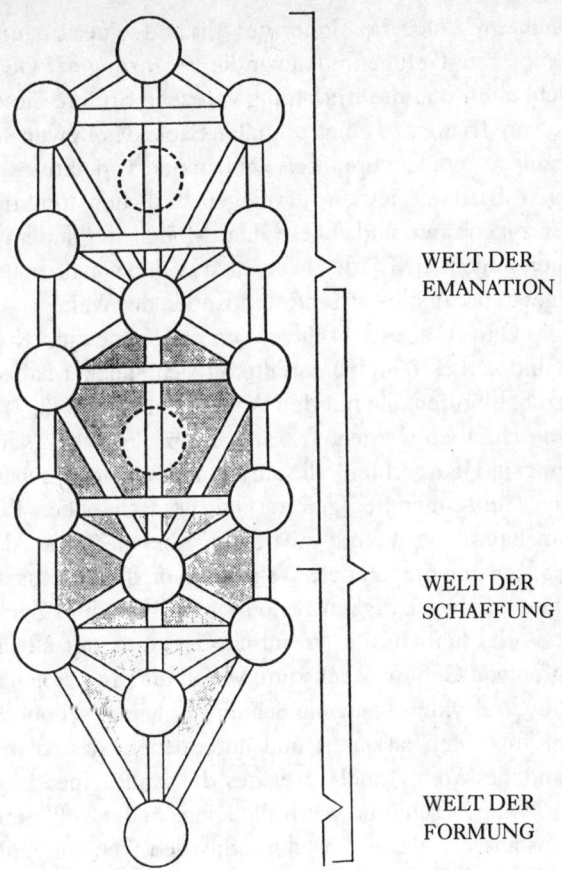

Abb. 7: Entstehung der vier Welten

Aus der Welt der Emanationen geht die Welt der Schaffung hervor. Aus dem unteren Gesicht von Aziluth entsteht das obere von Beriah, aus diesem wiederum wird in seinem unteren Gesicht das obere von Jezirah geschaffen und so weiter nach unten hin, bis so eine Leiter von vier ineinandergreifenden Welten aufgebaut ist. Dieses Schaubild ist eines von vielen, das Kabbalisten zur Beschreibung des Universums heranziehen.

und in ihrem Willen die Einheit des Alls und seines Ursprungs aus. In diesem Gefüge finden wir die Ergänzung der Gegensätzlichkeiten und die Entfaltung von zehn Stufen, die eine Reihe von Triaden zu einer zentralen Säule des Bewußtseins in Bezug setzen, letztere ihrerseits flankiert von aktiven und passiven Triaden, die dem jeweiligen seitlichen Funktionspfeiler zugeordnet sind. Diese dem Modell der supernalen Dreiheit folgenden Triaden haben den Willen von oben herab kundgetan bis an die entferntesten Enden der Welt.

Wie die Oktave des Lichtblitzes von der Krone zum Königreich und zurück fährt, so entfaltet er sich gleichermaßen in vier großen Stufen, die mit den Worten von Jesaja (43, 7) wie folgt beschrieben werden: »... alle, die mit meinem Namen genannt sind [ausgerufen], die ich zu meiner Ehre geschaffen [erdacht] und zubereitet [geformt] und gemacht habe.« Diese vier im Baum von Aziluth inhärenten Ebenen (siehe Abbildung 6) bringen drei niedere Welten hervor, die sich aus ihrer unveränderlichen Ewigkeit periodisch in Raum und Zeit begeben – das heißt in die kosmische Existenz mit all ihren Abläufen von Geburt, Wachstum, Verfall und Tod. Solch große Universalzyklen, genannt Schmitoth, haben schon manchen Kabbalisten fasziniert und untermauern das so wenig verstandene Wort »Jubel«, welches das Ende eines kosmischen Zyklus beschreibt, wenn alle Dinge in den vollkommenen Zustand der göttlichen sephirothischen Welt von Aziluth zurückkehren. Da dieses Buch in erster Linie die Praxis der Kabbalah anspricht, wird an dieser Stelle nur ein Abriß der Ursprünge aller Welten aufgezeigt.

Aziluth ist die von Gott aus dem Unmanifesten durch zehn Ausschüttungen geschaffene Welt. Wie die Emanation aus Ain Soph Aur hervorgeht, so emanieren die einzelnen Welten aus den vier Ebenen von Aziluth. Aus dem kreativen Bereich des Göttlichen entsteht so die Welt von Beriah, die sich schematisch als ein kreativer Subbaum, aus der Mitte des Aziluth-Baumes sprießend, manifestiert. Der Impuls fährt weiter, indem aus der kosmischen Welt von Beriah der Baum von der Welt der Formung entsteht, mit seinen Wurzeln in der Jezirah-Ebene von Aziluth verhaftet. In der gleichen Art und Weise gebiert die Assiah-Ebene der Welt der Emanationen die Welt des Machens, die sich schrittweise aus der Mitte von Jezirah entwickelt; so vervollständigt sich ein Abfolgebild der drei darunterliegenden niederen Welten, die dennoch in der göttlichen Welt unveränderlicher Einheit geborgen sind.

So wie es mehrere Versionen über die vier Ebenen und ihre Einordnung im Baum von Aziluth gibt, so finden wir verschiedene Modelle der vier Welten und ihrer Wechselbeziehungen in der kabbalistischen Literatur. Im großen ganzen kann davon ausgegangen werden, daß alle korrekt und auch wiederum nicht korrekt sind; es sind eben nur subjektive Ansichten einer objektiven Welt. »Dies ist nur aus unserer Sicht so«, sagte einst ein Kabbalist, und dabei ist stets zu berücksichtigen, von welchem Blickwinkel im Baum er schaute. Jede Ebene hat einen ganz anderen Ausblick. Für das vorliegende Werk wurde vom Autor eine spezifische Betrachtungsform gewählt.*

---

* Weitere Einzelheiten zum Thema »Lebensbaum« sind in dem Buch des Autors *Tree of Life*, erschienen bei Rider & Co., London, und Weise, New York, 1972, enthalten.

4. Das Schöpfungswerk

Die Welt von Aziluth ist die Welt der göttlichen Herrlichkeit. Sie ist ewig und unveränderlich – das vollkommene Reich der Emanationen vor Beginn der Schöpfung. In der Gesamtdarstellung aller Welten findet hier der Austausch zwischen dem Willen von Ain Soph und den sich verändernden niederen Welten statt, in denen wir leben und unsere Inkarnationen erfahren. Im ersten Vers der Bibel wird die Erschaffung dieser niederen Welten mit den Worten »Am Anfang schuf Gott Himmel und Erde« beschrieben. Der Tatsache, daß in der ursprünglichen hebräischen Sprache ELOHIM der Name Gottes war, kommt besondere Bedeutung zu. In der Kabbalah steht dieser Name Gottes nämlich für die strenge oder passive Seite Gottes, wogegen JAHWEH den gütigen und aktiven Aspekt darstellt. Beide Namen stehen im Chokhmah-Binah-Verhältnis zu EHJEH, dem ICH BIN von Kether. Gemeinsam bilden sie die supernale Triade, die sich weiter unten als der Schöpfer oder Kether von Beriah, dem Ausgangspunkt der Schöpfung, manifestiert. An den Worten »am Anfang« erkennen wir, daß der Vorgang der kreativen Manifestation aus der unveränderlichen Welt von Aziluth heraus in die im ersten Kapitel der Genesis (1. Mose) beschriebene, von der Zeit regierte Welt des Kosmos eingetreten ist.

Die Welt der Schaffung entsteht aus Tiphereth von Aziluth und nicht – wie viele Schüler der Kabbalah aufgrund fälschlicher Interpretation glauben – aus Malkhuth. Diese Aussage bezieht sich nämlich auf eine völlig andere Begebenheit.

Tiphereth von Aziluth ist gleichzeitig Kether von Beriah, so daß das untere Gesicht der Emanation zugleich das obere

Gesicht des Baumes der Schaffung ist. Dieses Prinzip wiederholt sich durch alle Welten bis hinab zu unserer eigenen, in der wir beispielsweise erkennen, daß die Psyche mit dem Körper zwar verwoben, ihm jedoch nicht völlig unterworfen ist. Es verdeutlicht auch die Verbundenheit und gleichzeitige Getrenntheit zweier unterschiedlicher Welten.

In der Welt der Emanationen ist alles rein göttlich – zumindest von Kether bis Tiphereth, wo die Schaffung ihren Anfang nimmt. Hier, in Tiphereth, verschmelzen die oberen Sephiroth von Aziluth oder Namen Gottes. In der Kabbalah wird dies mit dem Namen JAHWEH zum Ausdruck gebracht. Wie Kether von Beriah oder der Welt der Schaffung umfaßt er auch die höchste aller geschaffenen Wesenheiten, Metatron, der als Abgesandter Gottes über allen Kreaturen der Schöpfung steht.

Aus dieser Krone der Schaffung emanieren die beiden anderen Sephiroth der überirdischen Triade von Beriah – Chokhmah und Binah – die gleichzeitig Netzach und Hod von Aziluth, die Wohnstätten von JAHWEH und ELOHIM, sind. Sie werden zu Vater und Mutter der darunterliegenden Welt. Der Oktav-Lichtblitz pflanzt sich nun fort – das erste Kapitel der Genesis beschreibt dies so: »... und der Geist Gottes [Ruach ELOHIM] schwebte über dem Wasser.« Der Abyssus oder die Kluft des beriatischen Daath wurde überschritten, und die Welt von Jezirah – symbolisiert durch das Wasser – ist zwar schon erdacht, jedoch noch nicht geformt. Das Kapitel berichtet nun, wie Gott sprach, es werde Licht, und wie er den Tag von der Nacht schied: Gemeint ist die Schaffung des rechten und des linken Pfeilers des Baumes von Beriah. Am Wort »sprach« erkennen wir, daß wir uns immer noch im unteren Gesicht von Aziluth befinden. Die Schöpfung nimmt ihren Lauf durch die verschiedenen Phasen oder Tage, bis Gott schließlich am sechsten Tag, der

der assiahtischen Ebene von Beriah entspricht, den Menschen als »ein Bild, das uns gleich sei«, erschafft. Die Verwendung des Plurals an dieser Stelle deutet auf das Zusammenwirken verschiedener Aspekte des Schöpfers hin. Die Erschaffung des Menschen mit sowohl männlichen als auch weiblichen Aspekten führt uns gleichzeitig die Zweigeschlechtigkeit Adams vor Augen. Damit ist der Baum von Beriah – in Malkhuth, wo die Säulen sich wieder vereinen – vollendet.

Viele Kabbalisten sind der Ansicht, daß die sieben unteren Sephiroth des beriatischen Baumes die sechs Tage der Schaffung darstellen. Andere erkennen in den sechs äußeren Sephiroth die sechs Tage zwischen dem ersten Do von Kether und dem auflösenden Do des Sabbath, wobei der erste und der letzte einen einzigen Tag darstellen. Eine andere Schule sieht in den sieben Ebenen der zentralen Achse des Baumes die Tage; der Mensch entwickelt sich hier am sechsten Tag aus Jesod von Beriah als Ebenbild Gottes. Alle diese Ansichten haben je nach Anwendung der Oktav- und Triadengesetze ihre Gültigkeit.

Nachdem Gott (hier gleichzusetzen mit ADONAI, dem Gottesnamen, der Malkhuth entspricht) am siebten Tag von Malkhuth geruht hatte, stellte er fest, daß es keinen Menschen gab, der den Ackerboden bestellte. Dies bedeutet, daß zwar das obere Gesicht von Jezirah im unteren Gesicht von Beriah enthalten war, es jedoch darunter nichts gab, um das obere Gesicht von Assiah – symbolisiert durch das Wort »Adamah« oder »Ackerboden« – zu bilden. »Da formte Gott, der Herr, den Menschen aus Erde vom Ackerboden«; Gott setzte also den jeziratischen Baum nach unten hin fort, um die Welt der Elemente und Handlungen zu schaffen: »... und blies ihm den Odem des Lebens in seine Nase [Neschamet Chaim].« Nun ist der Mensch in Eden, dem Garten dieser jeziratischen

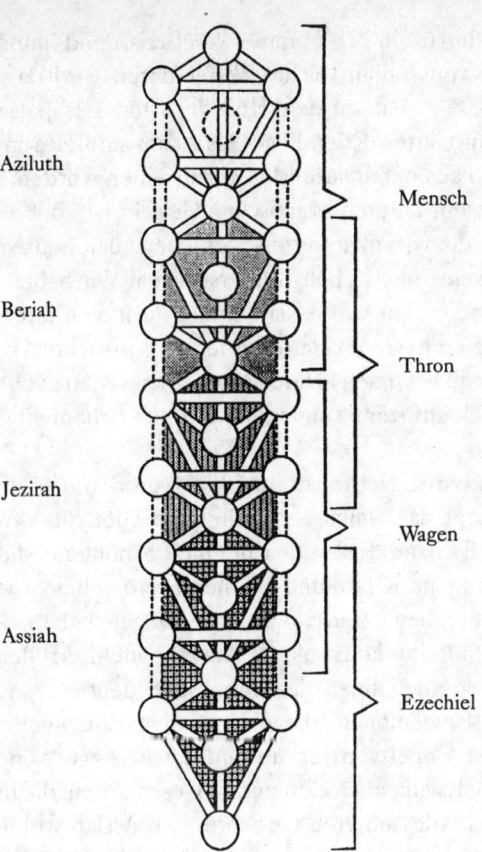

Abb. 8: Vier Welten

Eine allegorische Beschreibung der vier Welten finden wir im ersten Kapitel des Buches Ezechiel (Hesekiel). Hier werden die höheren Welten aus der Sicht eines inkarnierten Menschen dargestellt, der von der Ebene eines Gefangenen im weltlichen Assiah nach oben schaut. Adam Kadmon ist die Gestalt, die wie ein Mensch aussieht und auf einem Thron sitzt, der von einem Wagen getragen wird. Dies ist die Erde, das Paradies, der Himmel und SEINE göttliche Herrlichkeit.

Welt, die hinauf in den Himmel von Beriah und hinunter auf die Erde von Assiah reicht. Weiter unten wird das untere Gesicht von Assiah zu dem Teil der Erde, der jenseits des Tores zum Garten Eden liegt. Als Adam und Eva in Sünde fielen und aus dem Garten Eden vertrieben wurden, stiegen sie zu diesem unteren assiatischen Gesicht herab. Sie trugen Tierfelle, die wir inkarnierten Menschen auch heute noch in Form unseres physischen Körpers tragen. Wir haben jedoch im oberen Gesicht von Assiah immer noch eine direkte Verbindung zum niederen Garten Eden, und manchmal betreten wir diesen in gewissen luziden Momenten, wenn auch nur um einen Blick auf seine sonderbar vertraute Schönheit zu werfen.

Weiter unten sowie links und rechts von den drei niederen Welten liegt das Reich der Kellippoth oder die »Welt der Hüllen«. Es handelt sich hier um die Phänomene, die durch unausgewogene Kräfte und Formen hervorgebracht werden, die sich der bewußten Kontrolle entzogen haben oder im Universum keine konstruktive Aufgabe mehr erfüllen. Kabbalisten verleihen ihnen die symbolische Identität von Dämonen und Erzdämonen, die die negative Entsprechung zur Ebene der Engel von Jezirah und der Erzengel von Beriah darstellen. Es gibt auch elementare Wesenheiten, die unter, in und jenseits des unteren Gesichtes von Assiah wohnen. All diese Phänomene sind aus offensichtlichen Gründen nicht sehr hilfreich für die Entwicklung, und so behandeln Kabbalisten diese Welten und deren Bewohner mit äußerster Vorsicht.

Wir kennen nun in groben Zügen den Großen Baum von Aziluth und die daraus emanierenden niederen Welten. In seiner Gesamtheit ist er das manifeste, relative Universum mit seinen vielen Ebenen und klar definierten Gesetzmäßigkeiten zu dessen Lenkung. Die wichtigsten Gesetze lassen sich wie folgt zusammenfassen: eins, die Einheit; zwei, die sich ergänzenden Gegensätze; drei, die große Dreiheit oder die »drei Häupter«; vier, die Welten; fünf, die Anzahl der Gesichter zwischen Kether von Aziluth und Malkhuth von Assiah, manchmal auch als die »fünf Gärten« bezeichnet; sechs und sieben, die Anzahl der seitlichen oder untersten Sephiroth des Aufbaus; acht, die Noten der großen Oktave; zehn, alle Sephiroth; und zweiundzwanzig, die Anzahl der Pfade, die den Baum zu einer Einheit verbinden.

Wie wir gesehen haben, gibt es in der Kabbalah viele Arten, ein und dieselbe Sache zu beschreiben, und so kennen wir auch unzählige Darstellungsweisen des erweiterten Baumes der vier Welten. Die erste und offensichtlichste ist wohl das Symbol der Leiter des Jakob, die auf der Erde stand, wo er schlief, und bis zum Himmel reichte, und »die Engel Gottes stiegen daran auf und nieder« (1. Mose 28, 12). In Form eines Traumes erhält Jakob die Botschaft Gottes, daß ER stets bei ihm sei und daß ER ihm das Land, auf dem er liegt, geben wolle. Die Symbolik des Traumes zeugt von einem ganz anderen als dem natürlichen Bewußtseinszustand Jakobs; so sagte dieser, als er aus seinem Schlaf erwachte: »Fürwahr, der HERR ist an dieser Stätte, und ich wußte es nicht!« Voll Ehrfurcht nahm er sodann den Stein, den er unter seinen Kopf gelegt hatte, und errichtete daraus einen Altar. Nachdem er Öl – das Symbol für die Gnade von oben – daraufgegossen hatte, gab er dem Ort den Namen Bet-El oder das Haus Gottes. Dieser Stein hat eine traditionelle Verbindung zu einem Stein, den der Allmächtige, gelobt sei SEIN Name, wie der Sohar berichtet, während der Erschaffung der Welten in den Abgrund schleuderte. Der obere Teil des Steines blieb jedoch mit seiner Quelle verbunden, wogegen sein unterer Teil nach links, rechts und durch die ganze Schöpfung hinabstieg. Der Name dieses

Steines, Schetijah, läßt sich als Fundament übersetzen, und so verbindet er die Sephirah Daath, den Abyssus, mit Jesod, dem anderen Fundament. Diese Verbindung geht klar aus dem Diagramm des verwobenen Baumes hervor, in dem Daath und Jesod dieselbe sephirothische Stellung, jedoch in verschiedenen Welten, einnehmen. Beide sind Kardinalpunkte beim Abstieg oder Aufstieg in den Welten. Die Tradition will es, daß auf ebendiesem Stein nicht nur Jakobs Haupt ruhte, sondern daß aus ihm auch die Steintafeln entstanden, in die die Zehn Gebote eingemeißelt werden sollten. So war also gemäß der biblischen Geschichte das Fundament Zions der heilige Berg und zugleich die Basis des Heiligtums vom Tempel des David und Salomo.

Die Vision Ezechiels ist die andere wichtige biblische Darstellungsweise der vier Welten, die von den Kabbalisten verwendet wird. Hier hat der Prophet – wie Jakob – einen Bewußtseinswandel erfahren, der ihn aus dem Zustand der natürlichen Knechtschaft befreite und ihn zur jeziratischen Sichtweise der Ebenen oberhalb von Assiah erhob (Hesekiel 1). Als sich der Himmel öffnete, sah Ezechiel (Hesekiel) die Vision eines wunderbaren Wagens, der von vier fremdartigen Lebewesen bewegt wurde. Über dem Wagen, oberhalb eines Firmaments, war etwas, »einem Thron gleich«, und »auf dem Thron saß einer, der aussah wie ein Mensch ... So war die Herrlichkeit des Herrn anzusehen.« Beachten Sie die Verwendung der Worte »gleichen« und »aussehen« – sie weist auf einen Kodex strenger Allegorie hin. Auch hier werden in symbolischer Form die vier Welten dargestellt. Ezechiel unten am Fluß Kebar ist in Babylon oder Assiah gefangen. Der Wagen und die heiligen Lebewesen verkörpern Jezirah, und der Thron jenseits des Schleiers eines Firmaments zwischen den Welten stellt Beriah dar. Die Gestalt, die auf dem Thron sitzt, ist Adam Kadmon, die

Herrlichkeit Gottes von Aziluth. Die Beschreibung geht bis ins kleinste Detail: Dies gab den Kabbalisten Anlaß zu umfangreichen Recherchen, denn die Vision Ezechiels vermittelt, wenn auch nur aus der Sicht von unten, einen gut beobachteten Eindruck der vier Welten, wie sie in der Einleitung der Genesis beschrieben sind.

5. Der natürliche Adam und sein Körper

Bevor wir beginnen können, die Jakobsleiter zu erklimmen, müssen wir uns zunächst mit unserer Situation als natürlicher Adam vertraut machen. Dies erreichen wir, indem wir die Welt um uns herum im Lichte kabbalistischer Prinzipien betrachten.

Der inkarnierte Mensch – das heißt all diejenigen, die heute auf der Erde leben – führt sein Dasein zumindest in zwei der vier Welten. Ausgehend vom Assiah-Baum, ist der natürliche Mensch hinsichtlich seiner rein organischen Form Bestandteil des unteren Gesichtes und hinsichtlich der biopsychologischen Vorgänge Bestandteil des oberen Gesichtes von Assiah, das wiederum gleichzeitig das untere Gesicht von Jezirah darstellt. Folglich hat er Zugang zu beiden Welten. In der traditionellen Kabbalah entspricht das untere Gesicht von Assiah der niederen Erde und das obere Gesicht der höheren Erde; letzteres wiederum ist gleichzeitig das untere Gesicht von Eden. So steht ein irdischer Mensch – zumindest sofern er sich der höheren oder inneren Ebene seines natürlichen Selbst bewußt ist – in Verbindung mit dem Paradies. Für die meisten Menschen zeigt sich diese Verbindung in Form einer blassen Erinnerung an etwas lange Vergangenes oder weit Entferntes, das man nicht genau zu rekonstruieren vermag, außer in den seltenen Momenten des Erwachens aus dem irdischen oder unteren Gesicht von Assiah.

In Malkhuth von Assiah, dem niedersten und dichtesten Zustand von Materialität und Bewußtsein in den vier Welten, residieren die vier Elemente Erde, Wasser, Luft und Feuer, die allesamt zum Aufbau und zur Erhaltung des fleischlichen Körpers beitragen. Alle vier wirken als solche in einem sich ständig wandelnden Zyklus von Kraft und Form, der uns als das physische Vehikel vertraut ist, in dem unsere Psyche wohnt. Den Beweis für diese elementare Ebene finden wir in der festen Struktur der Knochen und anderer harter Bestandteile unseres Körpers (Erde), den Flüssigkeitskreisläufen (Wasser), den Gasaustauschvorgängen in unserem Organismus (Luft) und den elektrischen und Strahlungsphänomenen (Feuer). Vom Prinzip her finden all diese Abläufe auf elementarer Ebene statt, denn im Zyklus zur Erhaltung des Lebens werden Materie und Energie aufgenommen, genutzt und wieder ausgeschieden. Der Körper, in den wir hineingeboren wurden, ist anders als derjenige, den wir bei unserem Tod zurücklassen. Nur wenig ist von der ursprünglichen Substanz erhalten geblieben. Der überwiegende Teil dessen, was wir mit uns herumschleppen, existiert nur für kurze Zeit, manchmal nur für ein paar Stunden, in anderen Fällen für wenige Jahre. Nur einige wenige Gehirnzellen leben angeblich so lange wie der Mensch selbst. Das, was von den meisten Menschen als verläßliche Basis ihrer Existenz angesehen wird, ist also in Wirklichkeit in höchstem Maße vergänglich. Unser Körper mag zwar so viel Eisen enthalten, daß man daraus einen Nagel herstellen könnte, doch dieses Eisen steht uns jeweils nur vorübergehend zur Verfügung. Mehr noch: Nichts in der Welt, die uns umgibt, ist von Bestand – nicht einmal so augenscheinlich grundsolide Dinge wie ein Berg –, denn selbst Substanzen, die in chemisch reiner Form vorkommen, sind auf atomarer Ebene einem steten Kommen und Gehen unterworfen. Über dieser Ebene liegt die elektronische Welt der reinen Kraft und Form und darüber die Leere der unmanifesten Existenz, die dieselbe Realität widerspiegelt, die es jenseits von Kether in Aziluth gibt. Dies ist eine der Bedeutungen des Satzes »Kether ist in Malkhuth, und Malkhuth ist in Kether«.

Über der elementaren Existenzebene liegt die auf der Einheit der Zelle basierende vegetabile Ebene. Die Zelle ist ein organischer Komplex aus atomarer und molekularer Kraft und Form, die aus einem anorganischen Zustand ins Leben emporgehoben wurde. Eine Zelle mag in ihrem Aufbau einfach oder komplex sein – die Grundstruktur ist immer die gleiche. Sie ermöglicht das Wachstum, die Nahrungsaufnahme, die Fortpflanzung und das Sterben und damit die Rückführung der Elemente und Energien des Lebensprozesses in den anorganischen Zustand. Im unteren Gesicht von Assiah spielt die Zelle die Schlüsselrolle, obwohl sie sich auf verschiedene Weisen manifestiert. Die große Triade Malkhuth–Hod–Netzach bildet die grundlegende vegetabile Ebene, wobei Netzach als aktives, zyklisches Prinzip, Hod als passives, ordnendes System und Malkhuth als materielle Basis des vegetabilen Lebens fungieren. Sie alle sind mit Pfaden in Form von Membranen verbunden, die die in der Zelle ablaufenden Prozesse umschließen, auf diese einwirken und sie filtrieren. Zentrum dieser großen vegetabilen Triade ist Jesod. Hier liegt das koordinierende Fundament einer relativ autonomen Existenz. Pflanzen werden von dieser Triade gesteuert. Ihre Energie und Form wird durch das Gleichgewicht zwischen den aktiven und passiven Sephiroth und Malkhuth als Erde aufrechterhalten. Jesod auf der Säule des Bewußtseins verweist auf eine Intelligenz, die auf den von allen Pfaden einströmenden Rhythmen und Reaktionen basiert. Die kleinen Triaden, die von den in Jesod zusammenlaufenden Pfaden gebildet werden, definieren die Fähigkeit, zu reagieren, sich zu bewegen (und sei es nur, um sich nach der Sonne zu richten) und die durch den Organismus zirkulierende Energie und Materie zu verarbeiten.

Auch wir Menschen tragen in uns diese pflanzliche Ebene, in der wir wachsen, uns ernähren, uns fortpflanzen und sterben.

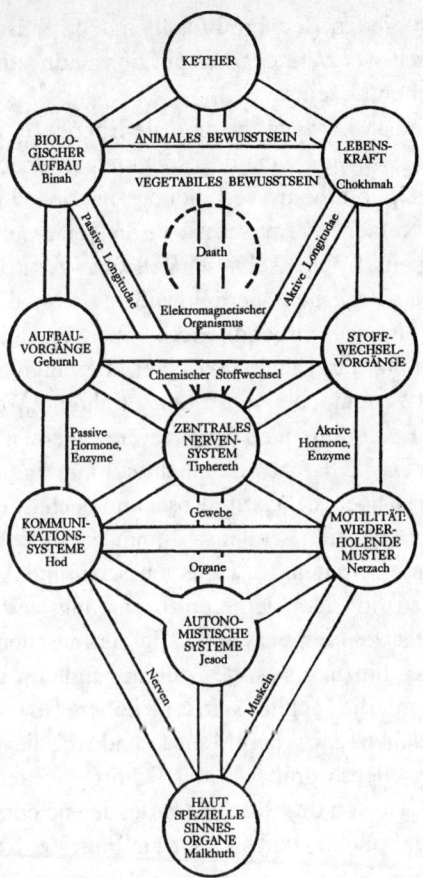

Abb. 9: Der physische Körper des Menschen

Der biologische Organismus beruht auf einem universalen Gesetz. Deswegen kann er in Entsprechung zum sephirothischen Baum – dem kabbalistischen Modell aller geschaffenen Dinge im großen und im kleinen – gesetzt werden. Hier sind die unterschiedlichen Funktionsebenen in Triaden und Sephiroth dargestellt, um den Mikrokosmos des Körpers zu veranschaulichen.

Dies gilt für jeden, der vom Brot allein lebt. Er ist der vegetabile Mensch – er befindet sich auf der niedrigsten Stufe des menschlichen Daseins.

Eine Stufe darüber liegt die animale Ebene. Im unteren Gesicht von Assiah entspricht diese der kleinen Triade von Hod–Netzach–Tiphereth: In Verbindung mit dem Prinzip eines zentralen Nervensystems schafft sie die Voraussetzung für die Ausübung eines Willens. Dieser Wille mag zwar primitiv sein, und doch ist hier eine höhere Bewußtseinsebene erreicht, die dem Tier eine wesentlich breitere Sphäre erschließt als dem Pflanzenreich mit seinen extremen Beschränkungen. Die durch das zentrale Nervensystem erfahrene Welt kann, je nach dem Evolutionsstand der Kreatur, mal einfach, mal komplex sein. Das Schaf ist unendlich viel intelligenter als eine auch noch so hochgezüchtete Rose, und doch ist es dumm im Vergleich zum Affen – ebenso dumm wie der Affe im Vergleich zum Menschen. Im Falle von Schaf und Affe liegt der Unterschied in der kleineren beziehungsweise größeren Komplexität des Nervensystems. Beim Menschen kommt etwas anderes hinzu; etwas, das zu einer anderen Welt gehört, und sei es nur die Möglichkeit, eine höhere Bewußtseinsebene zu erreichen. Zwischen Mensch und Affe liegt ein Quantensprung: ebenso groß wie der Schritt von der Rose zum Affen und wie von der Rose zur Erde, der sie entsprießt. Die Erde ist der Stein in Jakobs Traum am Fuße der Leiter, die bis zum Himmel reicht.

Ebenso wie der Mensch auf der rein vegetabilen, so kann er auch auf der rein animalen Ebene existieren. Diese Ebenen im Baum des Menschen sind im oberen Gesicht von Assiah zu sehen. Hier werden die vegetabilen und animalen Bewußtseinszustände in das untere Gesicht von Jezirah transponiert, das ja dem oberen Gesicht von Assiah entspricht. Hier ist der autonome Teil der Psyche zu Hause.

Dieses Zusammentreffen von oberem Assiah und unterem Jezirah erklärt die psychischen Mechanismen und Zustände, denen der natürliche Mensch unterliegt. Die im Auf und Ab von Aktivität und Ruhe pendelnden Stimmungen folgen dem biologischen Rhythmus. Mal sehnt er sich nach Abenteuer, mal nach Beschaulichkeit, mal sprüht er voll Leben, mal ist er erschöpft oder gelangweilt. In diesen Zuständen spiegeln sich die Schwankungen zwischen den aktiven und passiven Pfeilern des gesamten Baumes von Assiah wider; er enthält die in den seitlichen Triaden zum Ausdruck kommenden Ebenen der physikalischen, zellularen, chemischen und atomaren Gleichgewichte. Diese seitlichen Triaden werden in den zentralen Dreiheiten der Organe, des Gewebes, des Stoffwechsels und des elektromagnetischen Haushalts zusammengefaßt. Sie alle wirken auf den gewöhnlichen psychischen Zustand des irdischen Menschen ein, wie sich tagtäglich durch einfache Eigenbeobachtung nachvollziehen läßt.

Die vegetabile Ebene unserer Existenz unterliegt den Gesetzen des Essens und Ausscheidens, Wachens und Schlafens. Auf Fortpflanzung können wir verzichten, nicht jedoch auf den Rhythmus des Essens, der Aktivität und der Ruhe, denn sonst würden wir sterben – und damit in die letzte Phase des großen zyklischen Gesetzes, das allem organischen Leben zugrunde liegt, eintreten. Eine Vielzahl untergeordneter Regeln greift in diese grundlegenden Gesetzmäßigkeiten ein, so zum Beispiel das Atmen, gleichzusetzen mit dem Essen und Ausscheiden des Elementes Luft. Für uns ist jedoch nicht nur die Tatsache von Bedeutung, daß der natürliche Mensch diesen Gesetzen unterliegt, sondern daß er sich zumeist nicht darüber bewußt ist, wie sehr seine Existenz von diesen abhängt, und daß er auf dieser Ebene mit seinem eigenen Willen nur sehr wenig oder gar nichts ausrichten kann. Mag auch diese Aussage für viele Menschen unannehmbar erscheinen, so steht doch fest, daß der vegetabile Zustand des Menschen der am weitesten verbreitete ist. Ganze Generationen leben und sterben an ein und demselben Ort; sie tun, was vor ihnen ihre Väter und Mütter taten, und halten ungeachtet des wachsenden Bildungsstandards an nahezu unveränderten Weltanschauungen fest. Provinzielle, dörflerische Denkweisen begegnen uns nicht nur in entlegenen ländlichen Gegenden, sondern auch inmitten der Großstadt, in der Millionen von Menschen nach einem sicheren und beschaulichen Leben streben mit möglichst wenigen Störungen aus den äußeren und inneren Welten.

Ganz anders verhält es sich mit dem auf der animalen Ebene lebenden Menschen. Dieser verfügt über ein gewisses Maß an Willen; er kann die Masse der vegetabilen Menschen aufrühren, die auf Feldern, in Fabriken und Büros arbeitet und so zur Erhaltung der Gemeinschaft beiträgt – und oftmals tut er dies auch. Menschen wie die Gebrüder Wright, die mit Ausdauer und Erfolg eine flugtaugliche Maschine entwickelten, erschütterten die Welt in ihren Grundfesten und veränderten sie nachhaltig. Aber auch Menschen wie Hitler oder Napoleon hatten epochalen Einfluß. Der animale Mensch besitzt Tatkraft und Ausdauer; er verfolgt ein Ziel, das über das Streben nach Bequemlichkeit und Vergnügen hinausgeht. Um dieses Ziel zu erreichen – sei es nun die Eroberung eines Reiches oder die Entwicklung einer Idee –, nimmt er Schmerzen und Enttäuschungen auf sich. Unsere Geschichtsbücher sind voll von solchen Menschen. Nicht von den relativ friedlichen Massen wird berichtet, sondern von den Siegen und Errungenschaften einzelner, mit eigener Willenskraft ausgestatteter Menschen. In der Natur steht das jeweils dominanteste Tier einer Spezies an der Spitze der Herde. Mag der Anführer auch einer höheren kosmischen Macht untergeordnet sein, so fungiert er doch kraft seines Willens als Herrscher über seine jeweilige Gemeinschaft beziehungsweise sein Umfeld. Animale Menschen sind so selten, daß sie aus der Masse hervorstechen. Für gewöhnlich sind sie an der Spitze ihrer Berufsgruppe anzutreffen, sei es nun im Handel, in der Wissenschaft, in der Kunst oder im Staatsdienst. Ihre besonderen Kennzeichen sind Ehrgeiz und Zielstrebigkeit. Dies unterscheidet sie vom vegetabilen Menschen, der sich in Tagträumen über bemerkenswerte Errungenschaften verliert. Dennoch zieht er die Sicherheit des regelmäßigen Broterwerbs der großen Gefahr des Versagens vor, die im Dschungel der animalen Menschen mit seinen erbitterten Wettbewerbsbedingungen allgegenwärtig ist.

Ein voll entfalteter natürlicher Mensch hat Kether im Baum von Assiah erreicht. Sein psychobiologischer Organismus enthält alle Sephiroth, Pfeiler, Triaden und Welten von Assiah und dem unteren Gesicht von Jezirah. Er trägt also das gesamte Potential der mineralischen, vegetabilen und animalen Ebene in ihrer vollen Entfaltung in sich und ist damit ein ausgesprochen starkes inkarniertes Wesen. Er ist der Adam von Assiah, die Speerspitze allen organischen Lebens auf der Erde.

Als Synthese aller irdischen Reiche herrscht er über die Tiere, Pflanzen und Elemente auf unserem Planeten. Solange er jedoch nur ein Adam von Assiah bleibt, ist er auf dieses Reich des Geborenwerdens, des Lebens und des Sterbens beschränkt, also auf das, was in vielen spirituellen Traditionen als zyklische Existenz bezeichnet wird. In der Kabbalah heißt diese stetige Wiederkehr von Nephesch oder der erdgebundenen Seele »Gilgulim« oder »Räder der Wiederkehr«; die starke Affinität mit der buddhistischen Vorstellung des Lebensrades ist unverkennbar. Unter solchen Umständen kehrt ein Mensch so lange immer wieder zu einer inkarnierten Existenz zurück, bis die seiner Seele gestellte Aufgabe auf irdischer Ebene erfüllt ist. Die Anzahl der Inkarnationen, so heißt es, variiert zwischen vielen tausend und einigen wenigen Malen. Es ist also möglich, und auch in diesem Punkt besteht Übereinstimmung zwischen allen Traditionen, sich selbst während einer Lebensspanne aus dem Rad der fleischlichen Existenz zu befreien, ja sogar während eines Augenblickes der totalen Erkenntnis, der den Menschen auf direktem Wege durch alle Welten hindurch bis ins Angesicht des Göttlichen trägt. Ein solches Ereignis kann auf physischer Ebene den Tod bedeuten, doch dies ist nicht immer so, denn die Seele kann dazu bestimmt sein, mit göttlichem Bewußtsein auf organischer Ebene eine Aufgabe zu erfüllen. Beispiele hierfür finden wir in den großen Lehrern dieser Welt. Für weniger begnadete Menschen erweist sich der Weg über die Jakobsleiter als wesentlich langsamer, denn Physis und Psyche eines Menschen könnten es nicht ertragen, plötzlich in die höheren Welten einzugehen und deren allumfassende Einströmungen in sich aufzunehmen. Im Talmud finden wir die Geschichte von vier Rabbinern, die ins Paradies kamen: Einer wurde wahnsinnig, der zweite starb, ein weiterer verlor seinen Glauben, und nur der letzte, Rabbi Akiba, kehrte in Frieden zurück. Dieses Gleichnis zeigt uns, wie wichtig die Vorbereitung eines soliden Fundamentes ist.

Der erste Teil dieser Vorbereitung besteht in einer fundierten Kenntnis der Psyche des natürlichen Menschen. Zum Kabbalisten wird niemand geboren. Ein Mensch kann das Potential in sich tragen, doch zunächst einmal ist er nur ein natürlicher Mensch. Welche Erinnerungen über seine Herkunft er auch immer mitbringen mag, diese gehen schon bald während seiner Kindheit verloren, wenn sich seine Psyche immer mehr in die fleischliche Existenz verstrickt. Natürlich gibt es jene zündenden Momente des Erwachens, doch diese sind Erinnerungen an vergangene und zukünftige Begebenheiten in der Sicht der Ewigkeit aus dem Jetzt. Diese Momente kommen und gehen, doch sie sind für uns nur dann sinnvoll, wenn die Vergnügungen und Schmerzen des irdischen Daseins ihre Bedeutung als eigentlicher Lebenszweck verloren haben. Dann könnten in einem Zustand der Enttäuschung von den Spielen des Lebens oder gar im Angesicht des Todes bestimmte Dinge möglich werden, weil sich die Situation nach oben zu den höheren Ebenen öffnet. Doch auf diesen Punkt kommen wir später noch einmal zurück. Zunächst sollten wir uns mit Wesen und Struktur der menschlichen Psyche vertraut machen und mit der Errichtung eines Fundaments für die nächsthöhere Welt des niederen Eden beginnen.*

---

* Eine eingehende Darstellung des physischen Körpers und des Baumes befindet sich in dem Kapitel »The Body« in dem vom selben Autor verfaßten Buch *Adam and the Kabbalistic Tree* (York Beach, ME: Samuel Weiser, Inc., 1976; und Bath, England: Gateway Books, 1990).

6. Der natürliche Adam und seine Psyche

Das große untere Dreieck von Assiah enthält die drei Subtriaden der Muskeln, Organe und Nerven. Diese bringen das hervor, was wir als die instinktiven, fühlenden und denkenden Aspekte des physischen Menschen kennen. Die Triade der Instinkte befaßt sich vor allem mit praktischen Dingen. Sie ist aktiv und üblicherweise nach außen hin orientiert. Die im Gleichgewicht zwischen den Pfeilern ruhende Triade des Fühlens ist introvertiert. In ihrer Funktion als hochsensibles Bindeglied zu den inneren Zuständen kann sie sowohl aktiv als auch passiv sein. Die Triade des Denkens arbeitet logisch. Sie ist von Natur aus passiv und befaßt sich mit dem Nachdenken und der Kommunikation. Sie ist überwiegend nach außen hin orientiert.

Im natürlichen Menschen arbeiten diese Triaden in einem sich stetig neu anpassenden Zusammenspiel, so daß sich, was auch geschehen mag, eine der Triaden mit der zu bewältigenden Aufgabe auseinandersetzt: Geht der Mensch, arbeitet die Triade des Instinktes; will er die Stimmung eines anderen Menschen bewerten, so gibt ihm die Triade des Fühlens den notwendigen Aufschluß; und hat er ein Problem zu lösen, so wägt die Triade des Denkens das Für und Wider für die Meinungsbildung und die Entscheidungsfindung ab.

In den meisten Menschen dominiert eine der drei Triaden. Dies liegt daran, daß bei keinem von uns der physische und psychische Baum vollkommen ausgewogen ist. Diese Unausgewogenheit kann auf die Gene unserer Eltern zurückzuführen sein oder auf die in unserem Körper inkarnierte besondere Veranlagung oder auch auf beides zugleich, denn in unserem Universum steht nichts für sich allein. Wie dem auch sei, der natürliche Mann und die natürliche Frau treten im wesentlichen über eine Triade an ihr Leben heran. Wir erfahren sie als die Macher, die Gefühlsbetonten und die Denker. Diese Einteilung läßt sich sogar auf bestimmte Berufsgruppen übertragen. Sportler und Soldaten beispielsweise gehören zum instinktbetonten Typ, Künstler und Poeten fallen in den Bereich der Gefühlsbetonten, während Wissenschaftler und Philosophen den Denkern zuzurechnen sind. Diese Zuordnung ist nicht hierarchisch zu verstehen, denn alle drei Typen sind gleichwertig. Der Mathematiker ist, überzeichnet formuliert, im Dschungel ebenso hilflos wie der Musiker vor einem Computer und der Forscher in einem Konzertsaal. Jeder Typus verfügt über bemerkenswerte Begabungen und Fähigkeiten, doch sie alle sind biologischer Art. Sie spiegeln die automatischen Prozesse der vegetabilen Ebene im Menschen wider.

Eine direkte Verbindung besteht zwischen den drei unteren Ebenen der kabbalistischen Verständnisweisen und den drei verkörperten Typen. Die wörtliche Annäherung richtet sich an den instinktiv handelnden Menschen, die allegorische an den Gefühlsbetonten und die metaphysische an den Denker. Doch die mystische Erfahrung unterscheidet sich ganz wesentlich von derjenigen durch die natürliche Intelligenz. Auf deren Einzelheiten wollen wir an anderer Stelle eingehen.

Das obere Gesicht von Assiah ist gleichzeitig das untere Gesicht von Jezirah. Die Sephirah im Zentrum des Ganzen ist nicht nur Daath von Assiah (das Wissen im Körper), sondern auch Jesod von Jezirah (das Fundament der Psyche). Gemeinsam stellen sie das Bild des menschlichen Körpers dar, und manche Kabbalisten bezeichnen diesen Daath-Jesod-Komplex in der Tat als das Fundament des Zelem oder präexistenziellen jeziratischen Schattengefäßes, auf dem der Körper geformt wird und in das er mit zunehmender Reife hineinwächst. Die zentrale Anordnung von Daath–Jesod auf der mittleren Säule des Bewußtseins ist das psychobiologische Sinnesorgan des natürlichen Menschen. Von Geburt an erfährt er durch dieses Instrument sowohl sich selbst als auch die äußere Welt. Die wesentliche Aufgabe dieser dualen Sephirah ist es, die gewöhnliche alltägliche Bewußtseinsebene mit »Daten« zu versorgen. Dies kann in Form von Bildern geschehen, die durch das zentrale oder das vegetative Nervensystem im unteren Gesicht von Assiah stimuliert werden, wie beispielsweise vom Auge weitergeleitete Signale, oder aber durch Bilder aus dem Unbewußten, das weiter oben jenseits der Schwelle zwischen Hod und Netzach von Jezirah liegt. Im normalen bewußten Zustand stellen die Bilder für gewöhnlich eine Mischung aus äußeren und inneren Stimuli dar, doch nachts oder in unseren Tagträumen sind sie vor allem inneren Ursprungs. In der Kabbalah wird Jesod auch »der nichtleuchtende Spiegel« genannt.

Jesod von Jezirah hat seinen Sitz im normalen Verstand. Hier manifestiert sich der Einfluß von Herkunft und Erziehung eines Menschen sowie seines Verhaltens sich selbst und anderen gegenüber. Beginnend mit der Kindheit, bildet sich in Jesod von Jezirah im Laufe der Zeit eine Struktur von Erfahrungen und Kriterien heraus, mit denen sich der Mensch identifiziert. Dieses von zahlreichen Charakter-, Orts- und Glücksfaktoren geschaffene Bild wird schließlich zu seinem Ego.

Das griechische Wort *egó* bedeutet »ich«, und mag uns das Ego auch zunächst als eine einzige starke Identität erscheinen, so setzt es sich doch aus vielen kleineren Elementen zusammen, die wir uns im Laufe der Jahre angeeignet haben. Einige dieser Elemente arbeiten zusammen, bei anderen dagegen handelt es sich um ziemlich widersprüchliche oder unbewußte Faktoren. Das Bild, das sich ein Mensch von sich selbst macht, entspricht oft nicht dem, was seine Freunde von ihm haben.

ungeachtet ihrer außerordentlichen Subtilität und Vielseitigkeit sind sie – zumindest beim unentfalteten Menschen – nicht mit etwas zu vergleichen, das oberhalb der Bewußtseinsebene von Jesod liegt.

Oberhalb der Schwelle des normalen Verstandes liegt Tiphereth von Jezirah im Zentrum vieler Pfade und in der Mitte zwischen dem unteren und oberen Gesicht von Jezirah. Diese Sephirah ist gleichzeitig Kether von Assiah, die Krone des Körpers und das Herz der Psyche. Zu Recht nennt man sie dank ihrer einzigartigen Lage zwischen dem Pfeiler der Barmherzigkeit und dem Pfeiler der Härte und den inneren und äußeren Bestandteilen der Psyche auch den Thron Salomos. Von hier aus kann der Mensch über acht Pfade in mindestens elf Triaden und drei Welten blicken, denn hier liegt gleichzeitig Malkhuth von Beriah. Für den irdischen Menschen ist dies die höchste unter gewöhnlichen Umständen erreichbare Stufe. Hier werden die unvergeßlichen Momente im Leben wahrgenommen. Wie könnte dies auch anders sein, denn hier schweben wir zwischen Himmel und Erde.

Tiphereth hat viele Namen. Diese Sephirah ist der leuchtende Spiegel des nichtleuchtenden Spiegels von Jesod – damit ist das Verhältnis zwischen diesen beiden Sephiroth treffend beschrieben. Man nennt sie den Beobachter, und wir alle haben schon einmal im Laufe unseres Lebens dieses Gefühl verspürt, als ob wir Ereignisse – oder auch uns selbst – von oben herab betrachten. Sie ist der Wächter, von dem in der Bibel so oft die Rede ist. Und manchmal sieht man sie als Schutzengel, den Teil von uns selbst, der uns mit großem Geschick durch die schwierigsten Situationen führt und gelegentlich gar einem Törichten das Leben rettet. Manche bezeichnen sie als Führer. Moderne Jungsche Psychologen nennen sie den »alten weisen Mann« in uns. Sie ist auch das »Herz der Herzen«, und es heißt, hier wohne die Gegenwär-

tigkeit Gottes. In der Kabbalah ist sie der »Sitz des Glaubens«, der Ort, an dem das biblische DU angesiedelt ist.
Für den naturhaften Menschen stellt Tiphereth von Jezirah den Zenit der organischen Erfahrung dar. Als vegetabiles und animales Wesen besitzt dieser einen Körper und eine Identität, die sich im Zentrum von Nephesch – seiner vitalen Seele – befinden. Die Identität in Jesod ist die Grundlage der natürlichen Realität, darüber schwebt jedoch das dämmernde Gewahren von etwas Größerem als dem Ego, etwas Tiefgründigerem, Realerem, das uns in Augenblicken höchster Gefahr, Leidenschaft oder Stille plötzlich klar vor Augen tritt. In diesem »Etwas« kann der Mensch sein wahres Selbst erkennen. Es kommt seinem essentiellen Wesen näher als sein Ego, das in seiner Gegenwart nichts ist als ein funktionierender, sich mit alltäglichen Angelegenheiten befassender Verstand. In direktem Kontakt mit unserem wirklichen Selbst zu stehen ist eine bemerkenswerte Erfahrung, und doch kann und wird der Mensch oft versuchen, sie unter den Aktivitäten des gewöhnlichen Alltags zu vergraben. Wir schrecken vor einer solchen Erfahrung zurück, da Tiphereth die Sephirah der Wahrheit ist: Setzen wir die eigene Selbsttäuschung und unsere Träume ihrem Lichte aus, so kann dies äußerst schmerzlich sein.
Tiphereth ist unsere Individualität, ist das inkarnierte Selbst, das zwar allen Menschen gemein, doch in jedem einzelnen von uns etwas ganz Spezifisches ist. Tiphereth heißt »die Schönheit«, und dies nicht ohne Grund: Diese Sephirah steht im Zentrum einer herrlichen und wunderbaren Symmetrie der Kraft, der Form und des Willens und ist der Ort, wo ein bewußtes Zusammentreffen von Gott und Mensch möglich ist. Ihr anderer kabbalistischer Name »Pracht« bringt diese Qualität deutlich zum Ausdruck: Sie ist und ist nicht, sie ist sichtbar und ist doch nicht als letztendliche Realität zu begrei-

fen. Schönheit ist Wahrheit, und Wahrheit ist Schönheit – doch keine von beiden ist das, was gerade durch ihre Manifestation hinter dem Glas des leuchtenden Spiegels des Selbst von Tiphereth verborgen bleibt.

Wie die Krone des organischen Baumes, so ist Tiphereth für jegliche vegetabile und animale Existenz die höchste Erfahrungsebene. Im Menschen gibt es weitere Stadien der Einsicht, die noch während der fleischlichen Verkörperung erreicht werden können. Diese Einsicht kann unbewußt oder bewußt erfolgen.

Der Pfad zwischen Hod und Netzach von Jezirah stellt die normale Bewußtseinsschwelle zwischen dem Ego und dem Selbst dar. Das Überschreiten dieser Schwelle pulsiert mal auf, mal ab über den vertikalen Pfad des Gerechten, je nachdem, welche Faktoren über beziehungsweise unter der Schwelle wirken. Diese Grenze wird durch die psychobiologischen Funktionen der Sephiroth Hod und Netzach gebildet, die die willkürlichen und unwillkürlichen mentalen und organischen Abläufe verkörpern.

Während dieses sephirothische Paar die instinktiven und mentalen Mechanismen im unteren Gesicht von Jezirah steuert, lenken die zwei seitlichen Sephiroth oberhalb von Tiphereth das emotionale Leben des inkarnierten Menschen. Beim natürlichen Menschen liegen diese im Unbewußten, also weit jenseits der üblichen Reichweite des Jesod-Bewußtseins, üben aber dennoch einen mächtigen indirekten Einfluß auf das Leben des einzelnen aus. Nur wenn ein Mensch fest in Tiphereth verankert ist, können sie ins Bewußtsein gelangen, und nur wenige natürliche Menschen haben dies je erreicht, ungeachtet ihrer Beteuerung, getreu zu ihrem Selbst zu stehen. Wenn Jesod glaubt, Herr über das Schicksal zu sein, so ist das eine traurige Illusion, wie bei aufrichtiger Betrachtung an vielen Leben erkennbar ist. Der Wille ist ein Attribut des

Selbst, und obwohl er in Krisenzeiten angerufen werden kann, ist er nur selten von Dauer, und Jesod verschleiert schon bald wieder die im dramatischen Augenblick geborene Klarheit und Entschiedenheit.

Geburah und Chesed von Jezirah bilden die äußeren und inneren Aspekte der Emotion. Das Gericht auf der Säule der Form ist passiv und reagierend, und die Barmherzigkeit auf der Säule der Kraft ist aktiv und agierend. Gemeinsam balancieren und kontrollieren sie – bewußt oder unbewußt – das emotionale Leben. Sie können als die moralischen Eigenschaften eines Menschen betrachtet werden, als seine Integrität, seine Liebesfähigkeit und seinen Mut. Hier wohnt die Seele des Menschen. Dies ist die Triade, in der die Mildtätigkeit und das Urteilsvermögen ihren Sitz haben. In seiner Zentriertheit um das Selbst verhindert das Gericht mit seiner begrenzenden Funktion jede übermäßige Ausdehnung der Barmherzigkeit, während letztere wiederum die Härte des Gerichtes mildert. Nach unten und zu den Seiten hin befinden sich die »Speichertriaden« für aktive und passive emotionale Komplexe, die die Verbindung sowohl zum Selbst als auch zu den instinktiven und mentalen Sephiroth Netzach und Hod herstellen. Chesed und Geburah und die daran angrenzenden Pfade wirken auf das emotionale Leben eines Menschen: Von jenseits des verborgenen Tiphereth wirken sie auf Jesod ein, um so Stimmungen zu erzeugen.

Über der äußerlichen Emotion, die uns im Zaume hält, und der inneren Emotion, die uns eine enorme psychische Stärke verleiht, liegt das Sephiroth-Paar des Intellektes, Binah und Chokmah. Diese beiden sind ebenfalls auf dem passiven beziehungsweise dem aktiven Pfeiler angeordnet und erfüllen die Funktionen des Verstehens und der Weisheit. Hier ist der reflektierende, formulierende Aspekt des Verstehens gemeint – angesprochen sind nicht die geistigen Trapezkunststücke von Hod, denen ein informatives und kommunikatives Prinzip zugrunde liegt, sondern der wahre und tiefgründige, mit den obersten Prinzipien befaßte Intellekt. Ebenso wie sich das Gericht und die Barmherzigkeit auf der emotionalen Ebene ausbalancieren, wirkt das Verstehen als Gegenpol zur Weisheit, die die aktive Kraft der Offenbarung besitzt. Auf analoge Weise benötigt das Verstehen die Weisheit, damit es nicht aus einer Idee ein starres Dogma formuliert. Im Menschen werden diese Sephiroth als äußerer und innerer Intellekt definiert, und sie stehen für die tiefgründigsten aller Gedanken. Der natürliche Mensch macht höchst selten Erfahrungen auf dieser Ebene, ebenso selten wie auf der Ebene der echten Emotion. Die meisten Menschen verwechseln ihre alltäglichen Gedanken und Gefühle mit Intellekt und Emotion, doch oftmals sind diese nichts als die mechanischen Erzeugnisse von Hod, Netzach und den sie umgebenden Triaden. Manche natürlichen Menschen erfahren direkt die oberen Ebenen der Emotion und des Intellektes; dies sind die Momente, in denen große Entdeckungen gemacht oder Kunstwerke geschaffen werden. Doch meistens geschieht dies nur einige wenige Male im Leben, und der Mensch wandelt wie im Traume im Gedanken an das, was er durch das Tor zum Paradies gesehen hat. Um diesen Zustand aufrechtzuerhalten und permanenten Zugang zu den höheren Welten zu erlangen, muß man zum übernatürlichen Menschen werden.

Im natürlichen Menschen liegen die oberen Bereiche der Psyche tief im Unbewußten, jenseits des Selbst. Der Radius des persönlichen Bewußtseins ist im Ego von Jesod zentriert und erstreckt sich in einem Kreis, ausgehend von Malkhuth in Jezirah, das heißt dem zentralen Nervensystem des körperlichen Tiphereth, um die beiden dual wirkenden psychobiologischen Sephiroth Hod und Netzach bis hin zum Wächter von

Tiphereth in Jezirah. Dies ist die äußerste Reichweite des Verstandes in seinem gewöhnlichen Wachzustand. Nachts sinkt das Bewußtsein des Körpers ab und konzentriert sich hauptsächlich im zentralen Nervensystem, dem Wächter des Körpers. Die nächste Bewußtseinsebene ist um das Selbst zentriert. Ihr Bereich erstreckt sich bis hinunter zum Ego und umfaßt die beiden Sephiroth-Paare des Instinktes und der Emotionen. Nach oben hin reicht er bis zur Nicht-Sephirah Daath von Jezirah. Hier wohnt das Wissen um eine ganz andere Welt, als wir sie unter normalen irdischen Bedingungen erfahren. Im natürlichen Menschen wird dieser Ort als das individuelle Unbewußte bezeichnet, und er bezieht sich auf all jene Erlebnisse, die durch das Ego von Jesod gegangen und in die Psyche eingedrungen sind, um sich an die Sephiroth, Pfade und Triaden rings um das Selbst zu binden (siehe Abbildung 11).

Noch tiefer und rings um Daath von Jezirah zentriert liegt ein Bereich des Unbewußten, der mit allen Menschen, die je gelebt haben, leben und leben werden, in Verbindung steht. Die Tradition stellt die Große Mutter und den Großen Vater an die Spitze der beiden äußeren Pfeiler. Gemeinsam mit Geburah und Chesed, den Sephiroth der Emotion, tragen diese zum Aufbau des Rassengedächtnisses bei, das allen Menschen zu eigen ist. Die Verbindung wird im niedrigsten Punkt mit dem Selbst und im höchsten Punkt mit Kether von Jezirah – gleichzeitig Tiphereth von Beriah, das Reich des Geistes – hergestellt. Die Ausdehnung dieses Bewußtseinsbereichs ist kosmisch und für den größten Teil der Menschheit völlig in den Tiefen des kollektiven Unbewußten verborgen. Diese Ebene stellt die Brücke zwischen Mensch und Gott dar.

Wie wir noch sehen werden, bestehen Querverbindungen zwischen sämtlichen Einflußbereichen, so daß ein natürlicher

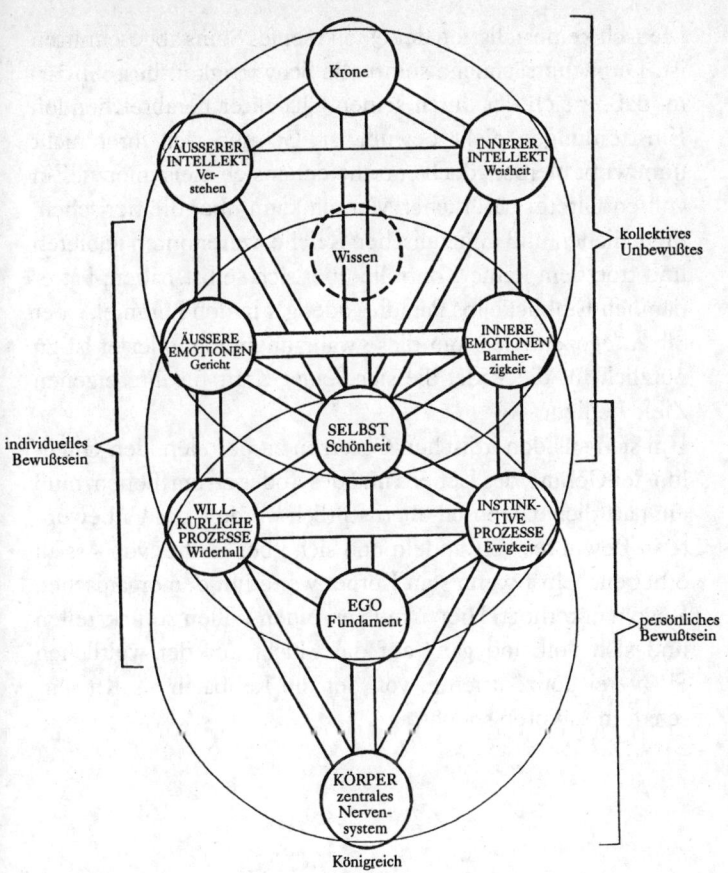

Abb. 11: Vier Welten in Aziluth

Wie der Körper hat auch die Psyche eine Anatomie, die sich auf den Baum übertragen läßt. In dieser Darstellung von Jezirah liegen die aktiven und passiven Funktionen des Intellekts, der Emotion und der instinktiven Intelligenz links und rechts der zentralen Säule des Bewußtseins. Die Kreise markieren die jeweiligen Einflußbereiche der verschiedenen Ebenen der Wahrnehmung und des inhärenten Wissens.

77

Mensch keinesfalls von der Quelle seines Seins abgeschnitten ist. Die hauptsächliche spirituelle Schwierigkeit besteht darin, daß er sich der durch seinen Charakter herabreichenden Einströmungen nicht bewußt ist. Er muß sich ihrer nicht unbewußt bleiben, doch entscheidet er sich meist hierzu. Ein voll entfalteter natürlicher Mensch kann über die tierischen, pflanzlichen und mineralischen Reiche weiter unten gebieten und trotzdem keine Kontrolle über sich selbst haben; hat er nämlich Einblicke ins Paradies oder gar in den Himmel, ist er oft zu egozentrisch, um diese wahrzunehmen, oder er ist zu nützlich für die Erde, die sich seiner Kraft für ihre eigenen Ziele bedient.

Um sich aus den irdischen Gesetzen zu befreien, den Gilgulim der Geburt, des Lebens und des Todes zu entfliehen, muß ein natürlicher Mensch übernatürlich werden, das Unbewußte in Bewußtes verwandeln und sich über Kether von Assiah erheben, selbst wenn sein Körper weiterhin den organischen Regeln unterliegt. Hierzu muß er seinen Willen zurückstellen und sich voll und ganz auf die Flucht aus der weltlichen Sklaverei konzentrieren, von der die Kabbalah als Knechtschaft in Ägypten spricht.*

---

* Eine eingehendere Darstellung der Psyche befindet sich in dem Kapitel »Psyche« in dem vom selben Autor verfaßten Buch *Adam and the Kabbalistic Tree* (York Beach, ME: Samuel Weiser, Inc., 1976; und Bath, England: Gateway Books 1990).

7. Sklaven in Ägypten

In den vorangegangenen beiden Kapiteln haben wir uns mit dem bewußten Dasein des Menschen in den anderthalb Welten befaßt; sein Körper nimmt den ganzen Baum von Assiah ein und sein normaler Ego-Verstand das untere Gesicht von Jezirah. Die anderen Welten sind zwar inwendig in ihm präsent, aber er erkennt sie nicht, unbewußt beeinflussen sie sein Leben. Dem Normalsterblichen kommt erst gar nicht der Gedanke, daß unsichtbare Kräfte sein Tun und Treiben bestimmen könnten, und die Vorstellung an sich ist für ihn nicht akzeptabel. Er schätzt und respektiert die Mächte und die Materialität der Welt von Assiah und verwirft zumeist alles Übernatürliche. Ich sage »zumeist«, weil in ihm eine inhärente Erinnerung an eine ferne Vergangenheit, eine Ahnung von etwas mehr als dem sichtbar Vorhandenen und eine tiefgreifende Furcht vor dem jenseits der Zukunft Liegenden schlummern. Für den physisch orientierten Ego-Verstand bedeutet das Übernatürliche eine Bedrohung, denn es unterminiert das Fundament der eigenen Existenz, macht das Feste substanzlos und das Bestehende vergänglich. Ein kurzer Einblick in die Ewigkeit kann dazu führen, daß sich der älteste Berg in der Zeitlosigkeit auflöst. Doch anders, als uns das Ego vorspiegeln mag, ist diese Erfahrung nicht immer etwas Besonderes oder gar von Bestand. Nur wenige Menschen können den Gedanken an den Tod ertragen. Er tritt bei anderen auf, aber nicht bei einem selbst; zumindest nicht heute – und das Morgen kommt niemals. Derartige aus Jesod stammende Illusionen sind der Schutzschild, mit dem sich das Ego gegen alle anderen Realitäten abschirmt.

Wie ist es eigentlich zu jenem Bewußtseinsmangel im Menschen gekommen? Die Bibel besagt, daß Adam in Ungnade gefallen war, daß er aus den höheren Welten des Geistes in die niederen Welten der Materie hinabstieg. In kabbalistischen Worten entspricht dies dem Hinabgleiten auf der Jakobsleiter um ein Gesicht beziehungsweise eine Ebene, so daß Adam, dessen natürliche Wohnstätte Eden oder Jezirah war, im Fleische des unteren Gesichtes von Assiah inkarnierte. Über den (Sünden-)Fall kursieren viele Versionen und ebenso viele Erklärungen zu dem Ereignis. Einige Kabbalisten schreiben es einem Versagen der Sephiroth während der Entfaltung der Welten zu, andere der unvermeidbaren Trennung des Geschaffenen von seinem Schöpfer. Und wieder andere sehen in Adams Situation die eines Prinzen, vom Vater in die niederen Welten entsandt zur Erkundung des Königreiches, das er schließlich und letztlich regieren soll. Manche Kabbalisten meinen, Gott habe Adam in diese Position gestellt, damit ER die Freude habe, ihm behilflich sein zu können, und nicht wenige behaupten, daß der Mensch in Assiah die fleischliche Manifestation des aziluthischen Adam sei und daß Gott durch dieses irdische Geschöpf direkten Zugang zu und somit Verstehen der und Verständnis für die niederen Welten habe. Ich selbst schließe mich dieser These an und der Vorstellung, daß jeder einzelne von uns in Assiah inkarniert, um eine bestimmte Aufgabe entsprechend seinen Talenten und seinem Weg im Leben zu erfüllen.

Mit der Geburt wird der psychische oder jeziratische Körper eines Individuums fest in den Assiah-Körper eingebunden. Diese Verbindung erfolgte erstmals in Kether von Assiah (gleichzeitig Tiphereth von Jezirah), und der Prozeß setzte sich fort den Oktav-Lichtblitz herunter über die Phasen Vater (Chokhmah), Mutter (Binah), Empfängnis (Daath), Zellteilung (Chesed), Zelldifferenzierung (Geburah) bis zur Errichtung eines jeziratischen Malkhuth in Tiphereth des Körpers,

das heißt im zentralen Nervensystem. Das untere Gesicht wird im Organismus vervollkommnet, indem Netzach und Hod es in einen betriebsfähigen und harmonierenden Zustand bringen, so daß nach dem letzten Intervall von Jesod das vegetative System zu funktionieren beginnt, sobald der malkhuthische Körper des Babys von der Mutter getrennt ist.*
Das untere Gesicht des Assiah-Baumes besteht aus Gewebe, Organen, Muskeln und Nerven. Da es keine direkte Verwobenheit mit Jezirah oder irgendeiner anderen höheren Welt hat, ist es gewissermaßen unvollständig. In der Kabbalah bezieht sich der Begriff »unvollständige Welten« auf Seinsbereiche, die vor dem jetzigen geschaffen wurden. Sie kollabierten, wurde uns berichtet, weil sie entweder instabil, also zu sehr auf dem einen oder dem anderen Pfeiler ausgerichtet waren, oder weil ihnen die Allmacht des Heiligen Geistes fehlte. Bei Errichtung des derzeitigen Universums wurden die Überbleibsel von sechs der unvollkommenen Welten in den niederen Teil des großen Evolutionsplanes eingebracht. Königreiche von Edom hießen sie. Das siebte Königreich von Tebel war schon fast perfekt, so daß es dem inkarnierten Adam, den wir als menschliches Wesen kennen, Modell stand. Es gab jedoch noch Fragmente der früheren Welten, die außerhalb des endgültigen Weltensystems blieben, und diese – so die Überlieferung – erzeugten Böses, das heißt, sie sind die dämonischen oder unausgewogenen Kräfte und Formen, die jenseits der äußeren Pfeiler und unterhalb der unvollkommenen Königreiche von Edom liegen.
Den Baum von Assiah können wir ohne seine jeziratischen Verbindungen als die sieben unvollständigen Erden ansehen.

---

* Eine detaillierte Darstellung des Gestationsprozesses findet sich im Kapitel 16 des Buches vom selben Autor *Tree of Life: An Introduction to the Kabbalah* (York Beach, ME: Samuel Weiser, Inc., 1972; und London: Rider & Co, 1972).

Seine irdischen Begrenzungen definieren sich durch den physischen Tod, mit dem der mineralische und chemische Stoffwechsel endet und das Leben aus dem vegetabilen und animalen Körper weicht. In diesem Moment trennt sich Nephesch oder die vitale Seele von dem oberen Gesicht von Jezirah oder der unteren Hälfte der Psyche. Wie zu erwarten, kollabiert dann der untere Teil des Assiah-Körpers, verfällt und zersetzt sich in seine verschiedenen erdbezogenen Sphären von Energie, Materie und elementarem Bewußtsein.

In der kabbalistischen Tradition stellen diese sieben Welten von Assiah auch sieben übereinanderliegende Schichten irdischer Existenz oder Ebenen auf der mittleren Säule des Assiah-Baumes dar. Manchmal werden sie als Länder bezeichnet und haben Namen; so heißt beispielsweise Malkhuth, die niedrigste Ebene, »Eretz« oder »Land«. Diese Länder wiederum haben Einwohner, von denen ein jeder sein Dasein in einem ihm eigenen Bewußtseinszustand fristet. Sie werden in der Tat als übereinanderliegend beschrieben, so daß sie zwar den gleichen Baum oder Ort belegen, jedoch in sehr unterschiedlicher Art und Weise. Um eine einfache Parallele aufzuzeigen, können Bakterien und die Psyche eines Menschen in ein und demselben Körper leben, doch ihre Wahrnehmung ist auf ganz unterschiedliche Ebenen ausgerichtet. Aus dieser kabbalistischen Sicht heraus haben die das untere Gesicht des Assiah-Baumes bewohnenden Bakterien wenig direkte Beziehung zu den höheren Welten. Wir können sogar sagen, daß die fast ausschließlich auf Assiah beschränkten mineralischen, vegetabilen und animalen Erfahrungsebenen in diesem Sinne unvollkommen sind. Nur der Mensch mit der Befähigung, seinen Status zu transformieren und somit das obere Gesicht von Assiah in das untere von Jezirah zu verwandeln, kann als vollkommenes irdisches Wesen angesehen werden. Wie allerdings früher schon bemerkt, ziehen es

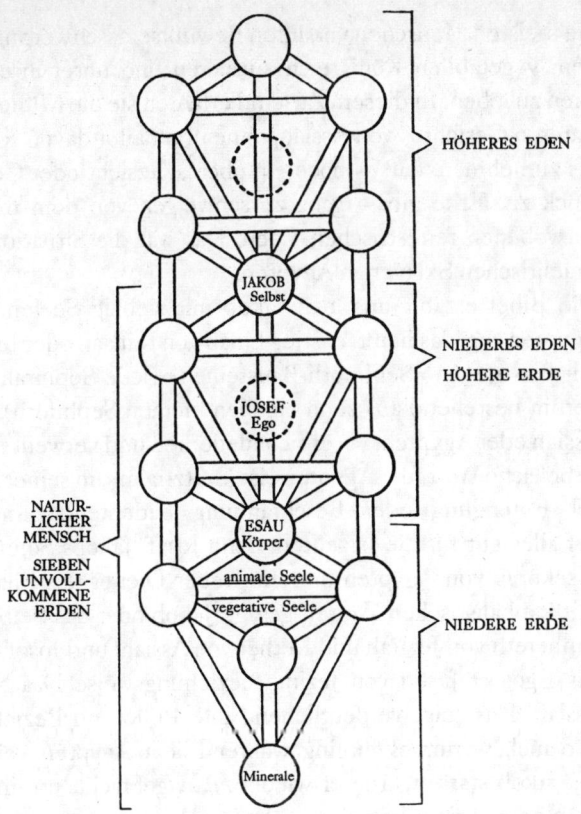

Abb. 12: Eden und die Erde

Hier beschreiben die verwobenen Welten von Assiah und Jezirah den Lebensraum des natürlichen Menschen. Darunter, im untersten Gesicht, liegen die unvollkommenen Welten, denen die im gesamten Baum des Menschen innewohnende Perfektion fehlt. Esau als das Symbol der erdgebundenen Menschheit steht im Mittelpunkt des physischen Baumes. Josef, der angesehene Diener des Pharaos, steht auf halber Höhe zwischen Körper–Sklave und Herr–Mensch; letzterer wird durch seinen Vater Jakob verkörpert: Als dieser Israel wurde, verwandelte er das obere Gesicht der Erde in das untere Gesicht von Eden.

die meisten Menschen vor, ihren Bewußtseinsschwerpunkt in dem vegetabilen Königreich zu halten und unter ihresgleichen zu leben. In diesem Zustand erfahren sie die Mühen des unteren Gesichtes von Assiah, ohne überhaupt davon Kenntnis zu nehmen, daß es noch ein oberes Gesicht oder Gegenstück zur Erde gibt – ganz zu schweigen von dem mit ihr verwobenen terrestrischen Eden. Das war die Situation der israelitischen Sklaven in Ägypten.

Die Bibel erzählt uns, daß Jakob mit siebzig Seelen nach Ägypten zog, das heißt, er stieg hinab von Kanaan oder Jezirah mit den sieben »Sephiroth-Bausteinen« (jede Sephirah wiederum bestehend aus zehn eigenen kleinen Sephiroth) nach Assiah oder Ägypten, wo er sich niederließ und verweilte. Das hebräische Wort für »Ägypten« ist »Mitzriaim«, in seiner Wurzel »Einengung« oder »Beschränkung« bedeutend. Zunächst lief alles gut für die Israeliten, denn Josef, Jakobs Sohn, war Vizekönig von Ägypten und ein treuer Diener des Pharaos. Mit kabbalistischen Worten gesagt: Jakob oder das Selbst ist Tiphereth von Jezirah und Kether von Assiah; und Josef, oder das Ego, ist Jesod von Jezirah beziehungsweise Daath von Assiah. Das zeigt verdeutlichend ihre Rolle und Beziehung und auch, warum es gutging, während sie in Ägypten weilten. Als Jakob starb, wurde er wieder *hinauf*gebracht, um in Kanaan oder Jezirah begraben zu werden; unterdessen vereinte sich sein Geist mit den Vorfahren in Beriah. Später starb auch Josef und gesellte sich ebenfalls zu seinen Vorfahren, doch sein Körper blieb einbalsamiert *unten* in Ägypten, bis die Israeliten aus Ägypten aufbrachen und nach Kanaan zurückkehrten. Dies versinnbildlicht die Situation eines natürlichen Menschen, der einige Zeit in Assiah verbracht hat. Von der Geburt bis hin zur Jugend bestimmen Unschuld, Integrität und Wahrheitsstreben sein Dasein, doch dies geht häufig verloren oder wird verschüttet von den Freuden und Schmerzen des Fleisches. Mit der Zeit vergißt er das obere Land, aus dem er kam. Die Erinnerungen schwinden dahin und werden durch die Aktivitäten des Lebens von Assiah verwässert. Begierde, Überlebensdrang und der Wunsch nach Bequemlichkeit treten in den Vordergrund. Im gleichen Maße, wie die Verantwortung im Leben zunimmt, werden die kurzen Einblicke früherer Jahre ins Paradies weniger, bis sie schließlich als Träume und Phantasien der Kindheit abgetan werden. Wenn die Zeit des Rückzuges oder Alters gekommen ist, ist es meistens zu spät, noch etwas zu unternehmen, bevor wir vom Tod wieder in den Kreislauf zurückgebracht werden. Das ist Gilgul oder das Rad der Sklaverei. Solange der Mensch von den Gesetzmäßigkeiten der Elemente und organischen Natur völlig beherrscht ist, bleibt er auf die niedere, irdische Welt von Ägypten beschränkt. Sicherlich regiert das Ego immer noch als Vizekönig im Land. Aber jetzt ist es nur noch ein leerer vielfarbener Mantel, der mangels Führung durch das Selbst glaubt, Pharao oder Gott-König zu sein.

Nicht alle Kinder Israels wollen jedoch Sklaven sein. Es gibt noch einige mit vagen Erinnerungen daran, woher sie kamen; sie lauschen gerne den Geschichten, die jeder Generation stets aufs neue erzählt werden, von der ihren Vorvätern gemachten Verheißung auf ein fernes Land, wo Milch und Honig fließen. Für die meisten Israeliten ist dies eine Kindergeschichte, reich an wundervollen, doch recht unglaublichen Dingen. Das gegenwärtige Dasein, so sagen sie, sei die einzige Realität und ausreichend, um sich damit zufriedenzugeben, ohne daß gleich eine Reise ins Unbekannte unternommen werden müsse. Denjenigen aber, die der Erzählung etwas aufmerksamer folgen, wird allmählich offenbar, daß es sich hier keineswegs um eine infantile Phantasie handelt, sondern um einen präzisen Bericht und eine Anleitung zur Tat, Hingabe und Kontemplation mit der einzigen und alleinigen Botschaft, wie wir der Knechtschaft entfliehen können. Für diejenigen, die bereit sind, diesen Weg zu gehen, eröffnen sich viele Möglichkeiten; denn der Himmel, der durch einen erwachenden Adam in Bereitschaft versetzt ist, schickt die Vorsehung hinunter durch die Welten, um beim Aufstieg behilflich zu sein, damit der Mensch – auch wenn er noch in Assiah verkörpert ist – in den unteren Garten Edens eintreten kann.

8. Das Gelobte Land

Das Gefühl des Alleinseins kennt jeder von uns. Tatsächlich aber ist diese Empfindung des Getrenntseins eine der großen treibenden Kräfte im Leben. Männer und Frauen werden dadurch einander nähergebracht, Familien gegründet, Stämme, Völker, Nationen entstehen; sie verleihen dem einzelnen seine Zugehörigkeit. Doch wir alle wissen, selbst in der intimsten persönlichen Beziehung bleibt letztendlich jeder allein; und stärker noch erfahren wir dies in einer Gruppe – egal, wie groß sie ist. Dieses Gefühl der Isoliertheit ist nicht naturbedingt. Sonst ließe es sich einfach durch Eintauchen in eine Herde abstreifen. Nein, die Ursachen hierfür liegen anderswo. Es ist das Getrenntsein von den Welten dort oben, das uns zusetzt, solange wir uns im unvollkommenen Reich von Assiah bewegen.

Das Gefühl, in der materiellen Welt deplaziert zu sein, spiegelt sich in allen Kulturen und Epochen wider. In einem alten amerikanischen Volkslied heißt es so treffend: »Ich bin nur ein armer Wanderer in der Fremde, ein Reisender durch diese Welt voll Leid. Doch ich fürchte weder Mühen noch Gefahren in dem herrlichen Land, in das ich gehe.« In der Bibel wird dieser Gedanke durch das Exil und das Gelobte Land symbolisiert. Eigentlich haben die Menschen den Auszug aus dem Heiligen Land und ihre Rückkehr dorthin immer nur als ein historisches Ereignis betrachtet. Christen und Araber stritten sich um den Besitz Palästinas im Mittelalter, und heute – nach zweitausend Jahren im Exil – kämpfen die Israelis immer noch darum, ihre Stellung auf dem Zion zu halten. Dieses kleine levantinische Land ist zwar von großer Wichtigkeit für drei Hauptreligionen der Welt, dennoch gerät seine wirkliche

Bedeutung oft in Vergessenheit. Zion ist der heilige Berg, auf seinem Gipfel das himmlische Jerusalem. Dies bedeutet: Mag das Gelobte Land auch in Malkhuth verankert sein wie das Kopfkissen aus Stein am Fuße der Jakobsleiter, so ist das wahre Heilige Land per definitionem doch in einer anderen Welt angesiedelt. Das Wissen um ein fernes und vollkommenes Land finden wir überall auf der Welt in Volksgut und Mythen. Für die einen liegt das Gelobte Land über dem Himmel, für die anderen hinter den Bergen, jenseits des Meeres oder sogar am Ende des Regenbogens. Es ist immer »dort« und niemals »hier«. Wenn auch der Mensch es ständig in physischer Form vor Augen haben mag – etwas, das es zu erkunden, zu erarbeiten gilt, wie das Eldorado oder Utopia. Die vielleicht modernste Darstellung dieses Mythos ist das verborgene Tal von Shangri-La im Himalajagebirge. Doch auch das ist immer noch in Assiah.

In der Kabbalah liegt das Gelobte Land jenseits von Tiphereth in Jezirah, dem Selbst des psychischen Baumes. Es beginnt genau oberhalb von Tebel, der obersten der sieben irdischen Welten, die als supernale Triade von Assiah oder simultane Hod-Netzach-Tiphereth-Triade von Jezirah definiert werden können. In der Psychologie sprechen wir vom erwachenden Bewußtsein, auch als Triade der Hoffnung bekannt.

Im Volksgut dieser Welt finden wir zahlreiche Geschichten über Einblicke ins Gelobte Land, oft allerdings in verwässerter und verzerrter Form. Hans und die Bohnenranke ist ein Beispiel. Hier klettert ein Junge – das heißt ein unvollkommener oder natürlicher Mensch – eine magische Bohnenranke hoch und betritt eine höhere Welt. Alles erscheint viel größer als im wirklichen Leben und irgendwie beängstigend, obgleich nicht unnatürlich – das Symbol des Riesenhaften. Sein eigener schneller Abstieg und das Durchtrennen der Verbindung durch Abschneiden der Bohnenranke versinnbildlichen seine Entscheidung für ein Leben in Sicherheit auf der materiellen Welt unten. Das Märchen von Aladin zeigt eine weitere Begebenheit vom Zusammentreffen des Menschen mit den höheren Welten, ebenso das von Aschenputtel. Letzteres gibt bis ins Detail gehend Rechenschaft von den jeweiligen Mächten und Welten. Aschenputtel, rechtmäßige Erbin (oder Seele) des Hauses ihres Vaters, muß in der Küche (der Körper) arbeiten, während die häßlichen Töchter (Personas) der Stiefmutter (Ego) seinen Platz einnehmen. Doch mit Hilfe seiner guten Fee (ein Lehrer) werden ein Kürbis (die vegetabile Seele) und einige Mäuse (die animale Seele) in eine Karosse mit Pferden (Ezechiels Merkhabah oder Wagen) verwandelt, die Aschenputtel auf den Ball (die nächsthöhere Welt) fährt. Aus ihren Lumpen wird ein wunderschönes Gewand (Aschenputtel wechselt vom Natürlichen ins Übernatürliche). In diesem Stadium der Gnade wird es von Assiah ins Jezirah erhoben, wo es auf den Prinzen (Geist von Beriah) trifft. Nach einigen Schwierigkeiten durch Forderungen des Ego und der Personas vereinen sich Seele und Geist in der Hochzeit – sehr zur Freude des Königs (Adam Kadmon von Aziluth).

Solche Märchen sind offenbar nicht von gewöhnlichen Geschichtenerzählern verfaßt. Einer Überlieferung in der Kabbalah zufolge gibt es zu allen Zeiten auf der Welt sechsunddreißig Gerechte oder Zadekim. Dieser Vorstellung eines Geheimbundes weiser und mächtiger Wesen begegnen wir wiederum in allen Kulturen, oftmals in Volksmärchen in der Gestalt eines mysteriösen Fremden, der zu einem kritischen Zeitpunkt des Geschehens auftaucht. Zumeist auf Anhieb nicht erkannt, schreiten der Zauberer oder die gute Fee dann ein, um die Vollendung der Aufgabe zu ermöglichen. Die Parallele zur spirituellen Entfaltung ist sehr deutlich, denn auch der Schüler kann den Meister erst erkennen, wenn er selbst dazu bereit ist. Dies ist ein klarer Hinweis auf das Niveau jener Menschen, die die Originalmärchen erdacht haben, warum sie entstanden und auf wen sie abzielten.

Die Funktion der im verborgenen wirkenden Zadekim ist lebenswichtig für die Menschheit. Sie sind die Lehrer oder Maggidim, deren Aufgabe darin besteht, den Männern und Frauen zu helfen, die eine spirituelle Entfaltung anstreben. Natürlich kann das nicht auf direktem Wege geschehen, denn der Mensch erkennt normalerweise die Gegenwart derart hoch entwickelter Wesen nicht, weil sie als ganz normale Leute auftreten. Dies erleichtert und erschwert die Sache zugleich. Es erleichtert sie, weil ein verborgener Zadek geradewegs inmitten unseres Lebens unbemerkt stehen kann; und es erschwert sie, weil er nur solchen Menschen helfen kann, die ihn und ihr eigenes Hilfsbedürfnis erkennen. Erst dann kann er sich offenbaren. In jeder spirituellen Tradition gibt es solche Leute. Wir können auf einen Sufi-Antiquar oder einen kabbalistischen Buchhalter stoßen, ohne es zu bemerken; gegenseitig werden die beiden sich jedoch schnell erkennen als zwei Wachende in einer schlafenden Welt. Die Anzahl der Zadekim übersteigt sicherlich die Sechsunddreißig, gleichwohl nimmt die Zahl Sechsunddreißig eine besondere Stellung in der spirituellen Gemeinschaft – manchmal auch als »innerer Kreis der Menschheit« bezeichnet – ein.

Die Zadekim einer jeden Überlieferung mögen zwar überall auf der Welt von Assiah ihre Lehren und Geschichten, ihre Deutungen und die Spuren ihrer Gegenwärtigkeit beziehungsweise ihres Schaffens hinterlassen, dennoch kann nichts für einen Menschen getan werden, solange dieser sich nicht entscheidet, selbst etwas zu unternehmen:

Wenn Momente der visionären Einsicht auftreten, in der Stille oder in Krisen, beginnt der Mensch nachzudenken, ob es da nicht doch mehr gibt als die physischen Aktivitäten des täglichen Essens, Sichfortpflanzens und Strebens nach Aufstieg vor dem Absteigen in den Ruhestand und Tod. Die meisten Menschen erinnern sich dieser inneren Vorgänge sehr genau. Es war, als wären sie in eine andere Welt eingedrungen, und in der Tat war es auch so. Die Wirkung dieser Erfahrung fesselt und verstört den natürlichen Menschen gleichermaßen (wie den Hans auf der Bohnenranke in der bereits erwähnten Geschichte); denn nun wird er aufgefordert, entweder weiter in diese neue Welt hineinzuschreiten oder sich zurückzuziehen. Die meisten kehren um, weil sie die Welt, die sie kennen, mit all ihren Mühen und Plagen, dem Unbekannten vorziehen – wie verlockend es auch immer sein mag. Oft erfolgt die Zurückweisung der Paradiesseite (der Jezirah-Aspekt) des oberen Gesichtes von Assiah abrupt und heftig, weil diese nicht nur neu ist, sondern auch das auf der Erdseite des Gesichtes befindliche Ego bedroht. Das Ego zu verlieren ist für die meisten Menschen unerträglich, zumal es als Daath in Assiah ihre einzige Kenntnis von der physischen Existenz ist. Für erdorientierte Wesen ist die Vorstellung, die materielle Welt loszulassen, einfach zuviel. Dies ist der tiefere Sinn in der biblischen Geschichte von Jakob und Esau. Esau, der ältere Bruder, verkaufte sein Geburtsrecht an Jakob für einen Schlag Suppe, denn er war furchtbar hungrig. Indem er so handelte, verlor er seine Chance des spirituellen Weges. Er blieb unten in der materiellen Welt und wurde der Vater der Könige von Edom oder Assiah, bevor es Könige in Israel gab. Die Könige von Edom versinnbildlichen in diesem Zusammenhang die sieben unvollkommenen Phasen vor der Errichtung des Königreiches Israel in den höheren Welten; das »Haus Israel« ist die kabbalistische Bezeichnung des »inneren Kreises der Menschheit«.

Entscheidet sich ein Mensch, tiefer in die Welt jenseits von Edom einzudringen, öffnet die Vorsehung Türen, die nicht einfach nur geschlossen, sondern vielmehr unsichtbar für das Auge waren. Plötzlich werden Volksmärchen wahr, und die Bibel setzt Vergangenheit in Gegenwart um. Dann aber beginnt Teschuvah oder die Heimkehr ins Gelobte Land. Teschuvah stammt aus dem Hebräischen und bedeutet »Reue« oder »Umkehr«. In kabbalistischen Worten beschreibt es die Loslösung vom Fluche Adams (die Erde zu bestellen) und die Transformation des oberen Gesichtes einer jeden niederen Welt in das untere Gesicht einer höheren Welt. Bevor allerdings der Auszug aus Ägypten beginnen kann, müssen gewisse Vorbedingungen erfüllt sein. Wenn die Unzufriedenheit des Menschen groß genug ist und er ernsthaft darüber nachdenkt, sein Joch abzuwerfen, muß er zunächst unterwiesen werden. An diesem Punkt tritt gewöhnlich ein spiritueller Lehrer oder Maggid auf. Die Kinder Israels haben dies in der Gestalt des Moses erfahren; gleiches passiert im Leben eines jeden Menschen.

9. Jakob und Esau

Esau und Jakob waren Zwillingsbrüder, das bedeutet: zwei Aspekte von ein und derselben Sache. Esau verkaufte nicht nur sein Geburtsrecht, sondern verlor auch den Segen seines Vaters und vermählte sich mit einer heidnischen Frau. Durch diese drei Begebenheiten gab er seinen Platz auf in dem Land, das ihm in dem Bündnis zwischen seinen Vorfahren und Gott verheißen war und in dem er und seine Nachfahren für immer hätten leben können. So verwirkte er die Unsterblichkeit und lebte im Süden unterhalb von Israel im Lande Edom, was »rot« heißt – wie die Farbe des Blutes: im Königreich des animalen Menschen. Dieser Ort wird auch »Wildnis« genannt.

Jakob, der jüngere Zwillingsbruder, nahm Esaus Platz ein, denn er erkannte den Wert des Geburtsrechtes, und mit der Hilfe seiner Mutter erlangte er auch den Segen des Erstgeborenen. So wandelte er das obere Gesicht von Assiah in das untere Gesicht von Jezirah. Und hier beginnt der Teschuvah-Weg oder die Erlösung. Esau, der Nicht-Verwandelte und Nicht-Reumütige, blieb zurück als Tiphereth von Assiah, während Jakob aufstieg, um Kether von Assiah beziehungsweise der Erstgeborene zu werden. Später, nach einem Ringen mit Gottes Engel, wurde Jakob in Israel umbenannt. Dies war eine weitere Wandlung oder ein weiteres Aufsteigen, indem Kether von Assiah – gleichzeitig Tiphereth von Jezirah – mit dem wiederum platzgleichen Malkhuth von Beriah in Kontakt gebracht wird. An diesem Punkt beginnt die zweite Geburt oder Entwicklung der Seele aus dem physischen Körper von Assiah heraus. Und genau in dem Gesicht unterhalb von Jakob und oberhalb von Esau finden wir die Kinder Israels angesiedelt.

Die Bezeichnung »Kinder Israels« ist ein sehr präziser kabbalistischer Ausdruck. Er trifft nicht nur auf Personen hebräischer Abstammung zu, sondern definiert vielmehr einen Seinszustand oberhalb der animalen Ebene von Edom, das heißt der totalen Versklavung in Ägypten, allerdings unterhalb des oberen Gesichtes von Jezirah, bekannt als das Eingangstor zum Heiligen Land oder – in diesem Kontext – zum Haus Israel. Jeder auf der Erde, der als natürlicher Mensch unter den Gesetzmäßigkeiten von Assiah geboren wird oder in Sünde, wie einige Kabbalisten es später bezeichneten, beginnt zunächst als ein Kind Israels aufzuwachsen.

Während der Kindheit und Jugendzeit verspüren wir oftmals das Vorhandensein einer anderen Welt; zumindest aber passiert dies manchmal in einem Augenblick tiefster Verwunderung über die Natur oder die endlose Weite des Himmels. Es kommt jedoch die Zeit, da die Welt von Assiah ihren Tribut für erbrachte Leistungen einfordert; denn alles im Universum – auch spirituelle Entwicklung – hat seinen Preis. In Assiah obliegt es Adam, die Erde zu bestellen, und Eva, die nächste Generation zu gebären. Wenn die Schuld beglichen ist, wird aus dem Kind (oder dem natürlichen Menschen) ein Erwachsener, der in die nächste Welt gehen kann. Doch dieser Schritt wird meistens nicht getan. In der Sorge um die profane Welt vergessen die Kinder Israels bald diese andere Realität. Sie verlieren die ihren Vätern gemachte Verheißung aus den Augen und tauschen ihr Geburtsrecht gegen mineralische Besitztümer, vegetabile Bequemlichkeit und animale Fähigkeiten ein. Wie Esau verzichten sie auf den Segen des Vaters und vermählen sich mit Ungläubigen; nicht nur, daß sie sich von ihrem Ursprung abwenden, sie hören auch auf zu glauben, daß dieser je existierte. Somit werden aus ihnen schlimmstenfalls vegetabile Sklaven in Ägypten und bestenfalls die Kinder Esaus, die ihren Wohnsitz im Edom des animalen Menschen haben.

Die Kinder Israels aber halten weiterhin Verbindung zu den höheren Welten, aus denen sie kamen. Doch auch für sie ist es nicht leicht hier auf Erden. Das Leben in Edom beziehungsweise Ägypten ist schwer, denn ein jeder um sie herum ist nicht nur voll und ganz in die Aktivitäten von Assiah verstrickt, sondern sieht sie als Außenseiter, Faulenzer und bisweilen als gefährlich an. Erstens weil – wie ein Kabbalist es formulierte – »die Kinder dieser Welt viel klüger sind in ihrem Tun als die Kinder des Lichtes« und zweitens weil die endlose Hinterfragung der Werte physischer Existenz eine direkte Bedrohung von Esaus Religion darstellt. Das Kind Israels hat das Problem der Teilhabe an zwei Welten. Ungleich der Kinder Esaus kann es im reinen Assiah keine Zufriedenheit erreichen; und es weiß nicht, wie es ins Paradies von Jezirah kommen und dort verweilen kann. Wegen seiner fehlenden Wünsche und Interessen an Besitztum und Status wird es von der profanen Welt als anormal angesehen; von der eigenen Familie wird es oft nicht einmal verstanden. Häufig wird es zurechtgewiesen, weil ihm der weltliche Ehrgeiz fehle. Zudem erweckt das »Gerede« von einer höheren Welt Zorn und Entrüstung – stärker noch als jede animale Leidenschaft –, weil so die gesamte Lebensphilosophie des natürlichen Menschen ins Wanken gerät.

Versinkt der natürliche Mensch im Unbewußten, so erkennt er damit die höheren Welten an, die er ja eigentlich verneint; und so etwas ist schmerzlich. Esaus Groll über seine verlorene Position hält immer noch an, wenn es auch seine eigene Entscheidung war. Beharrlich hält er an der rationalen Sicherheit der Sinne fest und zwingt sich in den Glauben an die Wirklichkeit von irgend etwas, das dauernd vor seinen Augen zerrinnt. Das Kind Israels erzürnt ihn, denn es erinnert ihn ständig daran, daß alles auf Erden vergänglich, die Illusion des Ego ob seiner eigenen Wichtigkeit falsch und mit jeder neuen

Geburt selbst die Verheißung von Jugend zum Sterben verurteilt ist. Dies ist das Leid von Adam und Eva, und es zu tief oder zu nahe zu betrachten ist unerträglich. Zu ihrer eigenen Verteidigung machen sich die Kinder Esaus zunächst über die Kinder Israels lustig. Fragen zum Sinn des Lebens oder zu der Suche nach etwas Immerwährendem gelten als unrealistisch und nutzlos in einer Welt, die beherrscht wird von Gewinn und Verlust, vom Fressen und Gefressenwerden. »Warum denn eigentlich die Religion unserer Väter aufrechterhalten?« fragt das Kind Israels und schaut auf die Myriaden an Tempeln in Edom beziehungsweise in Ägypten. »Weil sie uns überliefert wurde«, lautet die Antwort. »Aber«, entgegnet das Kind Israels, und dies hat sich in jeder Generation wiederholt, »ihr praktiziert doch die Grundsätze nicht. Ihr seid Heuchler.« An diesem Punkt reagieren die Kinder Esaus oftmals heftig, besonders solche, die vorgeben, Priester und Wahrer der Religion ihrer Väter zu sein. Sie wenden sich gegen die nach der Wahrheit Fragenden und Suchenden und vertreiben sie aus ihrer Gemeinschaft. Und daher kommt es, daß Jakob und Esau, obgleich blutsverwandt, nicht zusammenleben noch im gleichen Land bestehen können, auch wenn sie sich versöhnt haben. Jakob muß seinen eigenen Weg gehen (1. Mose 33).

Jakob ist der Außenseiter, der Fremde. In der Tat sagt eine der Kernbedeutungen des Wortes »Hebräer« beziehungsweise »hebräisch« genau dies aus. Und Abraham wurde zum Außenseiter, zum Fremden für seinen eigenen Vater, der viele falsche Götter schuf. In der Genesis (1. Mose 12) heißt es: »Und der HERR sprach zu Abram [Abraham]: Geh aus deinem Vaterland und von deiner Verwandtschaft und aus deines Vaters Hause in ein Land, das ich dir zeigen will.«

Nachdem Jakob seine Entscheidung getroffen hatte, wurde er mit praktisch nichts in der Hand aus seiner natürlichen Hei-

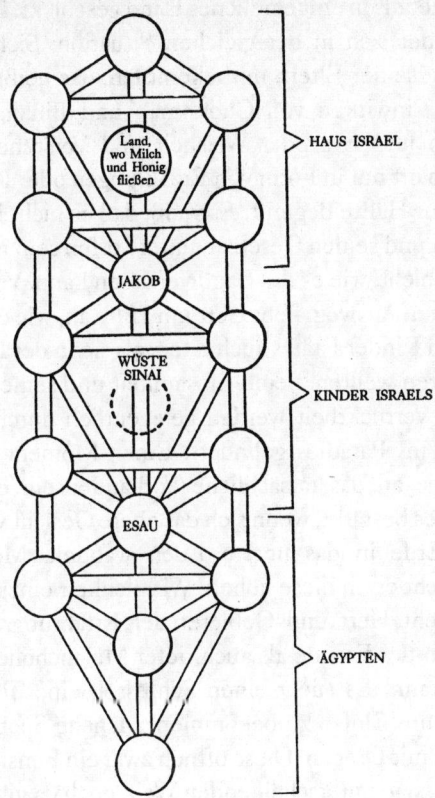

Abb. 13: Knechtschaft

Diese ineinander verwobenen Bäume zeigen exakt die Beziehung zwischen den möglichen Entwicklungsstadien eines Menschen nach der Genesis und dem Exodus. Das Verlassen Ägyptens wird hier als das Hinaufsteigen aus der Knechtschaft im unteren Assiah in die Wüste zwischen Ägypten und dem Gelobten Land dargestellt. Sinai ist der Ort, wo die alten Sklavengewohnheiten abgelegt und eine neue Generation beziehungsweise ein neues Fundament geformt werden müssen, bevor einer in das Haus Israel oder das Land, wo Milch und Honig fließen, eingehen kann.

mat heraus in ein feindliches Land geschickt. Das Kind Israels befindet sich in der gleichen Situation. Sicher, es hat den Segen seiner Eltern mitbekommen, das heißt das archetypische Einwirken von Chokhmah und Binah, die Sephiroth Adam und Eva oder Weisheit und Verstehen. Doch diese treten oft nur in Form von Erzählungen oder Ideen auf, die es nur zur Hälfte begreift. Es weiß, daß es nicht länger in Edom leben und seinen Gesetzen unterworfen sein möchte, doch es weiß nicht, wie es das Land verlassen kann. Verzweifelt sucht es einen Ausweg, fleht Gott um Hilfe an, wie es die ursprünglichen Kinder Israels auch taten, als sie in der Knechtschaft in Ägypten weilten. Seine Einsamkeit und seine selbstempfundene Verrücktheit werden gelegentlich durch einen kurzen Blick ins Paradies gelindert. Einen Moment lang wird sein Glaube an das tatsächliche Vorhandensein eines Gelobten Landes bestärkt, wenn sich das obere Gesicht von Assiah oder der Erde in das untere Eden wandelt. Mehr und mehr wünscht es, in diese höhere Wirklichkeit einzugehen, aber es ist nicht Herr und Gebieter der Erfahrung, die sowohl in Zeiten der Freude als auch tiefer Melancholie gemacht werden kann. Es sucht einen Schlüssel, eine Tür, irgendeinen Weg, um Einlaß zu bekommen. Manche Suchenden probieren es mit Drogen. Diese öffnen zwar ein Fenster zu einer sich von Assiah unterscheidenden Welt, doch da gibt es verzogene Scheiben, und das Glas ist beschlagen von psychischen Unreinheiten; der sich so öffnende Blick ist nicht vergleichbar mit der Klarheit eines Augenblickes der Gnade. Aus kabbalistischer Sicht ist der Weg über Drogen nicht nur spirituell unzulässig, sondern auch gefährlich. Derartige Exkurse mögen den Naiven überzeugen, daß es eine weitere Welt gibt, doch es handelt sich dabei nur um Bilder im Spiegel des Ego-Verstandes, dessen Oberfläche durch Mißbrauch chemischer Substanzen für immer zerstört werden kann, so daß auf diese Weise seine eigentliche Eigenschaft als nichtleuchtender Reflektor der wirklichen Erleuchtung verlorengeht. Die Zerstörung von Jesod in Jezirah und Daath des Körpers ist keine leichtzunehmende Sache, denn hierdurch kann eines Menschen Geburtsrecht aus seinem Körper herausgebrannt werden, um sodann nur einen blassen Schimmer dessen zu hinterlassen, was einmal gewesen sein mag.

Für das Kind Israels ist die Suche nach den traditionellen und legitimen Wegen ein langwieriges und einsames Unterfangen. Es liest und studiert Texte und Schriften, beginnt mit Übungen, verrichtet Gebete und Meditationen. Aber auf sich allein gestellt und umgeben von Menschen, die es als sonderbar ansehen, ist seine Fähigkeit, im Bemühen fortzufahren, stark schwankend und oft auch nur kurzlebig. Es braucht andere Ansprechpartner zum Austausch und Abwägen von Aufzeichnungen, aber da ist niemand zu sehen – niemand, der auch nur eine leise Ahnung von seinem Problem oder den Welten hat, die es erkunden möchte. Es findet ständig Hinweise, doch es ist, als höre es mit halbem Ohr ein Gespräch in einem anderen Raum – wissend und doch nicht wissend, was es weiß. Es sieht, aber es sieht nicht klar genug, um sich erinnern zu können, was es einst in solcher Deutlichkeit sah. Bücher und Übungen geben Hinweise, aber sprechen nicht, obwohl sie mehr enthüllen, als es verstehen kann. Sie genügen nicht. Es braucht Hilfe. Es kann nicht alles allein bewältigen. Seine spirituelle Überheblichkeit wird langsam aufgelöst. Es sieht ein, daß es nicht über Esaus Kindern steht. Es ist wie sie; die einzige Unterscheidung liegt darin, daß es sich bewußt ist, anders zu sein.

Ungeachtet aller Sehnsüchte, Einsichten und Verheißungen bleibt es immer noch ein natürlicher Mensch. Etwas tun zu wollen ist nicht das gleiche, wie etwas tun zu können, und bald schon wird offensichtlich, daß es nicht so bleiben kann, wie es ist, und die nächste Welt betreten muß. Ein Wechsel ist vonnöten. Eine Wandlung, ein wirklicher Schritt in Richtung Erlösung ist erforderlich, wenn es auch zum Zeitpunkt dieses Geschehens nicht weiß, was das bedeutet. An solch einem Krisenpunkt, wenn oftmals alle Arbeit und Aufopferung umsonst gewesen zu sein scheinen, arrangiert die Vorsehung ein augenscheinlich zufälliges Treffen mit jemandem, der in Verbindung mit einer lebenden Tradition steht. Dies könnte einer der sechsunddreißig Gerechten sein oder vielleicht sogar ein Buddha oder ein Mohammed; doch es ist eher wahrscheinlich, daß es einer der Gelehrten vom Fuße der Leiter ist, also einer, der nur einen Schritt entfernt vom Außenseiter steht und über genügend Wissen verfügt, um seinen Zustand und seine Nöte zu erkennen. Es kann Jahre dauern, bis dieses Treffen zustande kommt, wobei der Ältere den Jüngeren beobachtet, bis er für die Kabbalah reif ist, das heißt reif, die Tradition »zu empfangen«.

10. Der Zadek

Ein Zadek ist ein Gerechter oder Heiliger. Zadekim werden nicht geboren, sondern gemacht, teils mit Hilfe Gottes und teils aus eigener Kraft. Niemand wird gegen seinen Willen zum Zadek, und niemand wird zum Zadek auserwählt. Er erwählt sich stets selbst. Durch seine eigene Entscheidung macht er sich zum Auserwählten der Menschheit. Viele sind berufen, doch nicht auserkoren; das heißt, sie haben sich selbst angesichts der mit der Aufgabe verbundenen Verantwortungen nicht als würdig auserwählt. Gelegentlich glaubt ein Mensch irrtümlicherweise, er sei erwählt worden, und er führt sein Leben entsprechend dem, was er als seinen göttlichen Auftrag versteht. Damit machen solche Menschen oftmals nicht nur ihren eigenen Fortschritt zunichte, sondern behindern auch denjenigen ihrer Mitmenschen. Doch selbst solche spirituellen Katastrophen haben ihren Sinn, denn sie führen den Pilgern ein lehrreiches negatives Beispiel vor Augen.

Ein Zadek ist einer, der die Verantwortung seines Erwachsenseins übernommen hat. Er ist er selbst, sein eigener Diener, wie die besten von Esaus Kindern, die die Ebene von Kether in Assiah erreichen. Durch und durch natürliche Menschen möchten von hier aus jedoch nicht weitergehen. Sie sind zufriedener als Herren über die niedere Welt denn als Diener der höheren Welt. Natürlich gibt es seltene Ausnahmen, in denen ein echter Esau, ein großer weltlicher Mensch, plötzlich all seine Habe aufgibt und sich hinwendet zu Gott. Ein beherzter Halunke hat manchmal größere Chancen, in das Königreich des Himmels einzugehen, als ein halbherziger Heiliger, denn er kennt sich wenigstens selbst und weiß, wie er seinen Willen einsetzen und lenken kann.

Wie man den Willen lenkt, ist die erste Lektion, die ein Aspirant zu lernen hat, denn zweifellos bemerkt er schon bald, daß er sich nicht für wirklich längere Zeit in eine Richtung konzentrieren kann. Dies liegt daran, daß dem psychischen Baum von Jezirah die wohlorganisierte Struktur und das auf organisches Gleichgewicht zielende Streben des körperlichen Baumes von Assiah fehlt. In Assiah kann der natürliche Mensch mit minimaler Funktion mentaler Mechanismen relativ gut leben. Ja er kann selbst dann existieren, wenn seine höheren Hirnfunktionen durch Krankheit oder die Folgen eines Unfalls lahmgelegt wurden. Will der Mensch jedoch in der Welt oberhalb des animalen und vegetabilen Status leben, so gibt es keinerlei Organisation oder Fundament, um ihm Halt zu bieten. Wie schwierig es ist, ein neues Konzept zu erfassen, läßt sich an der gewöhnlichen Ausbildung des Ego-Verstandes von Jesod erkennen. Eine um wieviel subtilere Unterweisung mag da nötig sein, um ein Fundament in der nächsthöheren Welt von Beriah zu errichten. Dies ist der Grund dafür, warum nur ganz besondere Menschen sich selbst auf ausgewogene Weise zu einem Zadek entwickeln können. Ein spiritueller Lehrer ist erforderlich, der selbst die gleichen Pfade durchlaufen hat. Die besten Lehrer sind für gewöhnlich jene, die gerade die jeweils nächsthöhere Stufe erreicht haben. Die Unterweisung eines unmittelbar unter ihnen stehenden Menschen ist eine Möglichkeit, ihre Schuld gegenüber ihrem eigenen Maggid oder Lehrer zu begleichen.

In der Kabbalah wird der Pfad zwischen dem Ego in Jesod und dem Selbst in Tiphereth im psychischen Baum von Jezirah als Pfad des Zadek entsprechend dem jeweils zugeordneten hebräischen Buchstaben bezeichnet. Neben »Aufrichtigkeit« bedeutet die Wurzel des Buchstabens Zadde auch noch »der Lauernde«. Der Grund für den ersten Namen wird offenkundig in der Beziehung von der klaren Helligkeit der Wahrheit in der Sephirah der Schönheit zur nichtleuchtenden Reflexion der Sephirah des Fundaments. Um die Relation zwischen Tiphereth und Jesod zu verdeutlichen, wird gelegentlich das Symbol der Sonne und des Mondes verwendet. Der zweite Name des Pfades, »der Lauernde«, erklärt sich aus der Stellung der zweiundzwanzig Buchstaben des hebräischen Alphabets auf dem Baum – je einer für jeden der zweiundzwanzig Pfade. Entsprechend dem Verlauf des Lichtblitzes füllt der Buchstabe Zadde den Pfad zwischen dem Ego und dem Selbst. Dieser Pfad kann offen oder versperrt sein. Das hängt davon ab, ob Tiphereth oder Jesod Sitz des Bewußtseins ist: Wenn Jesod regiert, beherrscht das Ego den natürlichen Zustand des rhythmischen Denkens, Fühlens und Handelns, wenn dagegen Tiphereth dominiert, tritt eine höhere Stufe des Gewahrseins auf, die oftmals als das Auf-sich-selbst-Herabschauen beschrieben wird. Dieses Stadium des erwachenden Bewußtseins ist die Vorstufe zu einem Zustand der Gnade oder einem Einblick ins Paradies.

Der Aspekt des »Lauernden« läßt zwei Sichtweisen zu: Zum einen ist er die Manifestation des eigenen persönlichen Teufels, der auf der dunklen Seite des Ego wohnt, und zum anderen der innere Zadek, der uns aufwachen läßt, und sei es nur im letzten Moment. Diesen guten und bösen Aspekt könnten wir als unseren persönlichen »Jekyll und Hyde«* bezeichnen. Sie unterscheiden sich deutlich von den weiter oben im Baum angesiedelten Engeln des Guten und Bösen, deren Aufgabe es ist, zu lehren oder in Versuchung zu führen.

---

* Dr. Jekyll und Mr. Hyde sind die zwei Seiten des unter Persönlichkeitsspaltung leidenden Protagonisten aus dem Roman *The Strange Case of Dr. Jekyll and Mr. Hyde* von Robert Louis Stevenson (1886). Der Begriff wird im Zusammenhang mit Menschen verwendet, die auf ähnliche Weise ein Doppelleben führen und in sich zwei Persönlichkeiten vereinigen, von denen die eine gut und die andere böse ist (Anm. d. Ü.).

Der Kampf zwischen diesen emotionalen Engeln findet nur dann bewußt statt, wenn der Mensch einen Punkt erreicht hat, an dem er wirklich zwischen Gut und Böse unterscheiden kann. Auf der Ebene des Zadek-Pfades geht es nicht um diese Thematik, denn der Mensch ist noch nicht genug erwacht, um jenes Stadium völlig meistern zu können. Es gibt noch einen weiteren Grund dafür, daß der Schüler die Hilfe eines Maggid benötigt. Wie in den Volksmärchen ist der Pfad ins unbekannte Land äußerst gefährlich. Der Held mag noch so tapfer sein, stets benötigt er einen Führer.

Eines der Risiken der Unerfahrenheit besteht darin, daß der Suchende am Anfang seines Weges auf einen Menschen treffen kann, der sich zu Unrecht für einen Zadek oder Lehrer hält oder der zwar ein solcher ist, jedoch seine eigenen Pläne hat. Wer fälschlicherweise glaubt, ein Zadek zu sein, wird mit der Zeit als Betrüger entlarvt, denn selbst wenn er noch so viele Bücher gelesen hat oder jemanden nachahmt, den er für einen authentischen Lehrer hält, kann er doch selbst weder in einem Schüler noch in sich selbst echte Veränderungen bewirken. Seine Ratschläge sind Attrappen, und schon bald wendet sich der Suchende von ihm ab und läßt ihn mit seinen Illusionen allein. Eine größere Gefahr stellt dabei der Mensch dar, der bereits ein bestimmtes Maß an Gewahrsein erreicht hat. Seine Ausstrahlung ist für gewöhnlich geheimnisvoll, und oft verfügt er über beachtliche Kräfte, deren er sich bedient, um andere, noch nicht so weit Entfaltete zu fesseln und zu manipulieren. Die Geschichte ist voll von solchen Menschen, die mit ihrem Einfluß viele Suchende verblendeten, darunter auch Sabbatai Zevi im siebzehnten Jahrhundert. Dieser war ein bemerkenswerter, wohl mit der Kabbalah vertrauter Mann, der sein Wissen dazu verwendete, eine ganze Gemeinschaft von Juden davon zu überzeugen, daß er der Messias sei. Doch wie alle anderen, die die Lehre mißbrauchen, stürzte auch er schließlich in den von ihm selbst geschaffenen Abgrund. Männer wie er haben leider die Fähigkeit, ihre Mitmenschen mit ihrem persönlichen Charisma zu faszinieren und in ihren Bann zu schlagen, obwohl die Kabbalah das genaue Gegenteil – nämlich die Befreiung des Menschen aus der Knechtschaft – zum Ziele hat. Daher ist es dem Kabbalisten verboten, über andere Menschen entgegen deren Willen Macht auszuüben.

An der Neigung, die Lehre – ja eigentlich alles – persönlich zu nehmen, erkennt man den falschen Zadek. Mag er auch einst während seiner Unterweisung ein Musterschüler gewesen sein, die Initiation in die Unterwerfung des Willens bringt einen Menschen oftmals dazu, im letzten Augenblick von seiner Absicht zurückzuweichen. Dann kann es sein, daß ein solcher Mensch den Pfad des Zadek verläßt und zum Ego hinabsteigt, wo er alle erworbenen Kräfte und Fähigkeiten anscheinend zum Wohle der spirituellen Arbeit – doch in Wirklichkeit zur Glorifizierung seines jesodischen Selbstbildes – einsetzt. Für solche Menschen ist ihr eigenes Selbstbild von oberster Wichtigkeit; ihre Kleidung und Verhaltensweisen machen zudem glauben, daß sie um die nächsten und höheren Welten wissen. Diese Rolle kann auf orthodoxe und unorthodoxe Weise gespielt werden. Sie ist in einem Magier ebenso anzutreffen wie in einem Rabbi, dem Führer einer psychologischen Gruppe oder gar im Priester von vornehmer Herkunft. Dieses Phänomen ist eine Randerscheinung aller Traditionen und einer der Gründe dafür, daß es stets eine Kette von sich gegenseitig überwachenden Zadekim gibt. Die Gefahr der Versuchung lauert auf allen Stufen der Jakobsleiter. Luzifer gehörte zu den obersten Erzengeln, bevor er fiel. Nur Gott ist vollkommen.

Die Begegnung mit einem dunklen oder gefallenen Lehrer gehört oft zur Ausbildung eines Suchenden. Viele Sackgassen tun sich auf; doch jede birgt eine Lehre, und sei es nur, daß schon andere den gleichen Weg beschritten haben und man lernt, wie man sich aus dem feinen Netz befreit, in das ein falscher Lehrer seine Anhänger verstrickt, auf daß sie sein eigenes Ego nähren. Trifft der Aspirant auf einen echten Zadek, so zeigt sich das oftmals nur daran, daß dieser ihm Antwort auf seine Fragen gibt, denn der wahre Zadek gibt nichts, um das man ihn nicht ausdrücklich bittet. Darin unterscheidet er sich gravierend von den fabelhaften Versprechungen des falschen, einer Selbsttäuschung erlegenen oder nach Macht strebenden Lehrers.

Der echte Zadek wird sogar versuchen, seinen Schüler abzuweisen, Hindernisse aufzubauen und ihm aus dem Weg zu gehen, um schwer erreichbar zu sein. In der Kabbalah ist dies eine Vorgehensweise, bei der sich all jene, deren Interesse lediglich auf Neugier basiert, schon bald gelangweilt abwenden. Nur das kritische Auge erkennt den Grund für das Hindernis; zu seiner Überwindung muß oft viel Zeit und Energie geopfert werden, um schließlich nur ein kleines, doch lebenswichtiges Stück Information zu erhalten. Wahres Wissen erlangt man nicht aus Büchern; die können bestenfalls einen Überblick vermitteln. Nur durch den lebendigen Kontakt mit einer Verbindung kann die Kabbalah übermittelt werden, und auch dies nur, wenn der Betreffende ausreichend vorbereitet ist, um sie zu empfangen. Einer, der zu wissen glaubt, mag sich als ziemlich taub für eine offensichtlich beiläufige, doch hartnäckig wiederholte Bemerkung erweisen, welche in einem anderen Menschen eine tiefgreifende Änderung auslösen kann. Ein Rabbi mag wesentlich gebildeter als ein Beamter sein, dennoch kann letzterer sehr wohl als dessen kabbalistischer Maggid auftreten.

Trifft ein Mensch auf den ihm bestimmten Lehrer, beginnt die Arbeit. Zu Anfang geschieht dies oft nur in Form eines ausgedehnten, sich über viele Jahre erstreckenden Dialogs, der die ernste Seite des Lebens berührt. Langsam wächst eine Beziehung, bei der der Suchende zunächst ahnt, dann vermutet, daß sein Bekannter mehr weiß als er selbst, daß seine Aussagen auf Quellen basieren, die in der gewöhnlichen Welt nicht zu finden sind. Jeder hat Meinungen, doch in diesem Fall tritt immer eine Objektivität – ein Faktor des Augenmaßes, der Tiefe, der Ausgewogenheit – zutage, die deswegen ungewöhnlich ist, weil sie sich zudem stets auf den Zustand und das Potential des Menschen bezieht. Eines Tages, wenn der Aspirant dazu bereit ist, offenbart sich die Basis dieser Objektivität. In der kabbalistischen Tradition wird sie durch das Symbol des Lebensbaumes verkörpert. Er enthält alle Gesetze des manifesten Universums, mag der Zadek nun darauf hinweisen oder nicht. Der Suchende, der schon oft zuvor auf solche Behauptungen stieß, ist anfangs oft skeptisch, doch er hört zu, denn er muß nichts glauben, was er nicht selbst geprüft hat. Die Kabbalah ist kein Weg des Glaubens, sondern des Wissens. So ist das erste, was es zu lernen gilt, ihre besondere Sprache. Ist der Suchende bereit, sein präkonditioniertes Ego-Fundament aufzugeben und seinen Geist zu öffnen, so besteht er seine erste jesodische Initiation und macht sich auf den Weg nach Hod. Der Zadek übernimmt dann – sofern er ihn als Schüler annimmt – vorübergehend die Aufgabe von Tiphereth und wird zu seinem Führer auf seiner Reise zurück über den Lichtstrahl zur Quelle seines Seins.

11. Die Kabbalah

Niemand sollte die Kabbalah studieren, bevor er nicht vierzig Jahre alt ist, heißt es. Dies ist einer der vielen irreführenden Mythen, die sich über die Jahrhunderte hinweg aufgebaut haben. Wenn auch der Autor dieses Buches über vierzig ist, gibt und gab es viele jüngere Kabbalisten. Einer der größten, nämlich Rabbi Isaak Luria, starb vor seinem vierzigsten Lebensjahr, und er hatte die Kabbalah seit seiner Jugend studiert; in der westlichen esoterischen Tradition publizierte 1494 ein einfühlsamer christlicher Gelehrter und Nichtjude, Johannes Reuchlin, das erste Buch über die Kabbalah im Alter von 39 Jahren. Beide lebten am Ende einer sehr kreativen Epoche in der Geschichte der Kabbalah, die mindestens fünfhundert Jahre zuvor begonnen hatte. Während jener Zeit hatte sich die Art und Weise der Lehre und Unterweisung grundlegend geändert, um so dem scholastischen Ansatz in Religion und Philosophie Rechnung tragen zu können.

Die Auswirkungen auf die traditionelle jüdische Auffassung waren ungeheuer groß, und seitens der orthodoxen Juden gab es beträchtlichen Widerstand, da sie den strikt hebräischen Charakter ihrer Religion bewahren wollten. Hier entstand ein in der Folge immer wiederkehrendes Phänomen, das den Kabbalisten zu allen Zeiten zusetzen sollte. Folgendes Beispiel verdeutlicht das: Die Werke von Maimonides – einer der größten Rabbis im Mittelalter – wurden früher einmal auf den Index gesetzt, weil sein aristotelischer Weg zur Religion als unjüdisch angesehen wurde, und seine Bücher wurden als häretisch eingestuft und verbrannt. Heute jedoch ist er der Inbegriff der konservativen Richtung, und seine dreizehn Glaubensprinzipien sind eine tragende Säule im hebräischen

Gebetbuch. So ist der Mensch: Wenn etwas alt und erprobt ist, gilt es als das Wahre, wenn etwas neu ist, muß es fremdartig und falsch sein. Und es ist schon paradox, wenn wir bedenken, daß die Verfechter der Tradition, die Maimonides seinerzeit verdammten, wahrscheinlich niemals auf den Gedanken gekommen sind, daß das Wort »Synagoge« aus dem Griechischen stammt und daß viele althergebrachte Bräuche in der Liturgie und häuslichen Praxis babylonischen beziehungsweise ägyptischen Ursprungs waren.

Die Kabbalah ist stets ein kontinuierlicher Prozeß gewesen, das heißt, ihre Grundsätze und Ziele sind zu allen Zeiten die gleichen, nur die äußere Form ändert sich von Epoche zu Epoche, wenn Sprache und Ausdruck der jeweiligen Generation angepaßt werden. So haben wir Ibn Gabirol, der im maurischen Spanien in Arabisch schreibt, und den chassidischen Rabbi Jitzhak Epstein, der Jiddisch, die jüdische Mundart des östlichen Europa im achtzehnten Jahrhundert, heranzieht, um ein kabbalistisches Thema klarer darstellen zu können.

Die Kabbalah ist immer noch eine lebende Tradition, und sie stützt sich dabei nicht auf eine einzelne Schule, eine Literatursammlung oder eine bestimmte Person. Zum einen gibt es die jüdische Hauptlinie der Kabbalah, die die religiös akzeptable Form stets wahrt und aufrechterhält; daneben bestehen jedoch noch viele andere Richtungen sowohl innerhalb als auch außerhalb des Judentums, denn die Kabbalah ist mancherorts in die westliche Zivilisation eingeflossen. Zum erstenmal geschah dies durch einen der größten Kabbalisten, Joshua ben Miriam, unter dem Namen Jesus wohl besser bekannt, der Sohn Marias, dessen Lehre mit Begriffen und Prinzipien der Kabbalah durchtränkt ist. Sein Vaterunser ist durch die Entsprechung zu den Sephiroth im Lebensbaum ein hervorragendes Beispiel. Es kann in beiden Richtungen des Lichtblitzes im Baum in äußerst einleuchtender Weise aufgerollt und gelesen werden. Der zweite Beitrag kam vom heiligen Paulus, der von einem damals sehr angesehenen Kabbalisten namens Rabbi Gamaliel, der auch in der Apostelgeschichte erwähnt ist, unterrichtet wurde. Der dritte und alle späteren Impulse für die westliche Esoterik kamen im Mittelalter und in der Renaissance durch Gelehrte, Intellektuelle und Mystiker wie Pico della Mirandola, Reuchlin, Ruysbroeck und Fludd, nicht zu vergessen verschiedene jüdische Apostaten, die die Kabbalah in das europäische Szenarium einführten. Dies geschah derart vehement und machtvoll, daß die Intellektuellen der Christenheit eine ganze Weile wie besessen von diesem Thema waren. Glücklicherweise verlor sich der modische Trend der Sache bald, und die Kabbalah fand nur noch Interesse bei einzelnen und Gemeinschaften, wie den Rosenkreuzern, deren Mission darin besteht, den Menschen bei ihrer spirituellen Entwicklung zu helfen. Dies ist natürlich auch die Hauptzielsetzung der Kabbalah, und jeder ernsthaft Praktizierende ist ein Kabbalist, ob er nun Nichtjude oder Jude ist. Die Lehre bezieht sich zu allen Zeiten, an allen Orten und in jeder Darbietung stets auf die gesamte Menschheit.

Der Weg der Kabbalah ist vielfältig. Sowohl innerhalb als auch außerhalb einer jeden echten traditionellen Linie gibt es jedoch zwei große Strömungen. Die eine ist der Weg der Lehre, die andere der Weg der Offenbarung. Sie entsprechen den beiden äußeren Pfeilern des Lebensbaumes, denn nicht nur das manifeste Universum ist nach dem Grundprinzip des sephirotischen Planes im Baum entstanden, sondern alle geringeren Manifestationen aus der Erzengel-Welt der Schaffung bis hinunter zum physischen Körper des Menschen, einschließlich der Organisation einer Tradition als eigenständiger lebender Organismus. Im Christentum wird die Kirche

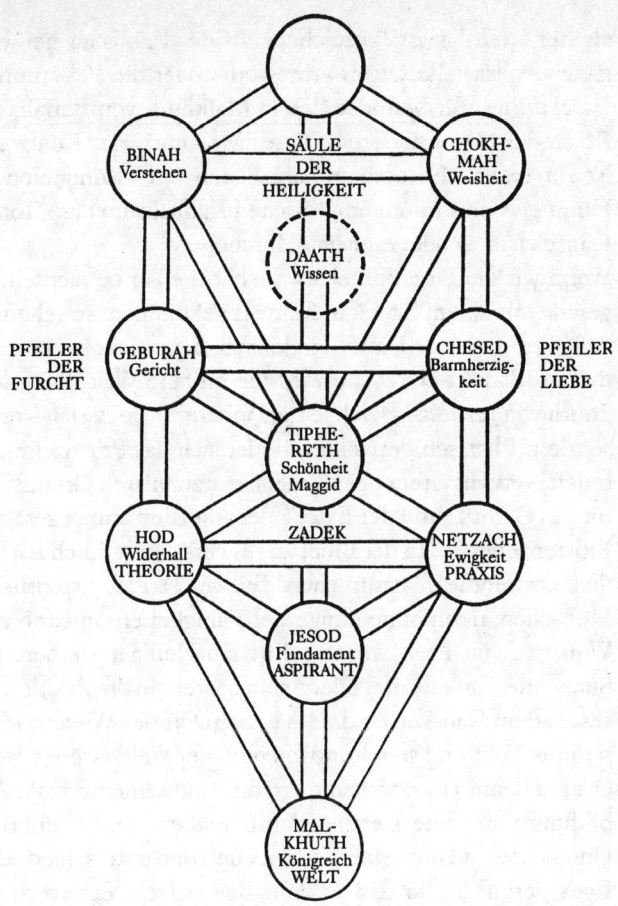

Abb. 14: Aspirant

In dieser Darstellung des Baumes wird die Beziehung zwischen dem aus der Welt von Malkhuth aufsteigenden Schüler und seinem Maggid oder spirituellen Lehrer verdeutlicht. Zwischen beiden besteht die Verbindung durch den Zadek oder Gerechten. Zu beiden Seiten liegen die Wege der Furcht und der Liebe zu Gott, in der Mitte die Säule der Heiligkeit – der Weg des Wissens.

als der Leib Christi bezeichnet. In der Kabbalah heißt das gleiche spirituelle Organ »Knesseth« oder die Versammlung Israels. Ihre Tür befindet sich in Malkhuth von Beriah, dem Reich des reinen Geistes. Dieses Malkhuth, das Königreich, ist für einen christlichen Kabbalisten das »Königreich des Himmels« und für einen jüdischen Kabbalisten das »Tor des Hauses Israel« oder einfach »Himmel«.

Wenn wir die Situation eines Suchers genau betrachten, der gerade mit einem Zadek in Kontakt gekommen ist, sehen wir, daß hier in erster Linie der Jezirah-Baum involviert ist. In diesem Baum der Psyche wird die profane Welt durch Malkhuth von Jezirah – gleichzeitig Tiphereth von Assiah – repräsentiert. Physisch betrachtet, findet sich das Prinzip im zentralen Nervensystem des Körpers, der zellularen Grundstruktur des Gehirns und der Essenz der animalen und vegetabilen Existenzebenen. In der Bibel war es verkörpert durch Esau als den notwendigen natürlichen Teil selbst eines spirituellen Menschen; denn ohne einige der Fähigkeiten und animalen Wünsche von Esau würde selbst ein Heiliger sterben. Der Suchende, Außenseiter oder Aspirant steht in der Position von Jesod, dem Ego-Verstand. Das ist sein Ort des Wissens in der tieferen Welt und sein Fundament in der Welt darüber. Bevor er irgendeine Unterweisung erfährt, sind seine normale Ausbildung und seine Lebenserfahrung alles, was er einbringt. Und beide sind mit seinem Körper und den unterschiedlichen Egos verquickt, so daß er zum Beispiel ein extravertierter Denker oder ein introvertierter Tatmensch sein kann. Es gibt da viele Kombinationen in Abhängigkeit von der Stärke der Triaden, ihrer Entwicklung oder Verkümmerung über die Jahre hinweg.

Trifft der Aspirant auf einen Zadek, der sein Lehrer oder Maggid werden könnte, so ist es sehr wichtig, daß seine Einschätzung vom Typ her korrekt erfolgt. Für einen x-beliebigen Typus gehalten zu werden gilt als Affront für das Ego, das immer glaubt, etwas ganz Besonderes zu sein. Doch dies ist ein Teil der Jesod-Initiation; es wird niemand zur kabbalistischen Arbeit zugelassen, bevor er nicht dieses Examen bestanden hat. Es handelt sich hierbei um ein absolut sicheres System, das verhindert, daß Ego-Orientierte Zugang zu etwas finden, zu dem sie nicht bereit sind. Wenn ein Mensch bereit ist, sich selbst als Typus zu akzeptieren, ist er schon ein bißchen mit seinem Tiphereth in Kontakt getreten, denn er kann – wenn auch nur einen Augenblick lang – endlich die unparteiische Sicht des Selbst auf das eigene Ego erfahren. Hiermit beginnt die wahrhafte Individuation. Der Zadek mag wohl lange Zeit auf diesen Quantensprung gewartet und das Bewußtsein des Menschen vorsichtig und behutsam auf den Pfad der Tugend gehoben haben, indem er immer wieder auf den mechanischen Ablauf des Alltagslebens, die Wiederholung der Gedanken, Gefühle und Taten sowie die begrenzte Reichweite des Ego-Verstandes hinwies. In diesem Kontext greift der Maggid vielfach auf Beispiele aus seinem Wissen um die Typologie des Menschen zurück. Damit will er auf die Knechtschaft des Menschen aufmerksam machen, seine Verhaftung veranschaulichen und dem Aspiranten aufzeigen, wie anders dagegen die Momente der Freiheit sind, die man im höheren Bewußtseinszustand genießt. Erkennt der Mensch die Wahrheit dessen, was ihm so oft schon unauffällig zu verstehen gegeben wurde, dann wird ihm klar, daß er etwas tun muß und daß der Zadek ihm helfen kann. Indem er die Notwendigkeit für ein neues Fundament akzeptiert, stellt er sich in Jesod, direkt unterhalb vom Zadek, der die Rolle von Tiphereth im Lebensbaum der kabbalistischen Tradition einnimmt. Diese Ausrichtung stellt beide, Lehrer und Schüler, während der Unterweisungsphase auf die zentrale Säule; so kann Barakhah oder die Segnung der Gnade die mittlere

Säule des Bewußtseins herabsteigen, wenn es SEIN Wille ist. Auf diese Weise tritt der Aspirant in direkten Kontakt mit der kabbalistischen Tradition.

Die beiden äußeren oder funktionalen Pfeiler wirken als die Wege der Lehre beziehungsweise der Offenbarung. Die Lehre fließt die Seite der Form herunter, zunächst durch die Theorie nach Hod, während die Offenbarung über Netzach auf der Seite der Kraft hereinkommt. Beide Ströme vereinen sich im Geist des Aspiranten in Jesod und errichten das notwendige Fundament, um einen festen Stand in der nächsthöheren Welt zu haben. Immer schon hat es mehrere Namen für alle drei Säulen gegeben, wobei jeder von ihnen einen unterschiedlichen Einblick in ihre Aufgaben vermittelt. Manchmal wird der linke Pfeiler als die »Säule der Gerechtigkeit« bezeichnet – andere sagen »der Strenge«. Die Methodik der strikten Disziplinierung unter dem Gesetz wird hier veranschaulicht. Sie wird auch als Weg der Gottes-Furcht bezeichnet. Der rechte Pfeiler wird als Säule der Rechtschaffenheit oder Weg der Frömmigkeit und Gottes-Liebe benannt. Diese beiden äußeren Pfeiler haben ihre positiven und negativen Aspekte, denn Exzeß in dem einen oder anderen führt zu Unausgewogenheit; daraus können Duldung des Bösen einerseits und übergroße Härte andererseits entstehen. Ein Zadek hält immer beide Aspekte im Gleichgewicht durch Zentrierung und Ausrichtung auf die mittlere Säule der Milde und des Wissens, den Pfeiler der Heiligkeit.

Die Rolle des Maggid, dem Aspiranten zu helfen, in Tiphereth seine Mitte zu finden und die äußeren Pfeiler der Lehre und Offenbarung im Gleichgewicht zu halten, ist von eminenter Wichtigkeit – so sehr, daß sogar jene ekstatischen Mystiker der Kabbalah, die keine irdischen Lehrer haben, von einem unsichtbaren, diskarnierten Maggid sprechen, der über sie wacht. Der im siebzehnten Jahrhundert lebende christliche

Kabbalist Jakob Böhme hatte über mehrere Tage einen Zustand kosmischen Bewußtseins und paradiesischer Glückseligkeit erlangt, während dessen er die Leiter Jakobs hinaufstieg und die gesamte Schöpfung erblickte. Er hatte einen solchen nichtphysischen Maggid, der ihm bekundete, daß er ein anderer Mensch werden würde, das heißt ein Konvertit vom natürlichen Jakob zum spirituellen Israel. In der christlichen Kabbalah sprechen wir hier von »wiedergeboren werden« oder »ein neuer Mensch werden«.
Nichtphysische Maggidim sind nichts Ungewöhnliches in der Geschichte der Kabbalah. Vom heiligen Matthäus wird berichtet, er habe nach dem Diktat eines Engels geschrieben, und sowohl von Isaak Luria als auch Moses de León heißt es, sie seien von Wesenheiten aus den höheren Welten unterwiesen worden. Rabbi Moses Luzzatto war so unvorsichtig zuzugeben, daß er seine Werke unter direkter, jedoch diskarnierter Anleitung geschrieben habe, und wurde von den natürlichen Menschen aus diesem Grunde verfolgt, weil diese den Gedanken an einen inneren oder aus den höheren Welten stammenden Lehrer weder ertragen noch verstehen konnten. Das Vorhandensein von diskarnierten Lehrern galt in kabbalistischen Kreisen jedoch als so selbstverständlich, daß ein Rabbi im achtzehnten Jahrhundert die Bemerkung machte, er für seine Person würde lieber einen inkarnierten Lehrer haben ...
Wir unterscheiden vier Annäherungsweisen an die Kabbalah, jedoch sieben Ebenen des Wissens. Die ersten drei, nämlich die wörtliche, die allegorische und die metaphysische, stehen direkt mit den drei in Jesod gelagerten Triaden in Zusammenhang. Als solche sind sie egoorientiert, und von daher ist keine den anderen überlegen: Ein Mensch mag zwar die kabbalistischen Grundlagen einer oder aller drei Ansätze bis ins Detail kennen, trotzdem kann seine spirituelle Bewußtseinsebene

noch ruhen; das ist auch der Grund, weshalb er sich immer noch in der großen Hod-Malkhuth-Netzach-Triade des normalen Bewußtseins befindet.

Die vierte oder mystische Ebene der Kabbalah beginnt mit dem Hinüberwechseln in die Hod-Tiphereth-Netzach-Triade, das heißt die des erwachenden Bewußtseins. Hier, oberhalb der Schwelle der »Gestation« beginnen Theorie und Praxis der Lehre für den angehenden Kabbalisten reale Formen anzunehmen. Er ist in Berührung mit seinem Selbst, auf dem Pfad des Gerechten. Beim Anblick der nächsthöheren Welt fängt er somit an, in die Triade der Seele, geformt von Geburah–Tiphereth–Chesed, einzugehen. Hier kommt er mit der fünften Ebene der Lehre in Berührung; er unterstellt sich, sofern akzeptiert, der Führung durch jene, die für den exoterischen oder äußeren Teil der inneren Überlieferung zuständig sind. Für die Verantwortlichen auf dieser Ebene gibt es wiederum viele Bezeichnungen, aber zwei kabbalistische Namen mögen ihre Funktion am besten beleuchten: Bisweilen heißen sie die Zadekim (Lehrer der Strenge) oder die Chassidim (Lehrer der Barmherzigkeit). Im Mittelalter waren sie unter den Spitznamen die »schrecklichen« und die »sanftmütigen« Maggidim bekannt. Wie bereits bei der Schule von Hillel und Schammai (siehe 13. Kapitel) während der zweiten Tempel-Ära, so basierte ihre Lehre über die Seele auf dem Prinzip von Liebe und Furcht; sie förderten und korrigierten das Wissen des Aspiranten über sich selbst sowie alle Dinge und Personen, die mit seinem Leben und Schicksal verknüpft waren. Dieses Stadium gilt als das Werk der »Anreicherung«.

Die nächste Ebene ist der mesoterische Teil oder die Mitte des inneren Körpers der Lehre. Hier, in der großen Binah-Tiphereth-Chokhmah-Triade, wird die Unterweisung und Offenbarung über das Funktionieren der Welt und der Vorse-

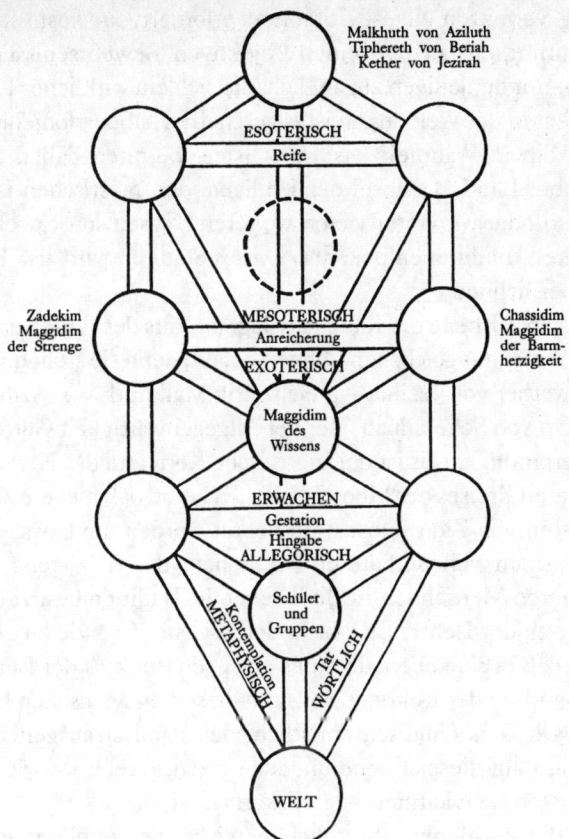

Abb. 15: Die sieben Ebenen der Lehre – die Maggidim

In diesem Baum der Tradition sind die drei höheren Ebenen der Evolvierten, die über die Menschheit wachen und sie unterrichten, veranschaulicht. Manchmal werden sie »die Ältesten Zions« genannt. Zur Linken und Rechten finden wir die Wege der Gerechtigkeit und Rechtschaffenheit, während auf der mittleren Säule der Weg der Heiligkeit und des Wissens liegt. Darunter befinden sich die natürlichen Eingangstore zum Weg. Gestation–Anreicherung–Reife sind die Stufen zwischen Erde und Himmel.

hung vermittelt. Dieses Stadium erfordert ein kosmisches Erfahrungsniveau und einen objektiven Bewußtseinsstand. Es ist nur denjenigen zugänglich, die sich ein wirkliches Fundament in der Welt des Geistes geschaffen haben: denjenigen also, die in Wahrheit das Haus Israel betreten haben, das Gelobte Land, die Insel der Heiligen, den mystischen Leib Christi oder wie unter vielen weiteren Namen sonst noch in anderen Traditionen bekannt. Dieses Stadium wird als »Reife« bezeichnet.

Die siebte Ebene der Kabbalah liegt jenseits des Reifezustandes. Sie ist mit göttlichen Dingen befaßt, denn sie steht direkt mit Kether von Jezirah – gleichzeitig Malkhuth von Aziluth, der Ort von Schekhinah oder der Allgegenwärtigkeit Gottes – in Verbindung. Das ist der esoterische Kern und das Herz des »inneren Kreises der Menschheit«. Es heißt, daß hier die zehn Ältesten von Zion selbst unterrichtet werden, und zwar von dem einen voll entfalteten Menschen, der die Krone der gesamten Menschheit ist. Jede lebende Tradition besitzt diese Kette der Lehre. Es gibt in der Tat gute Gründe zu glauben, daß es sich oberhalb eines gewissen Punktes der Leiter, als Sinnbild der Lehre, jeweils um dieselben Menschen handelt. Ob sie nun jüdisch, christlich oder islamisch ausgerichtet sind, ist auf dieser Ebene ungefähr genauso relevant wie die Frage, ob sie inkarniert oder diskarniert sind.

Für die gewöhnlich Sterblichen reicht die Verbindung zu einem menschlichen inkarnierten Maggid aus. Die Kabbalah ist ein langer und gradueller Wachstumsprozeß. Wir können ihn weder übereilen noch mit ihm spielen. Er ist nicht für Unreife oder Törichte gedacht. Die Kabbalah empfangen heißt sich um Veränderung bemühen. Aus diesem Grund erfährt das Leben des Aspiranten oftmals eine dramatische Wandlung, wenn erst einmal ein erster echter Kontakt mit der lebenden Tradition entstanden ist. Bisweilen manifestiert sich dies in einer totalen Auflösung bestehender Strukturen, und manchmal bieten sich hieraus völlig neue und unvermutete Möglichkeiten. Wenn wir mit der Wahrheit in Berührung kommen, werden verdeckte Risse offengelegt, und was zusammengehört, wird in ihrem Lichte verschmolzen. Hat das Wagenwerk erst einmal begonnen, ist nichts mehr, wie es einmal war: Kein Mensch, der Hand an den Pflug gelegt hat und zurückschaut, kann in das Königreich Gottes eingehen, meinte der Maggid von Nazareth.

12. Objektives Wissen

Im Laufe der Jahrhunderte näherten sich die Menschen vieler Länder der Kabbalah auf verschiedene Weise. An einem Ort wurde sie rein biblisch praktiziert, an einem anderen anhand der Kosmologie studiert und an einem weiteren über die Numerologie erfahren. Sie fand formalen Ausdruck in Ritualen, Gebeten und Meditationen, in der Anrufung von Engeln und dem Studium des hebräischen Alphabets sowie der Beschaffenheit der menschlichen Seele und unseres Schicksals. Alle diese Annäherungsweisen haben ihre Gültigkeit, sofern sie darauf abzielen, die richtige Beziehung zwischen dem Menschen, der Welt und Gott herzustellen. Jedes geringere Ziel ist nichts als der Erwerb von Lernwissen oder niedere Magie.
Hinter und über dem Ziel der Kabbalah steht die Thorah oder die Lehre. Im Judaismus ist sie das Gesetz. Dennoch handelt es sich hier nicht ganz genau um das Gesetz, an das die meisten Juden beim Lesen der Schriftrollen Mosis am Sabbath denken. Es heißt, die Worte der Thorah seien wie ein zartes Gewand, unter dessen Gewebe die Seele liege, und in dieser wiederum wohne die Seele der Seele, also Gott. Der natürliche Mensch mag bis zu einem bemerkenswerten Grade mit den Schriften vertraut sein, ohne – wie wir festgestellt haben – ihren inneren Sinn zu erfassen. Er kann sich zwar strengstens und zu seinem eigenen Vorteil an alle Gebote halten; das heißt jedoch nicht unbedingt, daß er auch den wahren Sinn des Gesetzes versteht. Hierzu bedarf es einer Verschiebung der Betrachtungsweise, eines Prozesses der Wandlung, durch den er nicht nur die Anatomie des Körpers und seine Arbeitsweisen erfassen kann, sondern gleichzeitig einen Einblick in die im Körper

wohnende Seele erhält. Um dieses Stadium zu erreichen, sind Vorbereitung und Unterweisung jenseits des gewöhnlichen Studiums der Bibel und der Talmud-Kommentare erforderlich, die den Menschen trotz aller Lernerfolge und Anstrengungen nicht über die Ebene des wörtlichen Verständnisses hinauszubringen vermögen.

Die Maggidim erzählen eine Geschichte, die auf allegorische Weise das Verhältnis zwischen dem Kabbalisten und der Thorah oder Lehre erklärt: Die Thorah ist hier eine schöne Maid, die in einem Palast wohnt. Der Kabbalist hat Kunde von ihrer Schönheit erhalten, und in der Hoffnung, einen Blick von ihr zu erhaschen, geht er Mal um Mal an dem prächtigen Gebäude vorbei. Eines Tages öffnet sich tatsächlich ein geheimes Fenster, und sie schaut heraus. Ihr Antlitz ist nur zu erahnen, denn sie ist völlig verschleiert. Ihre Anmut wird dem Kabbalisten dennoch offenbar, und er verliebt sich in sie. Von nun an ist er entschlossen, ihr den Hof zu machen. Er widmet sich dieser Aufgabe von ganzem Herzen und begibt sich mindestens einmal am Tag zum Palast, in der Hoffnung, daß sie ihr Fenster noch einmal öffnen möge. Nach einiger Zeit tut sie dies auch, und wenn er sich nicht nur vor Sehnsucht verzehrt, sondern auch ebenso aufmerksam ist, öffnet sie ihr Fenster, als ob sie ihn erwarte. Nach und nach wächst zwischen ihnen eine zunächst Abstand wahrende Beziehung; mit ihren Gesten bekundet sie ihr Interesse für ihn. Schließlich winkt sie ihn herbei, um mit ihm zu sprechen, wenngleich auch immer noch durch den Schleier. Eines Tages hebt sie den Schleier, und er sieht sie von Angesicht zu Angesicht. Sie sprechen miteinander, und in der Liebe, die sie umgibt, werden viele Geheimnisse enthüllt. Der Kabbalist ist von ihrer Wahrheit und Schönheit voll und ganz angetan, und er wünscht sich nichts sehnlicher als sich mit ihr zu vermählen, auf daß Liebender und Geliebte in einer Einheit verschmelzen.

Aus metaphysischer Sicht ist das Gesetz objektives Wissen. Das Wirken der Wirklichkeit – das ist das Gesetz. Es hat seinen Ursprung in der ersten Welt der Emanationen und ist damit ewig und unveränderbar. In jeder lebenden spirituellen Tradition gibt es immer eine Sammlung des objektiven Wissens, die von den Zadekim der betreffenden Reihe aufbewahrt wird. Die Kabbalah bildet hier keine Ausnahme. Wie wir gesehen haben, kann ihre Ausdrucksform je nach Zeit, Ort und individuellen Bedürfnissen stark variieren. Obgleich sie jedoch formal in den komplexen Begriffen des Buches der Formung, der Geschichte des Auszugs aus Ägypten oder aber im schlichten Ritual zum Ausdruck gebracht wird, stets enthält sie dieselbe objektive Wahrheit über die Gesetze, die für die Menschen, die Welt und ihr Verhältnis zu ihrem Schöpfer Gültigkeit haben. In der Kabbalah ist der Etz Chaim – der Baum des Lebens – die wohl bekannteste Darstellung dieser Gesetze.

Der Lebensbaum ist ein schematisches Diagramm der Sephiroth oder göttlichen Prinzipien, die ordnend über der manifesten Existenz stehen. Er enthält – und dies wird so lange ständig wiederholt, bis es schließlich gelernt ist – das Konzept der Einheit und der Zweiheit, den Gedanken der kreativen Dreiheit, die vier Welten und die Entfaltung des Oktav-Lichtblitzes zwischen dem EINEN und ALLEM und zurück. Daneben enthält sein Aufbau die verschiedenen nachgeordneten Gesetze der aktiven und passiven Triaden und der verschiedenen Seinsebenen auf der zentralen Achse des Bewußtseins. Kurzum, er ist der Schlüssel zum Verständnis der Welt und ihrer uns bekannten und unbekannten Gesetzmäßigkeiten. In der Tradition wird der Lebensbaum als der Schlüssel Salomos – des für seine Weisheit berühmten legendären König Israels – bezeichnet.

Der Besitz objektiven Wissens allein bedeutet nicht unbedingt Verstehen. Man kann die Bibel viele Male lesen und den Baum des Lebens dreißig Jahre lang an der Wand seines Zimmers aufgehängt haben und dennoch nichts begreifen. Viele Menschen haben beide Darstellungen studiert, Bücher über objektives Wissen geschrieben und gelehrt, und dennoch ist ihnen der springende Punkt entgangen, so daß ihnen der Zugang zur tieferen Bedeutung verwehrt blieb. Dieser springende Punkt ist der Wunsch nach Veränderung, nach Wandlung. So mancher Mensch von bemerkenswerter Intelligenz scheiterte hier, wo der Naivere zum Zuge kam, weil er seine alten Wissensgrundlagen nicht aufgeben wollte. Ein Kabbalist sagte einmal, ein Reicher habe es schwer, in das Königreich des Himmels einzugehen. Man muß sich von all seinem Hab und Gut trennen, und dies ist sehr schwer für einen Menschen, der viel Zeit und Mühe für den Erwerb spirituellen und materiellen Besitzes aufgewandt hat.

Die Fähigkeit zur Veränderung ist eine Grundvoraussetzung für die Kabbalah; denn befaßt man sich mit ihr, ohne diese Bereitschaft in sich zu tragen, kann dies zur Katastrophe führen. Ist die Arbeit begonnen, verändern die Gesetze der höheren Welten den Blickwinkel des Aspiranten, und will dieser umkehren oder in seinem natürlichen Zustand verharren, so könnte er – wie Lots Frau, die auf ihr altes Leben zurückblickte – zur Salzsäule erstarren. Die Salzsäule ist das Symbol des kristallinen Zustandes, einer psychischen Verfassung, die einen weder im Himmel noch auf Erden zu Hause sein läßt. Dieser Zustand ist schmerzvoll, denn reines Salz ist zwar lebenswichtig, in übermäßigen Mengen genossen jedoch allzu aggressiv. Solche Menschen wandeln zwischen den zwei Welten; sie empfinden Ablehnung für die niedere und Furcht und Zorn gegenüber der höheren Welt, denn sie haben zuviel gesehen. Die Gesetzmäßigkeiten der beiden Welten nehmen ihren Lauf, während sie in einem Menschen, der sich weder für das eine noch für das andere entscheiden kann, in Disharmonie geraten sind. Dies ist auch ein Beispiel für die kabbalistische Auslegung des Gebotes »Du sollst nicht ehebrechen!«, das heißt Dinge mischen, die nicht zusammengehören. Reue, die zweite Bedeutung des Wortes Teschuvah oder Umkehr, ist die Lösung für dieses Problem; oftmals versperrt jedoch persönliche Eitelkeit diesen Weg. Das Gebot »Du sollst keine anderen Götter haben neben mir!« ist nicht nur ein Gesetz für Menschen, die soeben aus einem heidnischen Land gekommen sind, sondern auch eine auf allen Ebenen zutreffende Aussage des objektiven Wissens: Der übertriebene Glaube an die eigene Wichtigkeit kommt der Anbetung des Ego gleich. Das Ego mag zwar die funktionale Identität und das Zentrum der Welt des natürlichen Menschen sein, im angehenden Kabbalisten kann dies jedoch nicht so bleiben. Dieser muß den Willen seines Ego für kurze Zeit aufgeben und sich der Unterweisung des Maggid fügen, um so die Voraussetzung für die Errichtung eines neuen Fundamentes zu schaffen, damit er sicher in die nächsthöhere Welt eingehen kann. So lautet das objektive Gesetz. Jedes illegale Eintreten – beispielsweise mit Hilfe von Drogen – führt zum Fall, wie viele »Tagesausflügler« in die Welt von Jezirah erfahren mußten. Dem Gesetz zu gehorchen bedeutet gleichzeitig, seine Hilfe in Anspruch zu nehmen. Ein Vogel, der fliegt, beachtet nicht die Gesetze der Aerodynamik, sondern macht sie sich zunutze. Obwohl dieses Wissen über viele Generationen erworben wurde, muß es von jeder einzelnen Kreatur neu erlernt werden. Das gleiche gilt für den Kabbalisten. Die Prinzipien sind in jedem Menschen und im Universum, das ihn umgibt, vorhanden. Um aber in die höheren Welten aufzusteigen, ist eine große individuelle Anstrengung erforderlich. Unter Anleitung des Maggid wird Theorie in Praxis umgesetzt und das Bemühen des Aspiranten auf Wandlung ausgerichtet.

Es genügt nicht, die Dynamik des Baumes zu studieren. Ein Mensch kann sehr wohl alles über die Theorie der Säulen und Triaden wissen, ja sogar mit den Ämtern der himmlischen Fürsten und den göttlichen Namen vertraut sein – und doch: Wenn er nicht weiß, wo er selbst steht, taugt er nichts als Kabbalist. Die Ausbildung des Schülers beginnt damit, seine eigene Stellung realistisch zu sehen. Während er seine eigene Metaphysik kennenlernt, beobachtet er, daß er im Bereich der mentalen Mechanik weitgehend auf das untere Gesicht von Jezirah beschränkt ist. Diese Erkenntnis wird durch Beobachtung und Anwendung der für ihn verständlichen objektiven Gesetze erreicht. Hierdurch erhält er eine schemenhafte Ahnung von den Prozessen, die analog dazu in den verschiedenen Gesichtern weiter oben auf der Leiter des erweiterten Baumes ablaufen. Um ihm dabei zu helfen, erhält er von seinem Maggid nicht nur die theoretische Hod-Information, sondern auch aktive Netzach-Energien durch entsprechende Übungen. Diese können einfach darin bestehen, sich zu bestimmten Tageszeiten das Schema des Baumes in Erinnerung zu rufen, ein Gebet zu sprechen oder morgens gleich nach dem Aufstehen und abends unmittelbar vor dem Schlafengehen die Arme nach oben zu strecken und aufrecht zu stehen, um so den Baum durch seinen eigenen Körper physisch zu erfahren. Solche Übungen dienen dazu, objektives Wissen im Fundament des Aspiranten zu verankern, indem dieser die Pfade von Hod und Netzach nach Jesod hinabsteigt. Diese Triade, das »Im-Kreise-Herumgehen« genannt, überträgt mit der Zeit das Wissen aus dem nichtleuchtenden Spiegel von Jesod hinauf in die Triade Hod–Tiphereth–Netzach, das »Arretieren« genannt. Hier, also nach Überschreitung der Schwelle des normalen Bewußtseins, wird es im leuchtenden Spiegel des Selbst gesehen. Dadurch wird die Ebene des Aspiranten auf dem vertikalen Pfad des Gerechten zwischen

Jesod und Tiphereth emporgehoben. Dieser Prozeß vollzieht sich nur langsam und ist Teil eines umfassenden Programms der Vorbereitung und Wandlung.

Einer der Transformationsschritte, die der Aspirant während der Vorbereitungsphase zu bewältigen hat, besteht im Ausbalancieren des unteren Gesichtes, denn zum Kabbalisten wird ein Mensch erst, wenn er eine echte Verbindung mit Tiphereth eingegangen ist. In diesem Zustand ist der Aspirant ein natürlicher Typus der besonderen Art mit einem Hang zu den Triaden des Denkens, Fühlens oder Handelns, der von der jeweiligen introvertierten beziehungsweise extravertierten Veranlagung geprägt ist. Der Maggid arbeitet an der Unausgewogenheit der mentalen Mechanismen des Aspiranten, denn wenn sich diese im neuen Fundament niederschlägt, kann sie zu großen Problemen führen. Eine spätere Korrektur könnte sich als äußerst schmerzhaft erweisen. Ist ein Mensch beispielsweise ein introvertierter Denker, so kann bei ihm auf Dauer der Pfeiler der Form überbetont sein. Er wäre dann ziemlich in sich gekehrt und starr; abgesehen von der Einhaltung strenger Disziplin würde es ihm an Tatkraft und Initiative mangeln. Dies ist ein auf sämtlichen spirituellen Pfaden nicht selten anzutreffendes Phänomen, das von einem unterentwickelten Pfeiler der Kraft oder Barmherzigkeit zeugt. Ist bei einem Menschen der Pfeiler der Kraft dagegen überbetont, so kann dies zu allzu großem Mitleid und einem Mangel an Unterscheidungsvermögen, Beherrschung und Verständnis führen. Der wohlmeinende religiöse Fanatiker ist ein deutliches Beispiel hierfür. Wir sehen also, wie wichtig es ist, Harmonie in das untere Gesicht der Psyche zu bringen, bevor die ganze Macht der höheren Welten herabsteigen darf. Sonst ist der Mensch nicht nur in sich selbst unausgewogen, sondern wird auch zu einer Gefahr für seine Mitmenschen. Dieser Prozeß wird gelegentlich als »Läuterung« bezeichnet.

Um die angestrebte Ausgewogenheit zu erreichen, wird an den Schwachpunkten des Aspiranten gearbeitet. Der Denker wird zum Handeln und Fühlen gebracht, der Gefühlsbetonte zum Denken und Handeln und der Macher zum Denken und Fühlen. So kann beispielsweise ein Denker in eine Situation gestellt werden, in der ihm sein Verstand nichts hilft und er auf seine praktischen Fähigkeiten angewiesen ist. Der Macher könnte dazu berufen werden, unter stark emotionsgeladenen Umständen als Vermittler aufzutreten; der Gefühlsbetonte schließlich könnte mit einer rein physikalischen Aufgabe konfrontiert werden, in der es auf kühle Berechnung ankommt, beispielsweise mit dem Entwurf eines kleinen Gebäudes. All diese Übungen werden vom Maggid sorgfältig ausgewählt. Mal wird er seine Gründe für diese Auswahl erklären, ein anderes Mal nicht. Auf jeden Fall wird er jedoch ein hohes Maß an Beobachtung und oftmals auch vom Aspiranten einen schriftlichen Bericht fordern. Hierdurch soll die mittlere Säule des Bewußtseins gestärkt werden, ohne die alle Arbeit nutzlos wäre. Viele Menschen erreichen die Ebene von Hod und Netzach, kommen jedoch nie nach Tiphereth. Ohne dieses Maß an Selbsterkenntnis können sie nie Kabbalisten werden, ganz gleich, wie viele Informationen sie sammeln oder wie viele Übungen sie machen.

Um ein Kabbalist zu sein, muß man bewußt und willentlich zumindest um eine Ebene von Jesod nach Tiphereth emporsteigen. Man kann aus der Form des linken Pfeilers oder aus der Kraft des rechten Pfeilers schöpfen, doch wenn es kein Leben in der mittleren Säule gibt, kann die Gnade nicht herabsteigen, und ohne Gnade sollte man lieber die Finger von der Kabbalah lassen. Ein Mensch mag zwar stark sein, ist dadurch aber nicht notwendigerweise auch gut oder gar nützlich.

Ein weiterer Teil der frühen Unterweisung besteht darin, den

Wortschatz des objektiven Wissens aufzubauen. Es muß also eine neue spezielle Sprache geschaffen werden, um sicherzustellen, daß der Aspirant und der Maggid genau wissen, wovon gesprochen wird. Dieses Phänomen ist in vielen kabbalistischen Schriften deutlich erkennbar, die oft selbst für einen mit der jeweiligen kulturellen und landesspezifischen Ausrichtung vertrauten Leser unverständlich sind. Denn abgesehen von den Abweichungen der wörtlichen, allegorischen oder metaphysischen Darstellungsweise, verwendet jeder Text die Terminologie seiner eigenen besonderen Schule, die für gewöhnlich mit den Begriffen ihres jeweiligen Maggid arbeitet. Solche Sprachunterschiede sind oft die Erklärung für offensichtliche Uneinigkeiten zwischen kabbalistischen Schulen, beispielsweise hinsichtlich der unterschiedlichen Verwendungen verschiedener Namen für die Seele oder unterschiedlichen Verwendungen ein und desselben Namens. So wird der Begriff »Neschamah« von den einen als höchste Seele, von den anderen dagegen als Individualseele verstanden. Im vorliegenden Buch wird mit letzterem gearbeitet, das Wort »Ruach« oder Geist dagegen steht für die höhere Seele. Die Verwendung einer speziellen Sprache bietet zwei Vorteile: Zum einen versetzt sie den Aspiranten in die Lage, unvoreingenommen an das objektive Wissen heranzutreten, und zum anderen kann er ohne Probleme mit einem anderen von seinem Maggid unterwiesenen oder in Verbindung stehenden Schüler der Kabbalah sprechen. Dies eröffnet ihm neue Möglichkeiten.

Hinsichtlich des ersten Punktes hat der Nicht-Hebräisch-Sprechende dem Hebräischsprachigen gegenüber überraschenderweise einen deutlichen Vorteil, denn er kann beispielsweise einer Sephirath direkt aus seiner eigenen Erfahrung gewonnene Bedeutungen zuordnen, während ein Mensch mit jüdischer Erziehung die sephirothischen Namen nicht als Grundprinzipien sieht, da diese für ihn bereits mit Assoziationen belastet sind. Dies wirkt sich natürlich bei einem kulturellen Erbe in beiden Richtungen aus, doch letztendlich ist es von untergeordneter Bedeutung, denn mit der Zeit werden beide eine völlig neue Betrachtungsweise der Welt und ihrer selbst entwickeln müssen.

Der zweite Punkt, das Zusammentreffen mit anderen am Wagenwerk Beteiligten, bezieht sich auf das Stadium, in dem der Aspirant in eine Gruppe eingeladen wird. Bis dahin kann es lange dauern, und es kommt dabei stets einzig und allein auf die Anstrengungen des Aspiranten an. Einige Menschen erhalten beinahe unverzüglich nach ihrem ersten Kontakt mit der Tradition Zugang, bei anderen dauert es Jahre. Der Wechsel von der Einzelarbeit mit dem Maggid zur Arbeit innerhalb einer Gruppe ist die Bestätigung dafür, daß der Aspirant über die theoretische und praktische Basis eines Fundamentes verfügt. Er hat genug Wissen und Erfahrungen gesammelt, um alles in sich und um sich herum im Lichte des sephirothischen Baumes zu sehen. Er erkennt, wann er von der einen oder der anderen Seite des Baumes aus agiert, kann Unausgewogenheiten im unteren Gesicht korrigieren und gesteht sich zumindest ein, daß er für die meiste Zeit im Zustand der Verhaftung lebt. Seine wichtigste Qualifikation ist wohl die Tatsache, daß er ernsthaft wünscht, seine Bewußtseinsebene nach Tiphereth zu heben. Jede andere Absicht ist zweitrangig, obwohl ein legitimes Erfolgsstreben im normalen Leben nicht ausgeschlossen ist. Ja, in Assiah zu verbleiben und gleichzeitig mit den höheren Welten in Verbindung zu stehen, auf daß ihr Einfluß direkt auf seine profane Existenz herabsteige, ist sogar die nächste Stufe seiner Ausbildung. Denn wenn Kether in einem Menschen Malkhuth nicht erreicht, wird dieser nie zum Kabbalisten.

13. Gruppen

In der Geschichte der Kabbalah hat es immer Hinweise auf Arbeitsgruppen gegeben. Sie existieren neben den orthodoxen Schulen und dem allgemeinen religiösen Leben der jeweiligen Epoche; aber sie arbeiten nicht immer in der Öffentlichkeit. Wenn wir die Mythologie der mystischen Schulen – beginnend mit den Engeln, die Adam unterwiesen, der wiederum die Lehre über eine menschliche »Kette« weitergab, bis hin zum Ende der Ära des Alten Testamentes – außer Betracht lassen, finden sich früheste Verweise auf nichtbiblische kabbalistische Gruppen in den beiden Rabbinerschulen von Schammai und Hillel (etwa 30 vor Christus); sie gehörten wahrscheinlich mit zu den ersten, die die mündliche Überlieferung formulierten. Hier haben die schriftlichen Talmud-Kommentare zur Bibel – umfangreiche Texte mit nur vereinzelten esoterischen Lehren – ihren Ursprung. Jene Fragmente deuten auf das Vorhandensein eines objektiven Systems. Ein derartiges Wissen aber, so wird berichtet, konnte nur ausgewählten Schülern von Angesicht zu Angesicht als Chokhmah Nistarah – die verborgene Weisheit – zugänglich gemacht werden.

Vom Charakter der beiden Rabbis Schammai und Hillel können wir auf ihre kabbalistische Arbeitsweise schließen: Hillel war bekannt für seine Barmherzigkeit und Schammai für seine Strenge. Im Bereich zwischen ihren beiden extremen Lehrweisen verhalfen sie möglicherweise einer ganzen Generation dazu, sich zu befreien. Leider haben ihre Nachfolger – wie dies so oft geschieht – versucht, dieses System weiterzuführen, ohne allerdings die Funktionsweise genau zu verstehen. Zur Zeit Christi waren die beiden Schulen dann auch zu

Rivalen geworden. Das ist ein Beispiel für die Strukturierung eines Baumes ohne die mittlere Säule des Bewußtseins, der Säule also, über die einzig und allein eine Anhebung der Bewußtseinsebene erfolgen kann. Schließlich und endlich versanken beide Institutionen in der Polemik politischen Gerangels, und nur die Hilleliter überlebten die Zerstörung des Judenstaates durch die Römer. Gamaliel, ein Enkel von Hillel, war der Lehrer Sauls von Tarsus, der später als der heilige Paulus grundlegende kabbalistische Lehren verbreitete, beispielsweise »nicht das sind Gottes Kinder, die nach dem Fleisch Kinder sind; sondern nur die Kinder der Verheißung werden als sein Geschlecht gerechnet« (Römer 9, 8) beziehungsweise seine Lehre zu Körper, Seele und Geist.

Die vielleicht berühmteste esoterische Gruppe neben der um Joshua ben Miriam von Nazareth und seinen zwölf Aposteln war die von Rabbi Simeon ben Johai, der während des zweiten Jahrhunderts vor Christus in Palästina lebte. Die in den Sohar-Kommentaren wiedergegebenen Gespräche und Ausführungen verdeutlichen die zwischen den Mitgliedern einer Gruppe benutzte besondere Sprache – speziell in den Abhandlungen über den sephirothischen Baum. Hier wird die Symbolik einer menschlichen Form verwendet, um in einer anschaulichen Allegorie die göttlichen Attribute zu beschreiben und ihr Ineinandergreifen darzustellen. Ob solche Gespräche tatsächlich in Palästina stattfanden oder nur vor dem geistigen Auge des Moses de León, einem Schriftsteller im Spanien des dreizehnten Jahrhunderts, ist unwichtig. (Überlassen wir den Gelehrten die Entscheidung, wer nun der wirkliche Autor des Sohar ist.) Von Bedeutung ist jedenfalls die Tatsache, daß es sich um einen Einblick in eine Gruppe bei der Arbeit handelt. In der ganzen sogenannten Nach-Tempel-Ära fanden solche Treffen offensichtlich immer wieder bei den babylonischen und anderen verstreuten Gemeinschaften statt. Der Sepher Jezirah oder das Buch der Formung stammt aus jener Epoche, ebenso andere Darstellungen, die uns »von oben« gegeben wurden, wie die vom Aufstieg der Merkhabah-Reisenden die Leiter Jakobs hinauf zu Heikhaloth oder den himmlischen Palästen. Das Buch Hennoch ist wohl das bekannteste unter ihnen.

Wie zu Beginn dieses Buches in der kurzen geschichtlichen Rückblende zur Kabbalah aufgezeigt, wurde die Lehre wahrscheinlich vor dem zehnten Jahrhundert von Asien nach Europa getragen; hier schlug sie Wurzeln und brachte die Schulen der Provence und von Spanien hervor. So wissen wir aus den Schriften der in Gerona lebenden Kabbalisten beispielsweise, daß in der Gruppenarbeit eine der wichtigsten Methoden für Studium und praktische Anwendung gesehen wurde. Der Umfang der in jener Epoche hervorgebrachten Literatur läßt darüber hinaus darauf schließen, daß der Gesichtspunkt der Geheimhaltung zumindest auf der theoretischen Ebene verworfen wurde. Daraus ergibt sich die Notwendigkeit, einen Gegenpol zur Anziehungskraft des damals vorherrschenden scholastischen Weges zu schaffen und gleichzeitig die Erwartungen einer Generation zu erfüllen, die sich von den alten orthodoxen Antworten nicht länger überzeugen ließ. Und genau vor dieser Situation stehen wir heute wieder; von daher ist das gegenwärtige Interesse an der Mystik und das Erscheinen neuer Bücher über die Kabbalah verständlich.

Die Schule von Isaak Luria im sechzehnten Jahrhundert war eine der verschiedenen Studiengruppen in der Stadt Sefad, nördlich des Sees von Galiläa. Hier trafen sich die Kabbalisten und arbeiteten fieberhaft daran, Gesellschaften ähnlich den esoterischen Gemeinschaften der Essener aus der Zeit des zweiten Tempelbaus zu bilden. Aus jener Epoche datiert der Impuls zur Schaffung weit entlegener kabbalistischer Gruppen bis hin nach Polen. Die propagierten Ideen hatten in der Tat eine derart durchschlagende Wirkung, daß die einhergehenden Störungen die Stabilität des jüdischen religiösen Lebens stark beeinträchtigten. Daraus erwuchs ein orthodoxer Ruck gegen die Kabbalah mit der Maßgabe ihres Verbotes für die Mehrheit der normalen Sterblichen. Die Proklamation von Brody im Jahre 1772 hat bis zum heutigen Tag nichts von ihrer Wirkung verloren, und sie ist einer der Gründe, weshalb die meisten Juden der westlichen Welt von der Kabbalah nichts wissen wollen. Zur Ehre des orthodoxen Establishments sei jedoch eingeräumt, daß den Reiferen weiterhin das Studium gestattet war. So stoßen wir denn auch auf Schriftrollen und Bücher mit kabbalistischen Abhandlungen und Schaubildern, die zu Zeiten meines eigenen Großvaters veröffentlicht wurden.

In der Hauptrichtung der jüdischen Kabbalah setzen sich sowohl die Sephardim als auch die Aschkenasim, das heißt die orientalischen und europäischen Linien, fort. Verschiedene Gruppen, darunter offene und geschlossene, sind überall auf der Welt anzutreffen. Einige darunter arbeiten auf orthodoxe Weise; andere wiederum übertragen, einem bewährten kabbalistischen Brauch folgend, die Lehre in eine moderne Sprache, um sich so an die Generation ihrer Zeit zu wenden. Wie immer und überall erzeugt dies Widerstand seitens der religiös Konservativen, doch die Kabbalah befaßt sich mit etwas Größerem als historischem Brauchtum. Sie respektiert die Überlieferung, sofern sie noch Gehalt hat, und sie verwirft sie, wenn sie den Geist nicht mehr in sich trägt. Zum Selbstzweck gewordene kulturelle Sitten und Gebräuche legen den Menschen in Fesseln, und es ist Aufgabe und Ziel der Kabbalah, diejenigen zu befreien, die frei sein wollen.

Hinsichtlich der offenen und geschlossenen Gruppen ist festzuhalten, daß sie sich durch ihre unterschiedlichen Ebenen und Funktionen unterscheiden. Die offenen sind die äußeren Aspekte der Kabbalah. Hier wird einfach altes Schriftgut wiederholt, ohne es zu verstehen; so werden manchmal bestimmte Sohar-Texte wie Gebete behandelt und nur rezitiert. In anderen Fällen wird studiert in der Hoffnung, zu irgendwelchen Einsichten zu gelangen. Es gibt auch offene Schulen mit der Zielsetzung, mögliche Interessenten in gewissem Umfang an die Theorie und Praxis der Kabbalah heranzuführen. Hinter derartigen Institutionen steht üblicherweise eine innere Gruppe oder ein Maggid, der die Aufmerksamkeit Suchender auf sich lenken möchte, um ihnen zu helfen, einen Weg aus Ägypten heraus zu finden. Die angewandten Methoden sind vielfältig und reichen von der metaphysischen Betrachtung über stille Meditation bis hin zum Singen und Tanzen – je nachdem, wen die Schule ansprechen möchte. Es gibt, wie gesagt, viele pseudokabbalistische Gruppen und Lehrer sowie Schulen, die nur die Erinnerung bewahren, nicht aber den Geist der Lehre lang verstorbener Meister. Der Prüfstein ist das Maß an qualitativer Vitalität und Einsicht der jeweiligen Personen. Ein Maggid faßte es einmal in folgende Worte: »Wenn der Weg den Praktizierenden nicht froh macht, dann ist er sinnlos.« Wir können zugleich glücklich als auch ernsthaft sein. »An ihren Früchten werdet ihr sie erkennen«, sagte ein anderer Maggid.

Über die geschlossenen Gruppen gibt es nur wenig zu berichten, denn ihrem Wesen nach hinterlassen sie keine direkte Spur. Wie wir gesehen haben, gibt es zwar einige Aufzeichnungen, doch diese wechseln per definitionem von der mündlichen in die schriftliche Überlieferung und gelten von daher als bloße Nachempfindungen; denn es handelt sich um die Darstellung von Begebenheiten, die niemals irgendeinem Nichtanwesenden vollständig beschrieben werden können. In einem Buch wie diesem sollte man sich somit besser darauf beschränken, die grundlegenden Regeln aufzuzeigen und einige praktische Beispiele zu geben; alles darüber Hinausgehende wäre irreführend und käme einer Verheißung gleich, die selbst große kabbalistische Dichter, wie Salomon Ibn Gabirol, nur schwer in Worte kleiden könnten.

14. Gruppenstruktur

Das Wort »Kabale« erlangte in vielen europäischen Sprachen die Bedeutung von »Geheimtreffen«, aber auch »Intrige«. Historisch gesehen gibt es hierfür zweierlei Gründe. Zum einen wurden Kabbalisten zeitweilig von ihrem eigenen Volk und den religiösen Herrschern ihres jeweiligen Landes als verdächtige Häretiker betrachtet. Zum anderen wird diese Auslegung damit erklärt, daß der Aspirant aus der niederen oder äußeren Welt in die höhere oder innere Welt aufsteigt, wo er mit anderen zusammentreffen kann, die Zugang zum niederen Garten Eden erlangt haben. Vor Erreichen dieses Entwicklungsstadiums hätte der betreffende Mensch nur wenig oder nichts von der Sprache oder den Zielen der Gruppe verstanden, denn er hatte kein echtes Fundament in der Welt, in der diese arbeiten. Ein weiterer Grund dafür, daß solche Gruppen im verborgenen arbeiten, besteht darin, daß an einen Unvorbereiteten oder – wichtiger noch – an einen nur halb Vorbereiteten nichts weitergegeben werden kann. Während ein Sohn von Esau von den Abläufen in einer solchen Gruppe bloß gelangweilt wäre, könnte ein ungeschultes Kind Israels in jeder Hinsicht überreagieren, wenn es zum Empfang solchen Wissens noch nicht bereit ist. Aus diesem Grunde wird der Aspirant erst dann zur Teilnahme an einer solchen Gruppe eingeladen, wenn er über ausreichend Theorie und Praxis, Erfahrung und Stabilität verfügt, um an einem bestimmten Ziel arbeiten zu können.

Die Zusammensetzung einer solchen immer noch vorbereitenden Gruppe variiert stark, obwohl bestimmte Grundprinzipien eingehalten werden. In der Hauptrichtung der jüdischen Tradition bestanden die Gruppen früher normalerweise ausschließlich aus Männern, von denen die meisten Rabbiner oder doch zumindest im Bibelstudium hoch gebildet waren. Diese Qualifikation wurde bis vor relativ kurzer Zeit von vielen erfüllt, denn die meisten Juden wurden von frühester Kindheit an in der Bibel und ihren Talmud-Kommentaren unterwiesen und mit der darin verwendeten Sprache und Symbolik vertraut gemacht. In der Tat kann man ohne eine derartige Vorbildung nicht in eine orthodoxe kabbalistische Schule eintreten, denn das Studium und die Praxis basieren fast ausschließlich auf den Sohar-Kommentaren zu den Schriften. Die Kabbalah ist jedoch älter und umfassender als der Sohar, der von vielen fälschlicherweise als die oberste Autorität angesehen wird. In der Kabbalah gibt es nur eine oberste Autorität, und die ist weder in Büchern noch in Gruppen, bei den Maggidim oder gar den verborgenen Zadekim zu finden. Sie liegt im Verhältnis zwischen dem Selbst und Gott. Neben der orthodoxen Tradition gibt es in Westeuropa eine Richtung der Kabbalah, die in etwa in der Mitte zwischen der Kirche und der Synagoge angesiedelt ist und vor allem aus gläubigen Christen, Juden und religiösen Nonkonformisten auf der Suche nach spirituellem Wachstum besteht, das sie bei den Orthodoxen nicht gefunden haben. Diese kabbalistische Richtung hat es zu allen Zeiten der Geschichte in vielen Verkleidungen und unter den verschiedensten Namen gegeben, und sie manifestiert sich oft nur andeutungsweise in einem Buch, einer sozialen Idee, in der Kunst oder gar in einer Regierungsumbildung. Anders als bei vielen der orthodoxen Richtungen treffen hier Männer und Frauen in gemischten Gruppen zusammen. Dies liegt daran, daß die meisten der angesprochenen Menschen in normalen Lebensgemeinschaften und nicht in religiösen Gemeinden leben, in der eine Trennung der Geschlechter die Regel ist. Im Mittelalter gab es sogar eine solche Gruppe unter dem Namen »Brüder und

Schwestern des gemeinsamen Lebens«. Eine feste Verankerung in der weltlichen Realität ist Grundvoraussetzung für jeden Kabbalisten; dies gilt besonders für das Verhältnis gegenüber dem anderen Geschlecht, das in der Gruppe, im privaten Leben und in den männlichen und weiblichen Aspekten in uns selbst die jeweils komplementäre Säule bildet.

Im biblischen Wissen verfügen die meisten Laien der westlichen Welt – seien sie nun Juden oder Nichtjuden – über brauchbare Grundkenntnisse, die sie während ihrer Schulzeit erworben haben. So hat beispielsweise so gut wie jeder, der in einem Land mit europäisch geprägter Kultur lebt, von Adam und Eva gehört, und bei eingehender Befragung erinnert man sich an überraschend viele Einzelheiten über die Gleichnisse und Personen der Bibel. Und jeder – selbst wenn er überhaupt nichts über die Schriften weiß – trägt in sich die Archetypen der Großen Mutter und des Großen Vaters des Unbewußten, von Anima und Animus; so steht keiner bei seinem ersten Kontakt mit der kabbalistischen Arbeit völlig ohne psychologische Vorbereitung da. Durch seine Absicht, seine Erfahrung und eine gemeinsame besondere Sprache leistet der Aspirant schon bald einen aktiven Beitrag zur Gruppe.

Unorthodoxe Kabbalah-Gruppen bestehen aus Männern und Frauen. Traditionell wird ein Quorum, also eine Mindestteilnehmerzahl, von zehn Personen festgelegt, so daß bei jeder Sitzung ein vollständiger Satz aller Sephiroth zugegen ist. Im Idealfall sorgt eine gleiche Anzahl von Vertretern beider Geschlechter für Ausgewogenheit. In ihrer Mitte steht der Maggid oder die als Lehrer fungierende Person, denn diese gilt für die anderen als Zaken oder Ältester. Dieser Titel geht auf Moses zurück, der die siebzig Ältesten in der Wüste Sinai unterwies und sie zu seinen Helfern machte, um die Kinder Israels über die Gebote und Rechtsvorschriften zu unterrich-

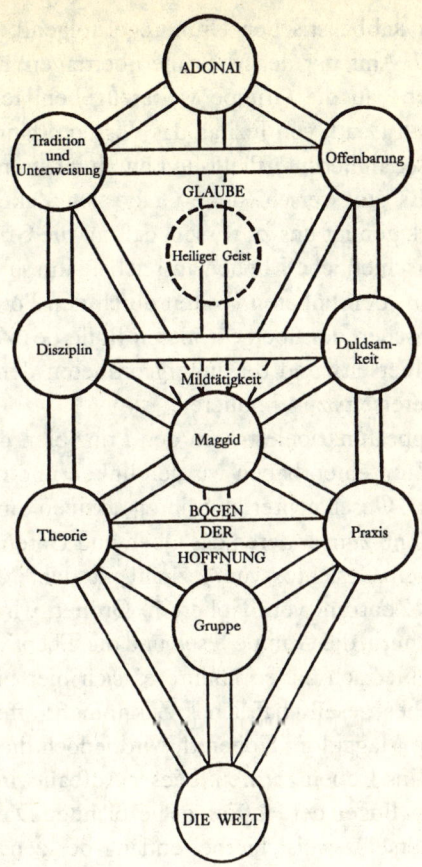

Abb. 16: Die Kabbalah

Die Etappen des Weges in Entsprechung zum Baum sind hier dargestellt. Unten sehen wir die Gruppe und ihre Beziehung zur Lehre, darüber in der Zwischentriade die erforderlichen Voraussetzungen für ein Eingehen in das obere Gesicht oder den inneren Aspekt der Kabbalah. Hoffnung, Mildtätigkeit und Glaube versinnbildlichen alle notwendigen Stadien für den direkten Kontakt mit dem jeziratischen Kether von ADONAI – Gott dem Herrn.

ten. Einer kabbalistischen Grundregel folgend, wird einem Zaken sein Amt mit der Maßgabe übertragen, das von ihm Empfangene an die Gruppe weiterzugeben; ferner soll er selbst durch Daath von Jezirah das Wissen erfahren, das von Jesod in Beriah herunterfließt und ihn durchströmt, während er lehrt. Es gibt verschiedene Grade von Zaken, doch im Augenblick genügt uns zu wissen, daß für die Gruppenarbeit zwei unterschiedliche Ebenen ausreichen, um so die Einströmungen aus den höheren Welten durch den Potentialunterschied zwischen der übergeordneten Rolle des Zaken in Tiphereth einerseits und der untergeordneten der Gruppe in Jesod andererseits zu stimulieren.

Eine Gruppe funktioniert nach den Prinzipien des Lebensbaumes. Zum einen haben wir den linken und den rechten Pfeiler der Geschlechter mit ihren aktiven und passiven Aspekten und zum anderen das Oben und Unten des oberen und unteren Gesichtes von Jezirah mit dem Maggid oder Zaken im Zentrum von Tiphereth. Ordnen wir die äußere Welt Malkhuth, die Gruppe Jesod und die Theorie und Praxis Hod und Netzach zu, so könnte es sich hier um ein ganz gewöhnliches gesellschaftliches Zusammentreffen handeln. Durch den Maggid in Tiphereth wird jedoch die Triade der Hoffnung ins Leben gerufen. Dieser Aufbau wird gelegentlich als der »Bogen der Hoffnung« bezeichnet: Die Pfeilspitze des Bewußtseins weist hierbei entlang der zentralen Säule von Malkhuth nach Kether. Der Pfeil wird von der Gruppe gehalten und der Bogen vom Maggid. Die Spannung wird über die Pfeiler der Form und der Kraft aufgebaut und der Pfeil in die höheren Welten katapultiert. Seine Reichweite richtet sich nach der Anstrengung der Gruppe und der Genauigkeit seiner Ausrichtung auf der zentralen Säule, das heißt danach, wie groß die Abweichung zur Kraft beziehungsweise Form zum Zeitpunkt des Abschießens war. In solchen Augenblicken kann der in Daath des Baumes von Jezirah residierende Heilige Geist »Ruach Hakodesch« herabsteigen und durch seine Gegenwart einen »Treffer« ins Ziel der Bewußtwerdung vermelden. Dies sind unvergeßliche Momente.

Wenn Hod die Theorie und Netzach die Praxis ist, kann das Unterscheidungsvermögen Geburah und die Duldsamkeit Chesed zugeordnet werden. Diese beiden Attribute sind für das Leben der Gruppe von oberster Bedeutung, denn sie ermöglichen dem Aspiranten, zu urteilen, ohne kritisch zu sein, und Barmherzigkeit zu üben, ohne übermäßig nachgiebig zu sein. So hat die Wahrheit Raum, sich zu manifestieren und nicht von allzu großem Enthusiasmus verschüttet oder durch einschränkende Kleinkrämerei zunichte gemacht zu werden. Dreh- und Angelpunkt des Gruppenbaumes ist der Maggid, dessen Tiphereth-Position Geburah und Chesed zu einem Dreieck zusammenführt, das von manchen Kabbalisten als Triade der Mildtätigkeit oder Liebe bezeichnet wird. Diese Triade zwischen dem oberen und unteren Gesicht repräsentiert die nächsthöhere Bewußtseinsstufe zur Triade Hod–Tiphereth–Netzach und ist in der Gruppe wie im einzelnen mit der Ebene der Seele gleichzusetzen. Das ist der Grad an Selbstgewahren, in dem wir viele Dinge über unser eigenes Wesen und das anderer Menschen erfahren – jedoch in Liebe. Die Synthese aus Geburah und Chesed, wie sie in Tiphereth zum Ausdruck kommt, heißt Mitgefühl. Hier, in dieser Triade der Liebe, vereinigen sich die Mitglieder einer Gruppe zur emotionalen Gemeinschaft und teilen in gegenseitigem Vertrauen ihre Erfahrungen miteinander. Diese Situation entsteht aufgrund von Bedingungen, die über und jenseits der Vertrautheit normaler gesellschaftlicher Zusammenkünfte liegen. Diese besonderen Bedingungen werden von dem Ziel, dem Wissen, der gemeinsamen Sprache und dem von jedem Mitglied geforderten Grad an Disziplin und

Integrität geschaffen. Beispielsweise muß zur Erreichung der notwendigen Beherrschung des Ego beim einen allzu große Selbstsicherheit gezügelt werden, wogegen ein anderer bei allzu großer Schüchternheit dazu gebracht werden muß, mehr Selbstsicherheit zu zeigen – jedoch nie so, daß sie überhandnimmt.

In der Gruppe spielt Disziplin eine wichtige Rolle. Ohne sie würde der Gemeinschaftsbaum Risse bekommen oder gar zusammenbrechen und damit einen fein ausbalancierten Organismus zerstören, der etwas empfangen kann, das einem einzelnen ohne besondere Ausbildung stets vorenthalten bleibt. Nach außen hin drückt sich die Disziplin in gewissen Höflichkeiten aus, die etwa darin bestehen, daß man jemandem, der spricht oder eine Übung ausführt, seine ungeteilte Aufmerksamkeit schenkt und in völliger Stille verweilt. Nach innen wird sie aufrechterhalten, indem man ständig wachsam ist, stets daran denkt, vom Selbst aus zu beobachten, und immer im Lichte von Tiphereth spricht und handelt. In dem Augenblick, in dem man den Kontakt zu Tiphereth verliert, geht auch die Verbindung zu Tiphereth der Gruppe verloren. Dann läuft nichts ab als gewöhnliche Tagträume des Ego, die durch die mechanische Hod-Jesod-Netzach-Triade zirkulieren. Verfällt mehr als die Hälfte der Gruppe in diesen Zustand, so sinkt die Qualität des Treffens ab und zieht die anderen mit nach unten, bis der Maggid die Schlummernden mittels eines Schocks aufweckt. Dieser Schock kann durch Druck auf den Pfeiler ausgelöst werden, auf den die Gruppe abgerutscht ist, um so in ihr eine Reaktion auf dem komplementären Pfeiler hervorzurufen. Durch außergewöhnliche Härte wird beispielsweise eine Reaktion der Barmherzigkeit erzeugt, die die Gruppe wieder ins Gleichgewicht bringt. Unter normalen Umständen könnte diese Technik sozial anstößig sein, doch innerhalb der allen bekannten Disziplin erlangt solches Handeln eine innere Rechtfertigung und wird als ein Ereignis akzeptiert, das im Lichte des objektiven Gesetzes und seiner Anwendung zu betrachten ist.

Hierbei kommt dem Maggid eine verantwortungsvolle Aufgabe zu. Als Tiphereth der Gruppe muß er von oben empfangen und nach unten weitergeben und dabei ständig die Tendenz der Gruppe korrigieren, damit sie nicht in starre Form oder allzu kraftvollen Überschwang abgleitet. Während er auf diese Weise lehrt und führt, versucht er gleichzeitig, die Bewußtseinsebene der Gruppe anzuheben und sie aus ihrer normalen Hod-Netzach-Polarisierung über den Pfad des Gerechten aus der Triade der Hoffnung nach Tiphereth zu führen. Ist er selbst unten in Jesod – denn auch ein Maggid ist menschlich –, kann trotz allen Redens und Übens nichts erreicht werden. So muß er ständig daran denken, wer und wo er ist, denn er stellt das Verbindungsglied der Gruppe zwischen Himmel und Erde dar. Als leuchtender Spiegel der Gemeinschaft sieht er stets nach innen, um zu empfangen und zu reflektieren, was von oben über die in Tiphereth zusammenlaufenden Pfade herunterkommen mag. So gesehen funktioniert er für die Gruppe als sephirothischer Knotenpunkt, der von Augenblick zu Augenblick in einer hochkomplexen, subtilen Situation Einwirkungen erfährt und selbst agiert. Dieser Sitz von Salomo ist der Anker der Gruppe, und jeder, der dazu bereit ist, diese Verantwortung zu tragen, kann sie übernehmen. In der Tat kann dies eine der Übungen sein, die einem Menschen auferlegt werden. Dann wird der einzelne auf diesem Sitz nicht nur zum Mittelpunkt des unteren Gesichtes des Gemeinschaftsbaumes mit der Gruppe in der passiven Rolle in Jesod, sondern auch zum Kontaktmedium mit dem oberen Gesicht von Jezirah. Dies bringt ihn in direkte Berührung mit Binah und Chokhmah der Tradition, die ihm Unterweisungen und Offenbarungen über Dinge geben, die sein persönliches Fassungsvermögen bei weitem übersteigen. Jeder, der diese Position und ihre lebendigen Verbindungen erfahren hat, weiß ohne Zweifel, woher die Kabbalisten ihr Wissen beziehen.

Der Sitz Salomos ist gleichzeitig Tiphereth der Gruppe und Malkhuth der nächsthöheren Welt. Hier ist auch der Ort, an dem Jakob zu Israel wird. Bei dieser Wandlung wird das obere Gesicht von Jezirah zum unteren Gesicht von Beriah, dem schöpferischen Reich des reinen Geistes. Für die Gruppe stellt der Maggid den Kontaktpunkt zum Hause Israel dar. Die große Triade Tiphereth–Chokhmah–Binah wird Glaube genannt. In der Kabbalah bedeutet dieser Begriff nicht »glauben«, sondern »wissen«. Dies wird durch das Vorhandensein der Nicht-Sephirah Daath von Jezirah in dieser Triade des Geistes bestätigt. Der Überlieferung zufolge wohnt hier der Erzengel Gabriel. Er ist der Hüter von Jesod in Beriah. Durch seine Lehrtätigkeit beginnt der Maggid, sich ein festes Fundament in Beriah zu schaffen, falls er noch nicht dort angelangt ist. Dies ist sein nächster Schritt nach oben auf der Jakobsleiter, so daß sich ein kontinuierlicher Prozeß des Aufstiegs vom jüngsten Mitglied der Gruppe bis hin zum permanenten Einzug des Maggid in das Haus Israel vollzieht.

In der biblischen Allegorie spielt der Maggid die Rolle des Moses auf dem Berg Sinai von Tiphereth, während die Kinder Israels unten in Jesod warten, nachdem sie das Rote Meer durchschritten hatten, um aus dem Land der Knechtschaft zu entkommen. Sie warten am Fuße des Berges von Hod–Tiphereth–Netzach darauf, geführt zu werden, während der Maggid seine Anweisungen von der Säule der Wolke oder dem Geist erhält, der durch das obere Gesicht von Jezirah herabsteigt. Auf dem Gipfel von Kether in Jezirah liegt Malkhuth von Aziluth, das den Gottesnamen ADO-

NAI – Herr – trägt. Hier besteht eine direkte Verbindung zum Göttlichen. Im Buch Exodus (2. Mose 19, 21–25) warnt Gott Moses: »Da sprach der HERR zu ihm: Steig hinab [vom Berg] und verwarne das Volk, daß sie nicht durchbrechen zum HERRN, ihn zu sehen, und viele von ihnen fallen ... Und Moses stieg hinunter zum Volk und sagte es ihm.« Es lagen noch viele Mühen vor ihnen, bevor sie tatsächlich in das Gelobte Land einziehen konnten.

15. Gruppendynamik

Wenn der Aspirant zu einer Gruppe eingeladen wird, sollte er bereits die Theorie beherrschen, das heißt beispielsweise über Grundkenntnisse des sephirothischen Baumes verfügen. Mit dieser Voraussetzung ist er zumindest imstande, etwas von der Bedeutung der vorgegebenen Übungen zu erfassen und den Gesprächen in der Gruppe zu folgen. Es gibt jedoch manches, mit dem er noch nicht vertraut ist und das er erlernen muß, weil jede Gruppe ihren eigenen, unverwechselbaren Stil und ihre Ausdrucksform hat. Auf diese Dinge stößt man sogar in der streng orthodoxen Richtung der Kabbalah, denn Menschen sind nun einmal Menschen, und gerade die Kombination der Teilnehmer in einer Gruppe bestimmt ihren Charakter, unabhängig von ihrem klassisch-hebräischen Hintergrund. Jede Gruppe ist anders – es gibt keine zwei identischen. Eine mag ihren Ausgangspunkt in Binah nehmen und sich der philosophischen beziehungsweise rein traditionellen Richtung verschreiben, während die andere von Chokhmah ausgeht und einen eigenen Weg der Entfaltung sucht. Wieder eine andere Gruppe mit starker Chesed-Bezogenheit wählt den emotionalen und hingebungsvollen Ansatz – in Kontrast zu einer geburah-orientierten Gruppe, die großen Wert auf Disziplin und Reinheit legt. Bei denjenigen, die hauptsächlich aus Hod und Netzach heraus operieren, handelt es sich offensichtlich zumeist um vorbereitende Gruppen, die noch keine hinreichende Tiphereth-Bindung eingegangen sind. Sie sind immer noch auf das untere Gesicht beschränkt, wo Theorie und Praxis noch nicht voll in das Fundament eingeflossen sind. Der noch nicht ausgeprägte Charakter solcher Gruppen verrät alles über ihre Bewußtseinsebene.

Wenn sich die Tiphereth-Qualitäten einer Gruppe nicht herausbilden, weil vielleicht zuviel Gewicht auf einem Pfeiler lastet, ein nicht ausreichendes Bemühen um Bewußtwerdung vorliegt oder die Verbindung zwischen den Mitgliedern fehlt, dann löst der Maggid gewöhnlich eine derartige Gruppe auf, sofern sie nicht bereits auseinandergefallen ist. Totgeburten sind der Kabbalah nicht unbekannt. Es gibt eine Regel, nach der keine Evokation des Heiligen Geistes erfolgt, wenn bei Treffen informeller Art weniger als sieben Personen zugegen sind; wenn darüber hinaus bei vier aufeinanderfolgenden Zusammenkünften weniger als sieben Teilnehmer anwesend sind, geht die Gruppe auseinander. So etwas kommt vor, weil bestenfalls die betreffende Phase des Werkes vollendet ist oder schlimmstenfalls nicht genügend Teilnehmer einen Sinn zum Weitermachen erkennen. Im ersteren Fall kann eine neue Gruppe aus verschiedenen alten, nunmehr aufgelösten entstehen, oder ihre Teilnehmer treten einer bereits bestehenden und zumeist auf einer besser integrierten Ebene arbeitenden Gruppe bei. Dieses Zellularsystem von Geburt, Trennung, Verschmelzung und Tod ist Ausdruck der Lebendigkeit der Tradition.

Gruppen, die ein Menschenleben überdauern, beginnen schon bald, zu einer fossilen Institution zu erstarren. Innerhalb und außerhalb der Kabbalah gibt es dafür zahlreiche Beispiele. Mag auch eine noch so hohe Absicht zugrunde liegen, solche Schulen wachsen oftmals über ihren menschlichen Radius hinaus, und der einzelne hört auf, wichtig zu sein. Sobald dies eintritt, wird der Fortbestand der Institution zum obersten Ziel, wo enggeschlossene Reihen von Mitgliedern daran arbeiten, ein längst verflossenes Gestern und ein unwirkliches Morgen zu konservieren. In der Kabbalah lebt man nur heute, nur im Jetzt kann man sein. Wenn eine Gruppe keine Antenne für die Gegenwart hat, ist sie entweder schon tot oder noch nicht geboren, und ihr Körper ist überflüssig. Hier liegt einer der Gründe, warum so wenig von der mündlichen Überlieferung bekannt ist. Sie erfolgt im Augenblick. Sobald ihre Aufgabe erfüllt ist, verliert sie sich und hinterläßt nur einen blassen Schimmer wie ein Schiff, das seinen Lauf durch das Meer der Zeit nimmt.

Wenn Menschen eine Gruppe verlassen und nicht mehr zu ihr zurückkommen, gibt es dafür mehrere Erklärungen. Zunächst muß einmal festgestellt werden, warum sie gegangen sind. Bei der einen Person hat vielleicht die Arbeitsweise der Gruppe ihrem Typus nicht entsprochen. So findet beispielsweise der Denker keinen Platz beim rituellen Mahl der Belz Chassidim, wo es auf physische Geschicklichkeit und Stärke ebenso wie auf Hingabe ankommt. Und niemals würde sich ein Mensch, der nur beten möchte, in einer Schule wohl fühlen, wo die komplexe Metaphysik eines Rabbi Luzzatto gelehrt wird. Diese Weggehenden müssen ihren eigenen Pfad suchen. Wenn sie fest entschlossen sind, wird die Vorsehung sie führen, sofern sie nicht bereits durch ihren Kontakt-Zadek zu dem für sie passenden Maggid gelenkt werden.

Bei Menschen, die ihre kabbalistische Arbeit aufgeben, also nicht nur eine Gruppe verlassen, haben wir es mit etwas ganz anderem zu tun. Der Grund für einen derartigen Schritt liegt gewöhnlich in einer Ego-Krise und dem fehlenden Bedürfnis, auf dem Weg des Gerechten weiter nach oben vorzudringen. Die rationalen Beweggründe für das Sichabwenden von der Kabbalah unterscheiden sich sehr stark voneinander und reichen von einer Ablehnung des formalen Systems bis hin zur persönlichen Antipathie gegenüber der Gruppe als ganzer beziehungsweise dem Maggid als einzelnem. Was auch immer das angebliche Motiv gewesen sein mag, die Ursache liegt in der Ego-Verteidigung des Selbst-Bildes, das die betreffende Person von sich hat. Ist dieses Bild von Veränderung, die mit der kabbalistischen Arbeit einhergeht, bedroht, dann kämpft das Ego um seine eigene Souveränität. Dies manifestiert sich auf vielfältige Weise bis hin zur ausgesprochenen Absage an alles, was mit der Kabbalah zusammenhängt. Die Verabschiedung wird gewöhnlich mit einer Lüge überdeckt, die den Maggid entweder direkt oder indirekt über ein anderes Gruppenmitglied erreicht; und dadurch wird das gegenseitige Vertrauensverhältnis gebrochen. Dies wiederum durchtrennt die Verbindung zur Mildtätigkeits- oder Seelentriade der Gemeinschaft, die über Tiphereth der Gruppe besteht (darum wird auch der Maggid so oft als Angriffsziel ausgesucht). Nach diesem Bruch kann nichts weiter geschehen. Den Regeln zufolge sollte kein Mitglied der Gruppe an die Person herantreten, bevor letztere diese nicht aus freien Stücken wieder anspricht. Es handelt sich hier keinesfalls um eine Bestrafung, sondern vielmehr um einen psychologischen Grundsatz, wonach weder durch Gericht noch durch Barmherzigkeit irgendein Druck auf die Person ausgeübt werden darf, denn es bleibt ihr Vorrecht, frei wählen zu können. Leider wird dieses Prinzip manchmal mit der Aussperrung eines Häretikers verwechselt. Dies kann naturgemäß niemals bei Personen der Fall sein, die in der Triade der Mildtätigkeit wirken. Reservierte Freundlichkeit ist die korrekte Balance zwischen Geburah und Chesed. Wenn dann die Ego-Krise des Menschen positiv ausgestanden ist und er zurückkehren möchte, stehen die Tore der Gruppe weiterhin für ihn offen. Niemandem darf je sein Geburtsrecht verwehrt werden.

Es gibt noch einen Grund, weshalb ein Aspirant die Gruppe verläßt, nämlich wenn der Maggid ihn hinausschickt. Dies kann vorübergehend sein, damit der Aspirant reflektiere, verarbeite und sich die Lehre zu eigen mache. Gelegentlich wird ein Mensch zu abhängig von seinem Maggid, und wenngleich letzterer auch eine Zeitlang als des Menschen Tiphereth auftreten muß, so ist es ihm nicht erlaubt, diese Rolle permanent zu übernehmen. In einigen Zweigen der Tradition gilt die Bindung an den Maggid zwar als Teil der Hingabe, doch ist diese über einen gewissen Punkt hinaus keineswegs wünschenswert, denn dann steht der Maggid im Wege zwischen dem betreffenden Menschen und Gott; und dies ist wider die Gebote, nach denen wir keine anderen Götter neben dem EINEN haben und uns nicht vor Bildnissen verbeugen sollen. Wir Menschen machen aus allem, in dem wir ganz aufgehen, falsche Götter, sei es das Geld, der Status oder sogar ein einzelner Mensch, mag er auch noch so exaltiert sein. Der Maggid kann zwar das anfängliche Glied der Verbindungskette zwischen Himmel und Erde sein, aber er muß beiseite treten und dem Menschen die Möglichkeit zur eigenständigen Entfaltung einräumen. Dazu muß er gegebenenfalls eine Beziehung abbrechen, indem die Identifikation des Aspiranten mit seinem Lehrer je nach den Umständen entweder schrittweise oder plötzlich abgebaut wird. Bei der ersten Vorgehensweise schickt der Maggid den Aspiranten fort, und bei der zweiten führt er ihm verdeutlichend vor Augen, daß er – der Maggid – auch nur ein Mensch ist. Zur Erreichung dieses Zieles macht der Maggid hin und wieder etwas Ungeheuerliches mit der Maßgabe, dadurch das Bild zu zerstören, das der anhängliche Aspirant sich von seinem Lehrer gemacht hat. So wird der falsche Gott zerschmettert, und die Person muß anfangen, die volle Verantwortung für ihr Leben selbst zu tragen.

Ein weiterer Grund für das Hinausschicken eines Menschen aus der Gruppe ist der, daß dieser eine permanente Beziehung zu seinem eigenen Tiphereth aufgebaut hat. Er ist dann ein wahrhaftes Individuum und für die Kabbalah von größerem Nutzen, wenn er selbst ein Maggid wird. Unter dieser Gegebenheit gilt seine Probandenzeit als abgeschlossen, und der

Maggid wird ihm seine letzte Instruktion als Aspirant geben, nämlich fortzugehen und über den Einweihungsweg zum Zadek nachzudenken. Eine derartige Verpflichtung bedeutet, die Verantwortung für andere sowie für sich selbst zu übernehmen. Ein Zadek zu werden heißt nicht nur, sich einer langen, viele Generationen umspannenden Reihe von Menschen anzuschließen, sondern auch, bereit zu sein, der Gemeinschaft der Gerechten, dem verborgenen »inneren Kreis der Menschheit«, beizutreten. Für diese lebenswichtige Entscheidung muß man absolut allein sein, ohne Beeinflussung von außen, denn es ist schwer genug während jenes Aufenthaltes in der Wildnis, mit dem inneren Engel und Teufel gleichermaßen fertig zu werden. In der Bibel ist diese Krise bei Moses und Christus zu Beginn ihrer jeweiligen Mission beschrieben.

Eine Gruppe setzt sich nicht nur aus Männern und Frauen zusammen, es treffen hier auch unterschiedliche Berufe und soziale Aspekte aufeinander. Dies verleiht einer Gruppe Gehalt und Fülle sowie Entfaltungsmöglichkeit, vorausgesetzt allerdings, alle bringen ihre Erfahrung zum Besten der Allgemeinheit als gleichwertige Partner ein. Die Tatsache, daß eine Person in einem freien Beruf, eine andere im Handel und wieder eine andere im Handwerk tätig ist, macht keinen Unterschied in einer Zusammenkunft, weil das gesamte Ego außerhalb der Gruppe gelassen wird – dort unten im unteren Gesicht von Assiah. Dies muß so sein, denn sonst gäbe es kein Treffen. Das Ego trennt die Menschen; und die Maske der Persönlichkeit und der Status verstärken dies zusätzlich. Die Wesensart, die echte Individualität und die Bewußtseinsebene des einzelnen sind die einzigen Unterscheidungsmerkmale, die in einer Gruppe von Belang sind. Die beiden ersteren Eigenschaften sind inhärent, wenngleich immer im Prozeß der Harmonisierung befindlich; letztere hingegen wandelt sich stetig, bis eine permanente Erinnerung an das Selbst erreicht wird. Dies führt zu Situationen, die in der Außenwelt unüblich sind, beispielsweise daß eine Hausfrau mit tiefer Einsicht einem professionellen Psychiater einen psychologischen Fall erklärt, dessen Geist vielleicht durch seine formale Ausbildung getrübt ist. Bedeutsam hieran ist nicht nur, mit welcher Klarheit die Hausfrau urteilt, sondern auch die Tatsache, daß der Psychiater ihre Sichtweise akzeptiert. Wenn beide der Kabbalah nahestehen, wird nur die Wahrheit offenbar. Erinnern wir uns, daß Spinoza ein Linsenschleifer und Böhme ein Schuhmacher war. Binah und Chokhmah können sich durch und in jedermann manifestieren.

Die drei Wesensarten werden in der Bibel durch die drei Söhne Noahs symbolisiert: Jafet, Sem und Ham – Denker, Fühler und Macher. Überwiegt ein Typus in einer Gruppe, so führt dies zwangsläufig zur Überbetonung einer der kleinen Triaden innerhalb der großen Dreiheit von Hod–Malkhuth–Netzach. Somit wird ihre Arbeitsweise stark in Richtung Kontemplation, Hingabe beziehungsweise Tat ausgerichtet sein. Der enorme Einfluß des Maggid selbst darf jedoch nicht außer acht gelassen werden; auch wenn er ständig um Ausgewogenheit bemüht ist, bleibt da doch seine ureigene Art und Weise des Handelns. Dies ist der natürliche Teil seiner wahren Individualität, ein Attribut von Tiphereth. In der christlichen Ordenstradition heißt es, das Leben im Kloster spiegele die Qualitäten seines jeweiligen Abtes wider. In der Kabbalah ist es nicht anders, denn aufgrund der Gesetze der Vorsehung werden diejenigen, die mit diesem oder jenem besonderen Weg sympathisieren, auch zu dem entsprechenden Zadek hingeführt. Einen anderen Zadek mit einem völlig unterschiedlichen Ansatz wird man erst gar nicht bemerken. Also versammelt der Maggid nur solche Leute um sich, denen er nützlich sein kann und die umgekehrt auch für ihn von Nutzen sind. Wem derartige Gedankengänge unspirituell erscheinen, der sollte nicht vergessen, daß alles im Universum seinen Preis hat. Die Tat beziehungsweise Aktion wird mit Reaktion und Kompensation in Form von Energie und Materie belohnt. Ebenso ist es in der spirituellen Arbeit, denn wo man nichts hineingibt, kommt auch nichts zurück; oder wie ein Kabbalist bemerkte: »Je mehr du in eine Sache hineingibst, desto mehr holst du aus ihr heraus. So will es das Gesetz.«

Das Ziel des Maggid ist ungefähr das gleiche wie das des Aspiranten. Der Unterschied liegt in der Ebene. Während der Aspirant anfänglich für seine eigene Entfaltung arbeitet und später auch etwas mehr als nur seinen Obolus für Brot und Wein zur Gruppe beisteuert, wirkt der Maggid jedoch in einer ganz anderen Dimension. Theoretisch weiß das zwar ein jeder in der Gruppe, doch erst wenn man selbst Zadek ist, kann man die ganze Tragweite dieser Rolle in Zeit und Raum richtig ermessen. Über die Jahrhunderte hinweg, hat sich das Wirken der Zadekim nicht allein auf ihre jeweilige Generation, sondern auf die Menschheit insgesamt erstreckt. Die bereits angesprochenen Volksmärchen wie etwa das vom Aschenputtel liefern den Beweis für Gedankengut, das über die ganze Welt verstreut und mindestens zweitausend Jahre lang wiederholt werden sollte. Ein heutiger Zadek hat den gleichen Auftrag wie jene vor ihm, nämlich die Lehre so weiterzugeben, daß die Personen, die er unterweist – auch wenn diese das Ziel nicht immer voll und ganz verstehen –, die Arbeit in ihrer eigenen Art und Weise weitertragen, um so ihrerseits die Menschen der nächsten Generation vorzubereiten. Es ist bemerkenswert, daß in der Kabbalah trotz ihrer unglaublich vielen Variationen und bewegten Geschichte die Weitergabe an sich immer bestens funktioniert hat, denn die grundlegende Lehre hat sich nicht verändert. Um mit den Worten des Joshua ben Miriam zu sprechen:

»Bis daß Himmel und Erde vergehe, wird nicht vergehen der kleinste Buchstabe noch ein Tüpfelchen vom Gesetz, bis daß es alles geschehe« (Matthäus 5, 18).

Aus diesem Grund gibt es drei Ebenen in der kabbalistischen Arbeit: die Arbeit des einzelnen, die in dem unteren Gesicht des Baumes von Jezirah anzusiedeln wäre, die Arbeit der Gruppe, die zur Triade der Mildtätigkeit gehört, und die Arbeit für die Menschheit, bei der es um das obere Gesicht von Jezirah geht. Dieses Gesicht ist natürlich auch das untere Gesicht von Beriah und betrifft alle Menschen: tote, lebende und noch nicht geborene. In einem Wort: Adam.

16. Zusammentreffen

Nur wenn Kether Malkhuth erreicht, kann das kabbalistische Werk vollendet werden. Konzentrieren wir uns in unseren Betrachtungen also auf Assiah, damit wir eine für uns begreifbare Vorstellung davon erhalten, was eine Gruppe ist.
Nachdem die Vergangenheit bereits vorüber ist und die Zukunft noch nicht begonnen hat, wählen wir die Gegenwart als unsere Zeit. Sie ist die Zeit, in der die Kabbalah arbeitet. Sie enthält alles, was war und sein wird. Nach ihrer Emanation aus der ersten Krone steigt die Existenz durch die ewige Welt der Sephiroth hinab in die Welt von Beriah. Hier wird sie erdacht, bevor sie weiter unten in Jezirah geformt wird. Aus den ewigen erdachten und geformten Welten kommt Assiah ins Sein – wie ein kleiner Platz inmitten von London, der erfüllt ist vom Duft blühender Bäume. Vor dreißigtausend Jahren gab es an diesem Ort ein Fleckchen Tundra, nur wenige Kilometer von einem Gletscher entfernt. Vor zweitausend Jahren lag er mitten im Wald, unweit nördlich einer römischen Straße. Vor zweihundert Jahren war hier ein Armenfriedhof, und heute liegt der von eleganten Wohnhäusern gesäumte Platz in einem wohlhabenden Viertel der Stadt. Die Ewigkeit ist noch immer gegenwärtig. Ständig wird Neues erdacht, und die Formen ändern sich stetig, wenn Materie und Energie sich nur für einen Augenblick zu dem Bild kristallisieren, das sich uns an einem Frühlingsabend um acht bei Dämmerlicht bietet. Schon um halb neun sieht es hier anders aus, und in tausend Jahren ist der Ort nicht mehr wiederzuerkennen, ebenso wie sich die relative Existenz verändert und dennoch dieselbe bleibt. Trotz alledem befassen wir uns nur mit dem Jetzt, denn es ist alles, was wir haben, und bietet alles, was wir

brauchen, um in der Kabbalah zu arbeiten. Aus verschiedenen Richtungen kommen zehn Menschen in einem der Häuser an unserem Platz zusammen; einige von ihnen waren ihr halbes Leben hierher unterwegs. Sie begrüßen sich wie enge Vertraute, obwohl sie sich sonst vielleicht nie weder gesellschaftlich noch geschäftlich treffen. Nach Betreten des Raumes setzen sie sich in einem Halbkreis mit Blick auf den sephirothischen Baum, der neben dem Stuhl des Maggid hängt. Nach dem gegenseitigen Austausch von Neuigkeiten wird es leise. Langsam kehrt Stille ein, und man beginnt zu meditieren. Nach und nach verliert die Außenwelt mit ihren tagtäglichen Problemen an Bedeutung. Die Atmosphäre im Raum lädt sich spürbar auf, und die Kraft wird in einem einzigen Punkt gebündelt. Sobald alle nicht nur körperlich, sondern auch bewußtseinsmäßig gegenwärtig sind, erhebt sich der Maggid. Er breitet seine Arme aus, um mit seinem Körper den Baum des Lebens zu bilden, und er spricht das große Gebet von Schma, das beginnt mit dem Wort »Höre!« Dem Lichtblitz folgend, spricht er langsam in Form einer Evokation den Namen jeder einzelnen Sephirah aus. Dann ruft er die Welten der Engel um Hilfe an und bittet um die Gnade des Heiligen Geistes für die Zusammenkunft. Zum Beschließen des Rituals zündet er zwei Kerzen an, die die Pfeiler der Barmherzigkeit und des Gerichtes repräsentieren. Die zentrale Säule wird von der Gruppe ausgefüllt.

Nach der Eröffnungszeremonie beginnt die Arbeit. Diese kann zunächst in Form von Fragen und Bemerkungen erfolgen, wobei die Antworten stets in bezug auf das Baumbild gegeben werden, das so für die meiste Zeit im Mittelpunkt der Aufmerksamkeit steht. Auf diese Weise sieht jeder genau, welche Sephiroth, Triaden, Pfade und Säulen jeweils angesprochen sind.

Eine Frage, die dem Maggid gestellt wird, bezieht sich beispielsweise auf die Bedeutung des meditativen Betens. Wo ist es auf dem Baum einzuordnen? Der Maggid deutet auf Jesod, die normale Bewußtseinsebene. Hier hält der Ego-Verstand den Namen Gottes fest, über den meditiert werden soll. Er wird von Hod als Echo zurückgeworfen und von Netzach wiederholt. Aufgrund des Wirkens der beiden funktionalen Pfeiler durch Jesod und die nach oben gerichtete Aufmerksamkeit wird das Bewußtsein aus der Triade Hod–Jesod–Netzach in die Triade der Hoffnung Hod–Tiphereth–Netzach angehoben. Während man unten immer noch den Namen Gottes wiederholt, wird die Aufmerksamkeit von hier aus noch weiter nach oben gerichtet, so daß man schließlich die Triade der Mildtätigkeit erreicht. So Gott will, wird die große Triade des Glaubens die Gnade in Tiphereth einströmen lassen, so daß das Selbst plötzlich entlang der mittleren Säule über den Pfad der Ehrfurcht emporsteigt. Hier erreicht der Meditierende die Nicht-Sephirah Daath und löst sich, wenn auch nur für einen Augenblick, aus dem Gefühl seines Getrenntseins. Vielleicht tritt er in der Meditation mehrmals erneut ein, oder er steigt hinab, um sich seiner selbst und der Tatsache bewußt zu werden, daß sein Ego-Verstand den Namen Gottes stets aufs neue wiederholt und widerhallen läßt.

Im Anschluß an die Fragen, Antworten und Bemerkungen der anderen zu diesem Thema im Lichte ihrer eigenen Erfahrung und ihres Verständnisses vom Baum wendet sich die Gruppe dem Hauptthema des Abends zu, nämlich den Kindern Israels in der Wildnis. Jeder der Teilnehmer hat sich die Woche über mit den betreffenden Bibelstellen befaßt und trägt nun sein eigenes Verständnis aus kabbalistischer Sicht vor. Dabei werden die Geschehnisse auf die entsprechende Ebene der spirituellen Entfaltung übertragen. Langsam entsteht ein Bild, das nicht auf den – wenn auch tiefgründigen – Gedanken eines anderen beruht, sondern auf der Wahrnehmung des einzelnen selbst innerhalb der Gruppe. Mit der Zeit wird das Symbol des Exodus entschlüsselt. Nach und nach sieht jeder den übermächtigen natürlichen Wunsch, nach Ägypten zurückzukehren, wo die Israeliten zumindest sicher waren. Vierzig Jahre in der Wildnis zu verbringen ist eine entmutigende Aussicht, besonders wenn der Weg nicht auf direktem Wege ins Gelobte Land führt. Sie erkennen die rebellischen Israeliten in sich selbst, sehen die Zweifel und die Zwiespältigkeit der Psyche zwischen dem, was für, und dem, was gegen den Herrn spricht. Sie erfassen die Bedeutung des Goldenen Kalbs und daß es, wie das Ego, aus Dingen besteht, die aus Ägypten herausgebracht wurden – sein goldenes Bild ist der jesodische Gott, dem alles geopfert wird. Das Einschmelzen des falschen Gottesbildes nimmt eine psychologische Bedeutung an, die niemandem verborgen bleibt.

Zu bestimmten Zeitpunkten des Abends empfängt jeder der Teilnehmer etwas, das speziell für ihn und seine Entwicklung bestimmt ist. Es kann in Form einer Idee oder einer beiläufigen Bemerkung des Maggid oder eines der anderen Mitglieder der Gruppe oder aber tief aus seinem Inneren zu ihm kommen. Die verschiedenen Sephiroth, Triaden, Pfade und Säulen werden in Aktion gesetzt, und sie enthüllen, beleuchten und verbinden viele Dinge, die hinter einer scheinbar einfachen Begebenheit liegen. Einer stellt fest, wie er zwischen den seitlichen Pfeilern hin und her geworfen wird, solange Tiphereth in seinem Bewußtsein nicht gegenwärtig ist. Ein anderer sieht plötzlich, wie sich die Zehn Gebote in den Baum einfügen, angefangen mit »keinen anderen Göttern« in Kether. Ein weiterer erkennt voll Schreck wie die zweifelnden Israeliten, daß ihm nicht nur die Rückkehr auf immer unmöglich ist, sondern daß zudem auch eine ganze Generation schlechter Gewohnheiten in der Wildnis sterben muß. Nur einer der ursprünglichen israelitischen Sklaven,

Joshua, erreichte das Land, in dem Milch und Honig fließen, denn nur er war beharrlich genug.

Während des Abends wechselt die Stimmung in vielen Phasen. Mal ist sie leicht, mal schwer. Sie pendelt von einem Pfeiler zum anderen, und gelegentlich steigt ihre Ebene, so daß die Gruppe von der Vielheit zur Einheit gelangt. Der Wechsel zwischen Ebbe und Flut ist äußerst subtil. Sein Medium ist Jezirah, die Welt der Psyche, und auf den verschiedenen Ebenen laufen viele Strömungen miteinander und gegeneinander. Der Maggid ist stets aufmerksam. Er führt und interpretiert, wendet Geburah und Chesed an und bindet Hod und Netzach in Fragmenten von Informationen und Übungen ein. Mal ist er – der Maggid – der aktive Pol, mal ist es ein anderer. Das Zentrum der Aufmerksamkeit bewegt sich hierhin und dorthin, dann pausiert es in längerem Schweigen, in dem jeder seinen Gedanken nachgeht. Auf einmal tritt etwas anderes neben das Schweigen. Es ist so still, daß jeder weiß: Außer ihnen ist noch etwas im Raum. Es ist wie ein starker Wind in einer ehrfurchtgebietenden Weite. Dann verschwindet es ebenso plötzlich, wie es gekommen ist, und die Zeit fängt wieder an zu laufen. Nach einer Weile bricht jemand das Schweigen mit einer Frage. Die Ewigkeit entschwindet. Die Frage wird beantwortet, doch jeder im Raum, außer dem einen, der für einen Augenblick in einen Tagtraum abgeglitten war, weiß, daß die Gruppe von einer Gegenwärtigkeit besucht worden ist.

Nun wird damit begonnen, die Arbeit des Abends in einer Formulierung zu erfassen, die dem Fundament hinzugefügt wird, das ein jeder in Jesod für die nächsthöhere Welt errichtet. Der Maggid faßt zusammen, doch er läßt auch manches offen, damit niemand denke, daß dies die ganze Antwort sei. Dann stellt er die Frage, die sich aus der an diesem Abend gewonnenen Wahrnehmung ergibt: die Frage nach der Natur des Ego. Er projiziert sie auf das jesodische Symbol von Josef mit seinem vielfarbenen Mantel. Dies wird das Thema des nächsten Zusammentreffens sein. Bis dahin sollen die Schüler die diesbezüglichen Texte lesen und das Symbol mit ihren persönlichen Beobachtungen zur Struktur und Arbeitsweise ihres eigenen Jesod in Beziehung setzen. Sie sollen Beispiele der Leistungen, Fähigkeiten und Schwächen einbringen und über die Vorstellung von Jesod als wunderbarer Diener nachdenken.

Nachdem jeder seine Aufgabe für die nächste Woche kennt, verfällt die Gruppe in Schweigen; die Teilnehmer sitzen in Meditationshaltung. Langsam erfüllt äußere und innere Ruhe den Raum. Einer nach dem anderen tritt sanft in den gleichen Ort ein und erhebt sich bewußt in die Triade der Mildtätigkeit. Liebe ist im Raum und verbindet die Anwesenden mit den Menschen aller früheren und kommenden Generationen, die je Teil dieser Arbeit waren oder sein werden. Für einen Augenblick ist etwas anderes, Tieferes und Höheres anwesend, so als befänden sich Beobachter aus einer anderen Welt im Raum. Sie sind nur vorübergehend, wenn auch deutlich, wahrzunehmen. Der Maggid steht auf, hebt seine Arme und spricht die Namen der Sephiroth, während er von Malkhuth den Baum hinauf nach Kether zurückkehrt. Er wiederholt die Worte des Schma: »Höre, o Israel. Der Herr ist unser Gott. Der Herr ist einzig.« Die Gruppe ist in Stille erstarrt, und bald wird sich jeder bewußt, daß der offizielle Teil des Abends vorüber ist.

Für lange Zeit sagt niemand etwas. Die Teilnehmer lösen sich aus ihrer Meditationshaltung, doch erst als der Maggid spricht und mit dem Öffnen einer Flasche Wein die Aufmerksamkeit wieder auf die Welt von Assiah lenkt, beginnt die Gruppe, ins Reich des Persönlichen zurückzukehren. Ein Gespräch beginnt. Man denkt nach über den ersten Teil des Abends und entspannt sich zugleich davon. Die Atmosphäre ändert sich, doch das Treffen ist noch nicht beendet. Die Gruppe zerfällt in kleinere Einheiten, und man spricht über Banalitäten ebenso wie über die Kabbalah, und doch vergißt keiner den Grund seiner Anwesenheit. Immer noch gibt es Fragen und Antworten, Feststellungen und sogar Meinungsverschiedenheiten. Einer sieht ein Ereignis von einer Seite des Baumes, ein anderer vom entgegengesetzten Pfeiler aus; ein dritter – dies muß nicht unbedingt der Maggid sein – stellt die Harmonie zwischen beiden wieder her, indem er die Betrachtung in ihren Kontext auf der mittleren Säule einbettet. Der Maggid fragt jeden der Teilnehmer, was er an diesem Abend gelernt hat, um dieses neuerworbene Wissen in Jesod zu verankern. Einem schlägt er eine Übung vor, die ihm dabei helfen soll, Hod und Netzach zu studieren. Ein anderer spricht ein Problem an. Er geht darauf ein, indem er den Schüler bittet, die einzelnen Elemente dem Baum zuzuordnen. Nun fragt er, welche Lösung dieser angesichts des hierbei aufgezeigten Ungleichgewichts zwischen den Sephiroth vorschlägt. Der Schüler erkennt, was gemeint ist, und wird aufgefordert, sein eigenes Urteilsvermögen zu schulen. Der Rest des Abends ist mit Gesprächen wie diesen ausgefüllt, und manche der hierbei gewonnenen Erkenntnisse sind von noch tieferer Bedeutung als bei ihrem ersten Auftreten während der offiziellen Sitzung. Wenn der Abend ausklingt und der letzte Gast nach einem persönlichen Gespräch mit dem Maggid gegangen ist, hat sich in jedem etwas bewegt und verändert. Wie unser von Blütenduft erfüllter Platz in jener besonderen Nacht im Monat Mai wird nichts genauso sein, wie es war, denn der Prozeß ist kontinuierlich – bis zur Rückbindung an den HÖCHSTEN EINEN.

Das hier beschriebene kabbalistische Treffen ist durchaus nicht typisch, denn jede Gruppe unterscheidet sich stark je nach Maggid, Mitgliedern und Methoden. Das beschriebene Zusammentreffen ist, ebenso wie der Maggid und der Ort des Geschehens, eine fiktive Synthese, nicht jedoch die Geschehnisse, die über alle Zeiten und an den entlegensten Orten in verschiedenen Formen zu erkennen sind. Im Sohar lesen wir von der »Idra Suta Kaddischah« oder der niederen heiligen Versammlung, die im Haus des Rabbi Simeon ben Jochai zusammentrat. Hier kamen die sogenannten Wegbegleiter zusammen, um über die Kabbalah zu sprechen, obwohl Rabbi Simeon auf dem Sterbebette lag. Der detaillierte Bericht des Gespräches über den sephirothischen Baum reicht in der Tat bis hin zum Tode des Maggid, als der Rabbi – gleichzeitig Schriftführer der Gruppe – von seinen Aufzeichnungen aufsieht und merkt, daß sein Lehrer gestorben war. Ein wohl weniger dramatischer Bericht über die Vorgehensweise und Methoden einer weiteren kabbalistischen Schule ist in den Schriften der Habad-Bewegung der Chassidim im achtzehnten und neunzehnten Jahrhundert zu finden. Hier lehrten Männer wie Rabbi Dobh Baer in sogenannten Höfen die Theorie und Praxis der Kabbalah. Dies geschah keineswegs immer auf offenkundige Weise. So bemerkte einer der Aspiranten: »Ich kam, um zu sehen, wie sich der Maggid seine Schuhe zuband.« Es gibt ebenso viele Wege, die Kabbalah zu empfangen und weiterzugeben, wie es Menschen gibt.

17. Der Auszug aus Ägypten

Wie also ist die Situation unseres Kindes von Israel – jetzt, da es in einer Gruppe arbeitet? Zunächst müssen wir die bisherige Geschichte noch einmal in die Erinnerung zurückrufen.
Als erstes ist davon auszugehen, daß es nunmehr den Menschen in seiner Wirklichkeit erkennt. Der weitaus größte Teil der Menschheit befindet sich in der Knechtschaft und lebt im vegetabilen Zustand des Essens, Schlafens und Sichvermehrens. Der Status an sich ist jedoch frei wählbar. Niemand muß auf dieser Ebene leben. Jeder hat die Möglichkeit, Ägypten zu verlassen, doch wir tun es nicht, weil wir die Sicherheit des Bekannten und Familiären mehr schätzen – wie schwierig und mühsam das Leben da auch immer sein mag. Millionen Menschen werden geboren, wachsen heran, paaren sich und sterben, ohne je mehr als nur einen blassen Schimmer anderer Daseinsformen gehabt zu haben. Ihr Lebensraum ist starr und festgelegt in seinen Gesetzen, die allein mechanischen und organischen Rhythmen gehorchen. So gleicht ein Tag fast dem anderen, nur hin und wieder unterbrochen von Mangel- oder Sättigungserscheinungen, die durch Einwirken aus den höheren Welten ausgelöst werden. Es ist ein pflanzenähnliches Dasein, wobei jede Generation dem Blattwerk eines Sommers auf dem Baum von Assiah entspricht. Als solche hat sie ihren Platz im relativen Universum, als Saatbeet der Seele. Aber der Mensch gleicht zuweilen einem Samenkorn, das bis ans Ende der Zeiten, ohne zu keimen und unentwickelt, in der Erde liegt. Am »Tage des Jubels« wird es umgepflanzt und bleibt mithin für die Dauer einer weiteren Schmitah oder eines großen kosmischen Zyklus unvollendet. Doch diese Erfahrung möchte das Kind Israels nicht noch einmal machen.

Auf der nächsten Ebene befindet sich das Land Edom, das von den Söhnen Esaus, den animalen Menschen, regiert wird. Sie beherrschen die Erde, ihre Imperien blühen auf, bekämpfen sich gegenseitig und zerfallen, wenn sie nicht zerstört werden; zurück bleibt nur ein Hinweis auf jenen Augenblick voll des Glanzes. Solche Leute haben im kosmischen Plan ihre Aufgabe. Sie sollen die Masse der Menschheit zur Veränderung bewegen oder sie dorthin führen. Mag dies nun mittels Konflikt oder Diplomatie, also über die Kraft oder Form erfolgen – es hat seinen Sinn und Zweck, und sei es nur der, die vegetabilen Menschen aus ihrem Dornröschenschlaf wachzurütteln. In solchen Zeiten langsamer oder plötzlicher Veränderung gewinnt ein Großteil der Menschheit eine vage Vorstellung von der Evolution. Nun erkennt sie, daß das Leben mehr sein kann als der sichere Zustand der Verwurzelung in einem pflanzenähnlichen Dasein. Die Könige von Edom sind in der Tat mächtig; dennoch sind sie nicht Herr über sich selbst. Sie haben zwar einen Willen, doch ist dieser von ihren Begierden beherrscht, die blind dem Prinzip von Anziehung und Abstoßung gehorchen. Sie unterwerfen sich ganz und gar den Launen ihrer eigenen animalen Natur. Ihr Leben ist geprägt von der Notwendigkeit, eine dominante Stellung zu erreichen und zu behaupten. Wenn dann die physischen Kräfte nachlassen, werden sie bald von den jüngeren Königen und Königinnen zu Fall gebracht. In diesem natürlichen Umfeld gibt es nichts Permanentes, und der nach Ewigkeit Suchende hält Ausschau nach einem Weg aus dem Tode heraus in das unsterbliche Leben.

Der Anfang des Weges war nicht leicht zu finden, obwohl es an Spuren nicht fehlte. Der Sucher las und hörte von ihnen, doch niemals fand er eine wirkliche Tür, bis er den Zadek traf, und selbst da mußte er warten, bis die Tür zur ersten Schwelle hin geöffnet wurde. Das Eingehen in den unteren Garten

Edens war für ihn eine wunderbare Überraschung und insbesondere die Entdeckung, daß es noch andere neben ihm gab, die auch das Rote Meer durchquert hatten. In der Geborgenheit der Gruppe ließ ihn sein Realitätsbewußtsein nicht nur zu dem Schluß kommen, daß er wohl doch nicht so verrückt war, wie die profane Welt ihn hinstellte, sondern auch zu der Einsicht, daß es noch eine ganze Menge mehr zu tun gibt, bevor er wirklich und wahrhaftig in das Gelobte Land eingehen kann. Die Schwelle ist mit der Zeitspanne von den vierzig Jahren in der Wildnis symbolisiert. Unter der Führung des Moses der Gruppe hatten er und die anderen nunmehr begonnen, eine neue Generation mit einer neuen Haltung und Einstellung aufzuziehen; indessen schwanden die alten aus Ägypten stammenden Gewohnheiten langsam dahin. Dies alles wurde erreicht durch eine ausgewogene Balance zwischen Studium und Praxis. Die Arbeit war hart, doch vom Himmel fiel täglich Manna, das heißt ausreichende Nahrung für die Zeit der Reise durch die Wüste. Jede Woche am Sabbath trafen sie sich am Berge Sinai von Tiphereth, dem Ort, von dem aus der Maggid sie in Gesetze und Rechtsvorschriften einwies. Manchmal stieg die Wolke am Gipfel herab, und der Heilige Geist von Schekhinah war ihnen nahe, doch sie hob sich immer wieder, schwebte vor ihnen her und führte sie; währenddessen bereiteten sie einen inneren Tabernakel, um IHN für immer zu empfangen.

Zur Vorbereitung gehörte zunächst das Sichbewußtwerden, daß wir einen physischen Körper haben, der gewissen Gesetzmäßigkeiten unterliegt, und daß diese Gesetzmäßigkeiten – wenn auch in mineralischer und organischer Form manifestiert – im Prinzip die gleichen waren, die die Existenz ins Sein gebracht haben. Ein solches Gewahrwerden war wichtig, weil es den physischen Leib in seinen richtigen Kontext innerhalb der Schöpfung stellte und weil es sich mit dem Ansinnen einiger spiritueller Sucher auseinandersetzt, die seinen Platz und Zweck verleugneten. In der Kabbalah wird der Körper niemals abgewertet, gequält oder gar außer acht gelassen, nicht einmal in den erhebendsten Erfahrungsmomenten. Er repräsentiert das untere Gesicht der Leiter Jakobs und ist von daher der Teil, durch den sich der Wille des Himmels auf Erden manifestiert. In seiner reinen Stofflichkeit hat er keine direkte Verbindung zu den höheren Welten. Das ist einer der Hauptgründe, weshalb der Mensch in inkarnierter Form zugegen ist. Durch den Menschen und seine bewußte Absicht werden die mineralischen, vegetabilen und animalen Königreiche in die Lage versetzt, die göttliche Einströmung zu empfangen. Nach außen bezeichnen wir das als Zivilisation und nach innen als Teilhabe an den im Körper des Menschen und seiner animalen Natur enthaltenen mineralischen, organischen und vitalen Ebenen. Soviel hat der Aspirant bis hierhin gelernt – nun heißt es, zur Praxis überzugehen.

Auf den Baum bezogen, ist Malkhuth der Guph oder physische Leib. Auf der erweiterten Weltenleiter verkörpert Malkhuth von Jezirah das zentrale Nervensystem, das heißt Tiphereth von Assiah. Jesod, der Ego-Verstand des jeziratischen Baumes der Psyche, liegt im Brennpunkt vieler psychologischer Facetten oder »Kinder von Israel«, die ausziehen, die komplexe Identität unseres Selbst-Bildes aufzuwerten. Sechshunderttausend Israeliten kamen herauf aus Ägypten. Diese Zahl dürfte die Bandbreite intellektueller Konzepte, emotionaler Komplexe und physischer Gewohnheiten widerspiegeln, die sich durch das Ego manifestieren, ungeachtet der vielen Masken, mit denen sich die Persönlichkeit von einem Augenblick zum anderen schmückt und sie dann wieder ablegt. Alle diese Jesod-Aspekte müssen identifiziert und erkannt werden als Reflexion von Ereignissen, die an anderer Stelle im Baum stattfinden. Darüber hinaus müssen wir uns

darüber im klaren sein, daß die vor dem Auge des Normalsterblichen ablaufenden Dinge unbewußter oder bewußter Natur sein können. Bleiben sie im unbewußten Bereich, so ist die Wahrnehmung nur ein mentaler mechanischer Prozeß.
Studium und Kontrolle von Form und Kraft des unteren jeziratischen Gesichtes zählen zu unseren ersten praktischen Aufgaben. Dazu gehört die Beobachtung der in einer Person vorhandenen vegetabilen und animalen Ebenen. Eine Übung zum besseren Verständnis der vegetabilen Welt ist die Praktik des Fastens. Eine vierundzwanzigstündige Abstinenz von Essen und Trinken gilt als eine alte kabbalistische Technik, die mittlerweile zu einer Buße degeneriert ist. Ihr ursprünglicher Zweck bestand darin, uns die Macht der vegetabilen Lebensabläufe und unsere Abhängigkeit davon vor Augen zu führen. Ohne Nahrung wird dem Körper sowohl die Energie als auch die Form genommen. Das bedeutet, daß Hod und Netzach in Entsprechung der Zellen beziehungsweise Organe nicht ordnungsgemäß funktionieren. Dadurch wird das vegetative Nervensystem des unteren Gesichtes von Assiah in einen Alarmzustand versetzt und greift auf die Reserven zurück. Wenn das Fasten einen bestimmten Punkt überschreitet, werden alle vegetabilen Rhythmen in Unordnung gebracht; es treten unangenehme Erscheinungen wie Kopfschmerzen auf, weil der fein ausgewogene Stoffwechsel des Körpers gestört ist. Während des Fastens sollte der Aspirant nicht nur die Phänomene der vegetabilen Erfahrung zur Kenntnis nehmen, sondern auch die Fähigkeit zur objektiven Beobachtung schulen. Hierzu muß er seine Bewußtseinsebene aus Daath oder dem Wissen seines Körpers und aus dem gleichzeitigen Jesod-Ego heraus nach oben in das Selbst von Tiphereth verschieben. Wenn er dies oft genug schafft, bemerkt er, wie sich das Daath-Jesod-Ego windet unter dem Druck der vegetabilen Seele, die nach Aufmerksamkeit schreit. Er muß wirklich und

wahrhaftig mit dem Ego kämpfen, wenn es ihn zum Essen verleiten will. Und er wird dabei das ganze Ego-Potential kennenlernen – von der direkten Forderung bis hin zur subtilsten Schlauheit. Erfolg und Mißerfolg helfen dem Aspiranten gleichermaßen, seine Willensstärke richtig einzuschätzen. Die Willensstärke ist eine unabdingbare Voraussetzung für sein Weiterkommen bei der Arbeit. Das Fasten ist ein gutes Exerzitium und Training, weil es viele Ebenen des Seins offenbart; es sollte jedoch nicht mißbraucht werden. In der Kabbalah ist eine gute körperliche Verfassung das Beste für jegliches Tun. Haben wir den Sinn der Aufgabe erst einmal verstanden, dann ist sie auch schon erfüllt. »Wir müssen fasten, um zu leben, und nicht leben, um zu fasten« – so ließe es sich in Anlehnung an eine esoterische Maxime formulieren. Das Studium der animalen Seite im Menschen bringt eine kabbalistische Grundhaltung zum Vorschein: Wir müssen eine Beziehung zum Leben haben. Die Kabbalah ist für Menschen, die sich aus der Welt zurückziehen möchten, von geringem Nutzen. Von Zeit zu Zeit ist es sicher notwendig, allein zu sein für Rituale, für ein Gebet oder für Kontemplation in der Zurückgezogenheit; im gesellschaftlichen und öffentlichen Bereich geht es allerdings darum, daß möglichst viel kabbalistische Arbeit geleistet wird, auch wenn sie zumeist unbemerkt bleibt. Als eine Übung zum Studium der animalen Ebene könnte dem Aspiranten aufgetragen werden, auf den Markt zu gehen und dort Geschäfte zu machen. Hier wird er alle Merkmale animalen Verhaltens kennenlernen. Überdies soll er seine Tätigkeit ausüben, ohne sich in Begeisterung, in Gewinn-und-Verlust- sowie in Erfolgseuphorie zu verstricken. Er muß praktisch indifferent sein, dennoch geschickt in Angriff und Rückzug. Er muß ein Gespür für den Markt entwickeln und ständig beobachten, wie das Tier in ihm kämpft oder flieht. Die subtilsten Formen animalen Verhaltens muß er in sich selbst und in den anderen ausfindig machen, damit er lernt wahrzunehmen, was in Wahrheit menschlich ist. Tiere haben beispielsweise kein Gewissen oder Erbarmen. Sie sind wild und »böse«, wenn sie aus Netzach heraus operieren, und einfühlsam, wenn sie aus Hod kommen. Beobachten wir einmal die Veränderung bei einer Katze: vom verschlafenen, lieben Tierchen am Kamin bis hin zum wilden und erbarmungslosen Jäger von Jungvögeln. Der angehende Kabbalist muß wissen, in welcher Triade er steht. Er kann es sich nicht leisten, vegetabiles Wohlbefinden mit Glückseligkeit zu verwechseln beziehungsweise animale Hochstimmung mit Ekstase. Er sollte in der Lage sein, diese beiden organischen Zustände auseinanderzuhalten und sich willentlich über sie hinwegzuheben. Sein Seelenheil hängt nämlich davon ab.

In der Kabbalah werden die vegetabile und die animale Seele gelegentlich in der sogenannten Nephesch oder vitalen Seele zusammengefaßt. Diese natürliche Entität ist auf Assiah beschränkt und nimmt somit den Assiah-Teil des unteren jeziratischen Gesichtes ein. Sie hat die Aufgabe, Zelem oder das Bildnis-Gefäß des inkarnierten Menschen zu füllen, das zur Hälfte zur Welt der Formung gehört. Einige haben es den ätherischen Körper genannt, der beim Tode zerfällt, wenn sich der Baum von Jezirah und der Baum von Assiah trennen. Nephesch bewohnt das obere Gesicht von Assiah. Gleichzeitig gibt es aber auch die mentalen Mechanismen des unteren Gesichtes von Jezirah. Sie operieren in der im jesodischen Ego gelagerten Triade. Auch hier ist ein Betätigungsfeld für den Aspiranten bei seinem Vorbereitungstraining. Zunächst muß er lernen, die Triaden zu identifizieren. Er muß beobachten, wie jeweils zwei davon ihn immerfort nach außen in die Welt von Assiah schauen lassen und weitere zwei ihn zum Reflektieren anhalten. Diese Paare in den Vordergrund zu stellen sollte ihm als Übung aufgetragen werden. So kann ihm beispielsweise als Aufgabe gestellt werden, alle Wurzelbedeutungen der Buchstaben des hebräischen Alphabets zu lernen. Hierbei übernimmt die logische Triade von Hod–Jesod–Malkhuth die funktionale Erfassung der Information, während Netzach–Jesod–Malkhuth die Wiederholung der Übung so lange fortsetzt, bis die Buchstaben und ihre dazugehörigen Begriffsbestimmungen in Jesod verankert sind. Gleichzeitig beginnen die auf der Jesod-Tiphereth-Achse basierenden inneren Triaden zu reflektieren und zu reagieren, während die Vorstellung von den Begriffen, die im Alphabet eingebettet sind, sich langsam herauskristallisiert. Wenn der Aspirant erfährt, daß ein Buchstabe zu jedem Pfad im Baum paßt, also jeweils zwischen zwei Sephiroth steht, dann wird es ihn nicht überraschen zu sehen, wo einige von ihnen angeordnet sind. Er mag beispielsweise richtig vermutet haben, daß der Buchstabe Zadde mit der Bedeutung »gerecht« und »gerade« zu dem Pfad zwischen Jesod und Tiphereth gehört. Und sicherlich ist er auch nicht überrascht herauszufinden, daß der Buchstabe Cheth mit der Bedeutung »Ehrfurcht« und »Zaun« auf dem Pfad von Tiphereth nach Kether liegt.

Diese Erkenntnisse entstammen wohl noch der im Unbewußten schlummernden Erinnerung an jene Ereignisse des Exodus, als Moses zum Herrn sagte: »Das Volk kann nicht auf den Berg Sinai steigen, denn du hast uns verwarnt und gesagt: Zieh eine Grenze [oder Zäune] um den Berg und heilige ihn«, und der Herr sagt zu Moses: »Geh hin, steig hinab und komme wieder herauf, du und Aaron mit dir; aber die Priester und das Volk sollen nicht durchbrechen, daß sie hinaufsteigen zu dem HERRN, damit er sie nicht zerschmettere« (2. Mose 19, 23 ff.). Wenn wir auch diesen Text jahrelang nicht gelesen haben, so wird doch die Fähigkeit von Hod im Zusammenspiel mit Tiphereth über den verbindenden Pfad mit dem

Buchstaben Ain, dessen Wurzel »Studium« bedeutet, die Erinnerung aus einem entfernten Winkel des Gedächtnisses ausgraben und sie auf den Jesod-Bildschirm werfen. Die komplementäre Triade Tiphereth–Netzach–Jesod reagiert sodann heftig und hebt das normale Gewahrsein für einen Moment des Selbst-Bewußtseins von Jesod nach Tiphereth. Derartige Geschehnisse sind Teile der Erkenntnis, die Stück für Stück in ein stetig wachsendes und sich vertiefendes Wissenspuzzle eingefügt werden.

Immer wieder versuchen, von Jesod nach Tiphereth aufzusteigen, ist vielleicht die bedeutendste aller Übungen. Diese Verbindung ist absolut notwendig in jeder ausgeübten Praktik der Kabbalah. Es kann jemand ein wirklich ausgefeiltes Ritual abhalten, unaufhörlich beten, den sephirothischen Baum ein Leben lang betrachten und über ihn nachdenken, doch all dies ist sinnlos, wenn es keine echte Verbindung zwischen Jesod und Tiphereth gibt. Eine einzige Handlung, ein einsames Gebet oder eine einzelne Idee – wenn aus dem Selbst heraus kommend – bringen die höheren Welten in Kommunion. Ohne die Zentrierung des Bewußtseins auf dieses Herz der Herzen kann nichts geschehen. Hier ist der Sitz Salomos. Doch er kann nur zur vollen Realität werden, wenn das Bewußtsein den Pfad des Zadek hinaufgestiegen ist und einen festen Platz im Wesen eines Menschen eingenommen hat. Um diesen Zustand zu erreichen, sind Wille, Geduld, Verläßlichkeit und Training erforderlich.

Dies also ist die Situation, in der sich unser Aspirant befindet. Er hat das Rote Meer durchquert und kann nie mehr zurück, außer als Knecht oder als Maggid.

18. Vorbereitung der Unterweisung

Dem Aspiranten darf erst dann Zugang zu echter kabbalistischer Arbeit gewährt werden, wenn er solide in seinem weltlichen Leben verankert ist und über fundierte Kenntnisse der kabbalistischen Theorie und Praxis verfügt: Er muß also in Malkhuth, Hod, Netzach und Jesod verankert sein. Wenn er in diesen Sephiroth nicht wirklich zu Hause ist, kann er kein Kabbalist sein, denn ohne diese Vorbereitung fehlt ihm die starke Verbindung zu Tiphereth. Wenngleich er auch jetzt schon emporsteigt und momentane Einblicke in die Welt des Geistes erfährt, kann er diese nicht unbedingt willentlich herbeiführen oder sich auf dieser Ebene halten. So steht er immer noch unten zwischen Tiphereth und Jesod im psychischen Reich des erwachenden Bewußtseins. Noch ist er nicht auf dem eigentlichen Weg, der in Tiphereth, dem Tor zum Hause Israel, beginnt.

»Viele sind berufen, doch nur wenige sind auserwählt«, sagte einmal ein Kabbalist, denn nur wer bereit ist, die volle Verantwortung für sein Handeln zu übernehmen, dem ist rechtschaffenes Tun zuzutrauen. Wie bereits gesagt, ist jeder, der sich nicht ernsthaft mit den Ergebnissen seines Handelns auseinandersetzt, eine Gefahr nicht nur für sich selbst, sondern auch für andere. Daher wird der Aspirant in der Kabbalah so lange geschult, bis er die Gesetzmäßigkeiten von Ursache und Wirkung versteht. Diese Schulung ist langwierig und beinhaltet zahlreiche Übungen, damit sichergestellt wird, daß der Aspirant nichts anfängt, zu dem er nicht bereit ist. Denn eines darf nicht vergessen werden: Ein willentlich in die höheren Welten geleiteter Impuls kehrt stets zu seinem Ausgangspunkt zurück. Die jüdische Kabbalah rät normalerweise von solchen

»semimagischen« Handlungen ab. Sie sind nur dann erlaubt, wenn keine andere Vorgehensweise möglich ist, und selbst dann sicherheitshalber stets unter dem Vorbehalt, daß der Herr es so will.

Die Kabbalah kennt die unterschiedlichsten Unterweisungsmethoden, die sich jedoch ausnahmslos einer der drei Betrachtungsweisen zuordnen lassen: der wörtlichen, der allegorischen und der metaphysischen. Diese Kategorien entsprechen den physischen, gefühlsmäßigen und denkenden Aspekten des Menschen, die in den Subtriaden des großen Dreiecks Malkhuth–Hod–Netzach beschrieben werden. Sie alle sind auf Jesod zentriert, und so finden mit der Zeit alle drei Annäherungsweisen Eingang in das neue Fundament, auf daß sich das Ego wandle.

Diese Arbeit löst im Betroffenen oft eine Persönlichkeitsänderung aus, die für Familienangehörige und langjährige Freunde schwer zu akzeptieren ist. Er spielt ihre psychologischen Spielchen nicht mehr mit, und so reagieren sie nicht selten feindselig. Manchmal ist die Veränderung so tiefgreifend, daß langjährige Beziehungen in die Brüche gehen und vielversprechende Berufsaussichten in den Wind geschrieben werden. Das frühe Leben vieler Heiliger und Zadekim belegt dies auf anschauliche Weise.

Doch dies ist nicht das einzige Problem, mit dem ein Aspirant während seiner Vorbereitungszeit konfrontiert wird. Einigen macht auch die Versuchung ihres Ego zu schaffen, die Kabbalah – ja in der Tat jede Art der Überlieferung – als ihr »Privateigentum« zu betrachten. Das ist der erste Prüfstein des neuen Fundamentes. Solche Menschen halten sich für Kabbalisten. Sie spielten die Rolle des jesodisch-mysterisch Allwissenden, obwohl sie doch nur über einen Hauch von Theorie und ein oder zwei praktische Erfahrungen verfügen. Zum Glück wird ihre Oberflächlichkeit schon beim ersten echten

Testfall entlarvt und ihr Selbstbild zum Einsturz gebracht. Für einige mag es sich hier nur um eine vorübergehende Phase jesodischer Euphorie handeln, die den Mißbrauch von Macht demonstriert; andere, vor allem solche mit unlauterer Absicht, mag es davon abbringen, sich weiter in die Kabbalah zu vertiefen. Sowohl in der orthodoxen als auch in der unorthodoxen Tradition gibt es viele solcher Menschen, deren Wachstum im Stadium eines jesodischen Wissensbildes erstarrt ist, das nur einen schwachen Widerschein des lebendigen Wissens von Daath vermittelt.

Versuchungen wie diese lauern überall während der Vorbereitungsphase. Entweder man ist zu sehr mit Information von Hod beschäftigt oder aber mit deren alleinigen Umsetzung in Netzach. Doch beide Sephiroth brauchen einander und können nur dann richtig arbeiten, wenn sie auf der zentralen Säule in Einklang gebracht werden.

Neben diesen kleineren Versuchungen wartet die allergrößte in Tiphereth. Mit ihr wird der Aspirant jedoch erst dann konfrontiert, wenn er zum echten Kabbalisten wird.

Wie die Betrachtung des erweiterten Baumes der Jakobsleiter zeigt, gibt es es fünf Gesichter. Einer Überlieferung zufolge werden diese als die fünf Gärten bezeichnet. Diese übereinander angeordneten Gärten beinhalten jeweils die Gegenwart zweier Welten; dies gilt jedoch nicht für den niedrigsten und den höchsten, denn diese sind rein göttlich beziehungsweise rein irdisch. Von oben herab kommt der Wille Gottes. Er äußert sich als manifeste Existenz und Gnade. Von ganz unten – aus dem ersten Garten – kann der Mensch aufsteigen und in Orte von immer größerer Schönheit und Wahrheit eingehen. Im vierten Garten dann wartet er voll Ehrfurcht, bevor er den fünften Garten der Einheit betritt. Bisher haben wir uns mit den Stadien des Aufsteigens aus dem ersten in den zweiten Garten befaßt. Dieser Ort ist die natürliche Wohnstätte des

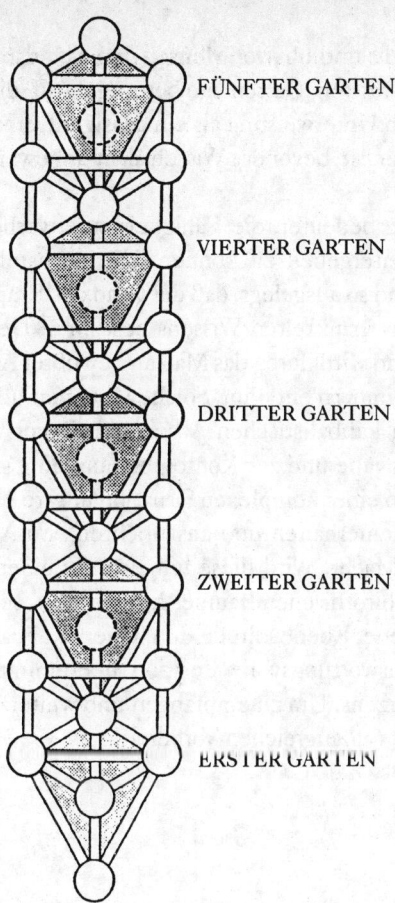

Abb. 17: Fünf Gärten

Die fünf Gärten der Jakobsleiter repräsentieren unterschiedliche Stadien in den vier Welten. Mit Ausnahme der höchsten und niedrigsten Gärten enthalten alle zwei Simultangesichter, eines von der höheren und eines von der niederen Welt, die durch Transformation des niederen Daath in das höhere Jesod konvertiert werden. Der mittlere oder dritte Garten ist ein besonderer Ort: Hier treffen sich drei irdische und drei himmlische Welten.

Ego; hier lernt und übt der Mensch, um sich darauf vorzubereiten, den dritten Garten zu betreten. Auf dieser Ebene vollzieht sich Unterweisung als ein passiver Lernvorgang, der abzuschließen ist, bevor das Wissen aktiv angewendet werden kann.

Vorbereitung bedeutet, die Fähigkeit zu erwerben, empfangen und weitergeben zu können. Die nachstehenden drei Übungen sind so ausgelegt, daß der Grad des Empfangens die Qualität des vermittelten Wissens bestimmt. Der Austausch ist präzise und wird durch das Maß an bewußter Aufmerksamkeit des Aspiranten entlohnt. Solche Übungen führen uns zur eigentlichen kabbalistischen Arbeit hin: Bevor wir zum Ritual, zur Hingabe und zur Kontemplation fähig sind, müssen wir lernen, in einer komplexen Situation unsere Aufmerksamkeit aufrechtzuerhalten und auszurichten. Wo Aufmerksamkeit ist, ist Macht. Wird diese unbeirrt auf einen beliebigen Teil des sephirothischen Baumes konzentriert, so arbeitet die angesprochene Ebene direkt durch den Kabbalisten. Eine derart verantwortungsvolle Position übernimmt man nicht leichten Herzens. Um zu empfangen und weiterzugeben, bedarf es einer umfangreichen Vorbereitung.

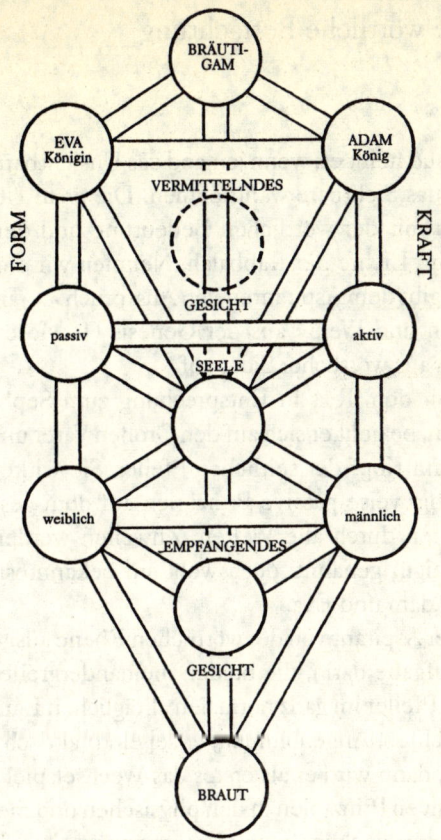

Abb. 18: Männlich und weiblich

Anhand der hier gewählten Darstellungsweise der positiven und negativen Aspekte des Baumes wird deutlich, wie tiefgründig und bedeutungsvoll der Satz »... und schuf sie als Mann und Weib« ist. Das Zusammenspiel der beiden Pole ist lebenswichtig für den Fortbestand des Universums. Ihre Konflikte, ihr Sichergänzen und Sichvereinigen verleihen allen Wesenheiten, der Zeit und den darin enthaltenen Orten Kraft und Struktur. Die zentrale Säule ist der Bereich ihrer Vereinigung.

19. Die wörtliche Betrachtung

Im Talmud heißt es, wenn jemand das Unsichtbare sehen will, muß er das Sichtbare wahrnehmen. Die erste Übung befaßt sich also mit der wörtlichen Bedeutung und dem irdischen Dasein im Lichte der Kabbalah. Nehmen wir einmal an, der Maggid gibt dem Aspiranten den Ausspruch »... und schuf sie als Mann und Weib« aus der Genesis (1. Mose 1, 27) zum Studium aus wörtlicher Sicht auf.

Wenn wir den Text in Entsprechung zum Sephiroth-Baum anordnen, bezieht er sich auf den Großen Vater und die Große Mutter am Kopf der seitlichen Pfeiler. Sie wirken als aktive beziehungsweise passive Prinzipien auf dem gesamten Weg nach unten durch alle Welten. Zuweilen werden sie König und Königin genannt, doch wohl am bekanntesten sind sie uns als Adam und Eva.

Wenn der Aspirant von der wörtlichen Ebene ausgeht, besteht seine Aufgabe darin, die beiden ineinandergreifenden funktionalen Pfeiler im ganz normalen alltäglichen Lauf der Dinge zu betrachten. Angenommen, er sei ein praktisch veranlagter Mensch, dann wird er als erstes das Wechselspiel der aktiven und passiven Prinzipien in den physischen und mechanischen Abläufen entdecken. So wird er erkennen, daß die Funktion aller Maschinen auf der Interaktion von Kraft und Form beruht. Kein Verbrennungsmotor kann beispielsweise ohne die Kraft seines Treibstoffes arbeiten, wobei dieses positive Prinzip durch ein negatives, nämlich die Einschränkung durch die Umgebungswände der Verbrennungskammer, ergänzt wird. Wenn das hochexplosive Gemisch nicht in Schranken gehalten würde, ginge die Energie für den Motor verloren. In unserem Fall enthält der weibliche Hohlraum des Zylinderblocks den männlichen Ausbruch des sich schnell ausdehnenden Gasgemisches und wandelt es in manipulative Form und Kraft um. Dies alles geschieht unter der Regie des Ingenieurs, des Vertreters der dritten und mittleren Säule des Bewußtseins. Um welche Art von Maschine es sich handelt oder wie komplex sie auch immer sein mag, ist dabei nicht von Belang. Sie muß immer dem Gesetz der positiven und negativen Interaktion folgen. Ob wir beispielsweise einen einfachen elektrischen Draht mit dem Energiefluß durch seine Form betrachten oder eine komplizierte Rakete, die zum Mond fliegt – beide machen sich die gleichen aktiven und passiven Prinzipien zunutze.

Das nächste, was der Schüler der wörtlichen Kabbalah untersuchen könnte, wäre die organische Welt. Auch hier stößt er wieder auf die männlichen und weiblichen Prinzipien. Die meisten Pflanzen, die er entdeckt, enthalten einen männlichen und weiblichen Aspekt, wie es sich in Stigma (Narbe der Blütenpflanzen) und Stamen (Staubblatt) manifestiert. Das erstere trägt im Gynäzeum die weiblichen Blütenorgane einer Blume, während das letztere den männlichen Pollen produziert zwecks Befruchtung ebendieser oder auch einer anderen Pflanze dergleichen Spezies, so daß die Reproduktion stattfinden kann. Diese männlich-weibliche Polarität zieht sich durch das gesamte Pflanzenreich und schlägt sich nieder in einem äußerst komplexen Interaktionsprozeß auf vielen Ebenen zwischen den anorganischen und organischen Welten. Für den Aspiranten, der von Beruf vielleicht Wissenschaftler ist und von daher für die Aufgabe ein hohes Maß an materiellen Kenntnissen mitbringt, stellt diese kabbalistische Übung kein Problem dar; er sieht den Baum förmlich bei seiner Arbeit, denn beim Blick durch das Elektronenmikroskop schaut er bis an die Grenze dessen, wo sich in Wellen und Teilchen eingebettete Kraft und Form im absoluten Nichts auflösen – dem unteren Ende der Leiter des Jakob also. Auch wenn der Aspirant kein Wissenschaftler ist, so kann er trotzdem die Manifestation des männlichen und weiblichen Prinzips in der normalen Welt um ihn herum studieren. Sicher hatte er seit seiner Kindheit beobachtet, daß sich das animale Reich in Geschlechter aufteilt, wobei jede Kreatur entweder zum einen oder zum anderen gehört. Eine derartige Zuordnung wird einfach als gegeben hingenommen, so daß ihre volle Bedeutung oft verlorengeht. Selbst eine geringe Erfahrung mit Haustieren oder mit Tieren auf dem Bauernhof lehrt uns bald, daß die männlichen im großen ganzen stärker und aggressiver als die weiblichen sind; letztere sind in der Regel ruhiger und kleiner, außer wenn sie Junge haben. Dieser Unterschied im geschlechterspezifischen Verhalten ist ziemlich ausgeprägt und berührt ganze Kolonien von Tieren; ihre soziale Ordnung befindet sich nämlich in einer konstanten Polarisierung. Beispiele hierfür sind die Absonderung von geschlechtsreifen Bullen und Elefantenkühen oder die Entenpaare, die sich ein Leben lang treu sind. Dieses Kraftpotential von Spannung und Anziehung zwischen männlichen und weiblichen Kreaturen bringt eine Vielzahl von Nebeneffekten hervor, die von dem kunstvollen Wassertanz einiger Fischarten über die auffällige Balz des Pfaus, das Bauen von Nestern und Höhlen bis hin zur Fürsorglichkeit von Affeneltern reichen. Für den angehenden Kabbalisten ist dies eine materiell sichtbare Fundgrube von Informationen zum Wechselspiel der zwei äußeren Pfeiler der Kraft und der Form.

Wenn der praxisorientierte Kandidat zum Studium der Menschheit gelangt, stellt er bald fest, daß die Welt des Menschen und ihr biologischer Aufbau sowohl das vegetabile als auch das animale Reich umschließen und die Strukturen der Menschen den gleichen männlich-weiblichen Polaritätsprinzipien unterliegen. Neben den offensichtlichen sexuellen Unterschieden gibt es eine ganze Reihe sozialer und ökonomischer Komponenten, die Arbeit, Spiel und Status bestimmen. In einigen Gesellschaftsformen führt dieser Unterschied de facto zu einer Trennung der Geschlechter, die nur zur Paarung aufgehoben wird. In etwas höher entwickelten Gemeinschaften finden wir eine Mischung, trotzdem ist die Trennlinie immer noch in der Brautwerbung und oft auch in der Berufswelt vorhanden. Der Krieg zwischen Mann und Frau ist ein vertrautes Spiel in der westlichen Gesellschaft. Auch wenn er genug Stoff zur Unterhaltung liefert, handelt es sich in Wahrheit um einen verbissen ausgetragenen Wettkampf sowohl am Arbeitsplatz als auch zu Hause. Das mittelalterliche Buch der höfischen Liebe und die darin beschriebenen Sitten und Gebräuche mögen zwar altmodisch sein, doch die Grundsätze basieren auf den gleichen Kräften, die zwischen Mann und Frau seit der Steinzeit wirken. Dem aufmerksamen Kabbalisten veranschaulicht dies insbesondere das Spiel der beiden Pfeiler in der großen unteren Triade von Hod–Netzach–Malkhuth mit Jesod in ihrer Mitte. Auf dieser Ebene ist der einzelne weitgehend unbeteiligt am Geschehen, weil die Betroffenen zumeist in einem unbewußten organischen Impuls verfangen sind, bei dem die Vermehrung der Spezies und nicht die persönliche Beziehung im Vordergrund steht. Eine solche Betrachtungsweise sollte keinesfalls als Kritik aufgefaßt werden, sondern vielmehr als eine unparteiische Darstellung dessen, daß die auf ihrer natürlichen Entwicklungsstufe stehende Menschheit sich nicht so sehr mit dem einzelnen befaßt, sondern vielmehr mit der Erhaltung und Vervollkommnung der Spezies Mensch.

Beim Übergang vom rein biologischen zum biopsychologischen Aspekt der alltäglichen Welt um ihn herum wird der buchstabengetreue Kabbalist gewahr, daß die Gesellschaft von dem männlich-weiblichen Prinzip völlig durchdrungen ist. Bereits in sehr jungen Jahren bringt man den Kindern direkt oder indirekt bei, wie sie als Mann und Frau agieren sollen. Die Jungen kopieren ihre Väter und die Mädchen ihre Mütter, in der Werkstatt oder in der Küche, zu Hause oder in der Öffentlichkeit, in Zeiten der Krise oder der Ruhe. Gibt es im Leben eines Kindes keinen eindeutigen Vater und keine Mutter in dem Sinne, dann sucht es sich eine andere Bezugsperson und projiziert die Rolle auf sie, so daß sich das Kind in seiner Entwicklung an dem männlichen beziehungsweise weiblichen Erwachsenen orientieren kann.

Jede Gesellschaft bewahrt und schützt die Rolle von Mann und Frau in ihrem sozialen Umfeld nicht der bloßen Tradition halber, sondern weil sie für die Gemeinschaft von fundamentaler Bedeutung ist. Dies geht zurück auf die männlichen und weiblichen Teile im kollektiven Unbewußten wie auch in der Biologie. Die biosoziale Polarisierung tritt in der Art und Weise auf, wie eine Gemeinschaft zum Matriarchat oder zum Patriarchat tendiert – je nachdem, welcher der äußeren Pfeiler im Baum der Gruppe stärker betont ist. Ein weiteres Zeichen für die Projektion der in uns wohnenden Männlichkeit/Weiblichkeit finden wir in der Elternrolle, in die die Führer einer Gemeinschaft gerne gestellt werden. Ungekrönte Könige und Königinnen gibt es in vielen Gesellschaften trotz deren demokratischer Verfassung, und dies beruht auf dem fundamentalen Bedürfnis nach einer großen Vater- beziehungsweise Mutterfigur. Dieser Ruf ist allenthalben spürbar, weil er auf der sozialen und politischen Ebene die kollektive unbewußte Antwort ist auf die großen Archetypen von Animus und Anima in Körper und Psyche der Menschheit. Mit biblischen Worten gesprochen: Adam und Eva.

Diese beiden großen Archetypen strahlen in einer Gemeinschaft eine ungeheure Macht aus, die nicht nur die Beziehung zwischen den Geschlechtern bei der Arbeit und im Spiel ordnet und kontrolliert, sondern auch die gesamte Ausgewogenheit und das Wohlergehen einer Gesellschaft bestimmt. In gewissen Augenblicken der Geschichte kann der Animus Kriege anzetteln oder Perioden höchster Kreativität einläuten, während das Gewicht auf der Anima oder weiblichen Seite die Völker zu einer eher konservativen und friedfertigen, jedoch starren Epoche tendieren läßt. Alle Nationen pendeln hin und her zwischen männlichem und weiblichem Pfeiler; dies findet seinen Ausdruck in der jeweiligen Politik, den Künsten und der Lebensart. Wenn der nationale Baum vollständig aus seinem Gleichgewicht gerät, werden die aktiven und passiven Rollen in einer Gemeinschaft vermischt. In der Gesellschaft geht dies oftmals mit vielen sexuellen und moralischen Abweichungen von der Norm einher, während die politischen Extremisten der Revolution (aktiv) und der Reaktion (passiv) die Gemeinschaft zerreißen. In Deutschland geschah dies in der Zeit zwischen den beiden Weltkriegen. Ein Kabbalist ist mithin in der Lage, wenn er Zeitungen, Trends und Stimmungen in einem Land genau beobachtet, das aktive und passive Gleichgewicht seines nationalen Baumes zu erkennen und daraus seine jeweilige Stabilität und Vitalität abzuleiten.

Auf der persönlichen Ebene kann der wörtliche Ansatz den Beobachter weg vom sozialen und hinein in den rein psychologischen Bereich führen. Während der Aspirant seinen alltäglichen Pflichten und Vergnügungen nachgeht, lernt er, die von den Menschen angenommenen aktiven und passiven Rollen zu identifizieren. Einige, so erkennt er, wechseln von einer zur anderen; sie sind weiblich beim Zuhören und männlich beim Sprechen. Manch einer beansprucht unabhängig von seinem Geschlecht stets ein und denselben Pfeiler: Ein Mensch kann eine reflektierender Denker sein, ein anderer paßt sich vielleicht allzusehr an und ist passiv oder übergenau, so daß er bei seinen Kollegen als »Streber« angesehen wird. Weiterhin gibt es da eine hochbegabte junge Frau, die aber, wo immer sie auftritt, zuviel Wirbel entstehen läßt, wohingegen eine andere aktiv mitarbeitet und dabei ruhig und effizient ist. Bei den meisten kristallisieren sich diese verschiedenen Rollen vorwiegend nur an einem einzigen Pfeiler, wie der Aspirant bald herausfindet, wenn der Maggid seine Aufmerksamkeit auf seine eigenen festgefahrenen Gewohnheiten und psychischen Verhaltensmuster lenkt. Für den Schüler kommt es an diesem Punkt gewöhnlich zu einem Schock, glaubte er doch, auf dem einen Pfeiler ausgerichtet zu stehen, während in Wirklichkeit der andere dominierte.

In Anbetracht des zuvor Gesehenen wird der Aspirant dann allmählich tiefer und tiefer in seinem Inneren die Parallelen zu den aktiven und passiven Verhaltensweisen sowie deren Reaktion auf sich selbst, auf andere Menschen und Situationen gewahr werden. Diese Einblicke dürften ihm zu einem immer klarer werdenden Bild seiner eigenen inneren Welt verhelfen, wenn er die maskulinen und femininen Aspekte jeder einzelnen Sephirah aus seinem Baum von Jezirah aufdeckt. So findet er beispielsweise plötzlich heraus, daß sich seine emotionalen Beurteilungen gerne in den Vordergrund drängen und er auf diese Weise zu voreiligen Schlüssen neigt. Oder sein Netzach ist passiv, weshalb er seine Kraft zur Verwirklichung von Ideen, die aus der Aktivität von Hod zurückgeworfen werden, verliert. Mit der Hilfe von Tiphereth und seinem Maggid sollte er diese Ungleichgewichtung korrigieren können und lernen, wie jede Sephirah in ihren männlichen und weiblichen Aspekt umgepolt werden kann. Es erfordert viel Zeit und Praxis, bis wir von einer äußeren Manifestation auf das, was tief in der Psyche vor sich geht, schließen können. Dieser Prozeß ist die Umkehr des Unbewußten in das Bewußte. Dadurch gewinnt die mittlere Säule Kontrolle über die mentalen Abläufe, die durch die automatische Interaktion der männlichen und weiblichen Seitenpfeiler bestimmt werden.

Oberhalb des persönlichen Bewußtseinsbereiches liegt die Sphäre des in Tiphereth zentrierten Selbst-Bewußtseins. Der die Sephiroth Jesod, Hod, Netzach, Chesed, Geburah und Daath umschließende Kreis enthält die Triade der Seele oder Neschamah. Mit der Entdeckung des männlichen und weiblichen Prinzips erhalten wir eine größere Einsicht in das Wesen der Seele – wenn auch beim wörtlichen Ansatz nur in spekulativer Form. Die Seele befindet sich exakt in der Mitte zwischen dem oberen und unteren Gesicht des Jezirah-Baumes; von daher ist sie der Mittler zwischen der Welt des Geistes von Beriah und der Materie von Assiah. Wie wir noch sehen werden, nimmt sie einen neutralen Platz zwischen dem maskulinen oberen Gesicht und dem femininen unteren Gesicht ein; hier sprechen wir von einer vertikalen Darstellung der aktiven und passiven Rolle. Die Anbindung der Triade der Seele an die zwei äußeren Pfeiler verleiht ihr die horizontale Polarisierung, so daß die Seele entweder aktivierend nach unten oder rezeptiv nach oben teilhaben kann. In der kabbalistischen Arbeit übt sie oft beide Rollen gleichzeitig aus; sie ist der Prozessor für den Empfang und die Weitergabe des Flusses den Baum hinunter. Diese einmalige Konstellation ergibt sich aus der einfachen Logik des Baumbildes, das eine weitere Form der wörtlichen Annäherungsweise darstellt.

Betrachten wir das männliche und weibliche Prinzip auf einer Ebene darüber, so gilt hier oben wie auch im Menschen für seine spirituelle Arbeit das gleiche, was in der physischen Welt dort unten festgestellt wurde. Die Große Mutter Binah und den Großen Vater Chokhmah in das Bewußtsein des Aspiranten zu bringen ist Teil der Aufgabe, denn je näher Adam und Eva zusammengeführt werden können, desto größer ist die Harmonie im Kabbalisten. Die Überlieferung sagt, daß die Ehe zwischen unseren Ur-Eltern nicht immer harmonisch sei. Mal stehen sie Rücken an Rücken, mal schaut nur einer von beiden den anderen an. Der Kabbalist muß erreichen, daß sich der himmlische König und die himmlische Königin von Angesicht zu Angesicht gegenüberstehen, denn erst dann kann ein Erkennen stattfinden. Auf der Ebene des Körperlichen geschieht dies, wenn sich Mann und Frau unter den richtigen Bedingungen vereinigen und der Wille Gottes die mittlere Säule entlang herabsteigt und durch alle Welten dringt, um eine Befruchtung in Assiah herbeizuführen. Ein ähnlicher Prozeß findet in Jezirah statt durch Befruchtung einer Seele mit dem potentiellen Samen einer Neschamah. Einige Überlieferungen sprechen von einer Wiedergeburt, die durch Wandlung und Anhebung des Bewußtseins aus dem zweiten in den dritten Garten des erweiterten Baumes erfolgt. Ein derartiges Geschehnis ist das Ergebnis der Arbeit von unten und der Gnade von oben, wobei das männliche und weibliche Prinzip horizontal und vertikal innerhalb des psychischen Baumes eines jeden einzelnen wirken. Die nächste Stufe ist das Empfangen des in Daath von Jezirah – gleichzeitig auch Jesod in Beriah – manifestierten Geistes. Genau hier, zwischen und unterhalb von Adam und Eva der Psyche, findet das Ereignis statt, indem sich die innere Männlichkeit und Weiblichkeit eines Menschen zur spirituellen Erfüllung und Verschmelzung treffen.

Der auf diesen wörtlichen Weg geschickte Aspirant dürfte inzwischen viel neues Wissen gesammelt haben. Beim Studium der faktischen Welt und ihrer Phänomene sollte er etwas von dem nur mit dem Geist erkennbaren Reich erfahren haben, das jenseits des Horizontes unserer physischen Augen liegt eingedenk der talmudischen Anordnung über die Art und Weise, wie alles Unsichtbare zu beobachten ist. In seiner anschließenden Arbeit mit dem Maggid überträgt der Schüler das Material langsam aus der physischen auf die psychische und von da weiter auf die spirituelle Ebene, damit er allmählich erfährt, welche männlichen und weiblichen Teile er in sich trägt und wie diese funktionieren. Dann erkennt er ihre Arbeitsweise in der gesamten Menschheit und durch alle Welten hindurch. Vielleicht reicht schon ein solcher Einblick aus, um ihm zu zeigen, wer Adam und Eva sind und was die biblischen Worte »und schuf sie als Mann und Weib« in Wahrheit bedeuten. In Momenten wie diesen wird der wörtliche Sinn in einen mystischen verwandelt, und die Braut von Malkhuth empfängt den Bräutigam von Kether.

20. Die allegorische Betrachtung

Die zweite Methode der Unterweisung des Aspiranten basiert auf der Allegorie. In der nachstehenden Übung werden die biblischen Patriarchen dem Baum zugeordnet. Man nennt diese die sieben Hirten, und es heißt, ihr Leben stünde jeweils für eine der unteren Sephiroth. Für den Kabbalisten läßt ihre Zuordnung nicht nur zahlreiche Rückschlüsse auf die Hirten selbst zu, sondern gleichzeitig einen allumfassenden biblischen Plan auf den Bühnen des spirituellen Wachstums und der inneren Welt der Jezirah-Psychologie erkennen.
Beginnen wir mit Malkhuth. Hier wird das Symbol des Königs David als Beispiel für einen Menschen verwendet, der trotz seiner kraftvollen animalen Natur in direkter Verbundenheit zu den höheren Welten steht: Der Sieg über den Riesen Goliath ist eine allegorische Darstellung seines Glaubens an Gott im Kampf mit seinem Körper und seinem Ego. Dennoch unterliegt er von Zeit zu Zeit seinen Leidenschaften wie in seiner Beziehung zu Urijas Frau Batseba. Doch aus dieser Vereinigung entsteht Salomo. Aus einer offensichtlichen Sünde erwächst die Möglichkeit zur spirituellen Entfaltung. Weil er sich selbst und den Herrn vergißt, darf David den Tempel zwar nicht selbst errichten, sein körperlicher Einsatz verleiht jedoch seinem Sohn die Sicherheit und den Wohlstand zur Vollendung dieser Aufgabe. Interessant ist auch, daß sich David – dessen Name der »Mann nach Gottes eigenem Herzen« bedeutet – des Thrones von Saul, dem ersten König von Israel, bemächtigt: eine weitere Wandlung aus dem rein animalen Zustand in einen, der über ein gewisses Fundament in der nächsthöheren Welt verfügt. Der Überlieferung zufolge sollte aus der Linie Davids der Messias geboren werden. Im

Lichte der Kabbalah betrachtet, ist diese Geschlechterfolge die mittlere Säule, die sich zwischen Erde und Himmel erstreckt. Diese »Säule der Heiligkeit« ist die Achse des emporsteigenden Bewußtseins und des herabsteigenden Willens und der Gnade der Barakhah.

Eine Stufe weiter oben auf dem Baum von Jezirah liegt Jesod. Hierher gehört Josef, das Symbol des Ego. Sein Name bedeutet »Zufüger« oder »Mehrer«. Als Sohn Rahels wurde ihm nicht nur die besondere Liebe Jakobs zuteil, der ihm einen vielfarbenen Mantel schenkte, sondern er wurde auch von der Natur mit außergewöhnlicher Schönheit und Begabung gesegnet. Hierdurch geriet er in große Schwierigkeiten mit seinen Brüdern, besonders nachdem Josef in einem Traum sah, wie sich diese vor ihm verneigten. Wegen seiner Eitelkeit wurde das Ego (Josef) trotz seiner besonderen Beziehung zu seinem Selbst (dem Vater) nach Ägypten gebracht, um dort im unteren Gesicht von Assiah als Sklave verkauft zu werden. Dies ist eine perfekte allegorische Beschreibung der Funktion und der Problematik von Jesod: Erhebt das Ego Anspruch auf die Vormachtstellung, gerät es schon bald in Schwierigkeiten. In Josefs Fall haben wir es mit jugendlichem Fehlverhalten aufgrund von Unerfahrenheit zu tun. In Ägypten war er ein guter und getreuer Diener, denn er wies die Avancen der Frau seines Herrn zurück, womit er Reife bewies und daß er den sexuellen Aspekt von Jesod unter Kontrolle hatte. Diese Kraft hat wesentlichen Anteil an der Dynamik und dem Selbstbild des Ego. Im Gefängnis verhelfen ihm seine traumdeuterischen Fähigkeiten zu Vorteilen und relativer Freiheit, nachdem er die Bedeutung der Träume des Pharao erläutert hatte. Hier versinnbildlichen die fetten und die mageren Ähren und die fetten und die mageren Kühe Jahre der Barmherzigkeit und dann Jahre der Härte oder Überfluß und Hungersnot auf den vegetabilen und animalen Ebenen von Assiah. Im

Anschluß an seine Deutung empfahl Josef, einen klugen und weisen Mann über Ägypten zu stellen, um überschüssiges Korn und Vieh aufzubewahren und damit die beiden äußeren Pfeiler des wirtschaftlichen Baumes von Ägypten ins Gleichgewicht zu bringen. Der Pharao setzte daraufhin Josef in dieses Amt ein. Er steckte ihm seinen Siegelring an die Hand, kleidete ihn in edle Gewänder und legte eine goldene Kette um seinen Hals. Er war zwar noch ein Diener, doch nun der höchste im Land, und er fuhr im zweiten Wagen nach dem Pharao. Schon bald nahm sich Josef eine ägyptische Frau (das heißt, er nahm eine Persona an), holte seinen Vater und seine Familie nach Ägypten, wo sie eine physische Existenz führen konnten. Dies entspricht genau der Stellung und Funktion des Ego als Mittler zwischen der natürlichen Welt von Assiah und der inneren Welt des Selbst. Sofern das Ego als ergebener Diener agiert, kann es auf sichere Weise Luxus, Status und Bildung erlangen und genießen; doch durch seine außerordentlich verantwortungsvolle Rolle ist es zahlreichen Versuchungen ausgesetzt, die gemeinsam mit vielen liebgewonnenen Gewohnheiten in der Wüste Sinai – zwischen Jesod und Tiphereth – sterben müssen.

Im Baum der sieben Hirten stehen Moses und Aaron in Hod und Netzach. Hier werden sie als zwei Brüder oder funktionale Ergänzungen behandelt, wobei Aaron die passive Rolle von Hod und Moses die aktive Rolle von Netzach zukommt. Aaron war für seine Beredsamkeit bekannt – eine Begabung von Hod, der Sephirah der Kommunikation. Ihm wurde auch das Amt des Priesters übertragen; das bedeutet, daß er als Sephirah am Fundament der Säule der Form den Pfeiler der Tradition repräsentierte. Im Gegensatz dazu handelte Moses, der Prophet, vom Pfeiler der Offenbarung aus. Diese beiden seitlichen Pfeiler stellen die Balance in dem Wege dar, der über die mittlere Säule hinauf- und herabführt. In der Kabba-

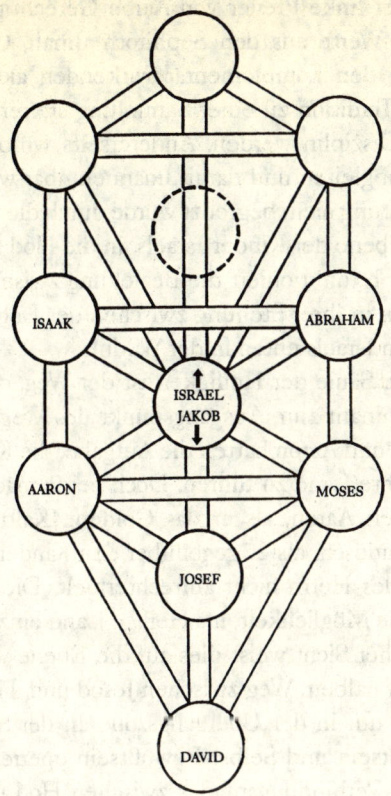

Abb. 19: Die sieben Hirten

Leben und Charakter der Patriarchen sehen Kabbalisten als Allegorien der sieben unteren Sephiroth: David versinnbildlicht den erdhaften Menschen in Malkhuth und Josef den Verwalter in Jesod. Auf der mittleren Säule steht Jakob, der zu Israel wurde und damit sein Wesen aus dem unteren ins obere Gesicht transformierte. Aaron und Moses fungieren als Priester und Prophet, das heißt als passive beziehungsweise aktive Mittler, während sich Isaak und Abraham dem Gebet und der Andacht hingeben und aus der Furcht und Liebe Gottes heraus handeln.

lah heißt der linke Pfeiler von Aaron Gerechtigkeit. Er bezieht seine Werte aus den Sephiroth Binah, Geburah und Hod. Ohne den komplementär wirkenden aktiven Pfeiler würde die Tradition zu einer Sammlung starrer Regeln und strengster Disziplin werden. Andererseits würde die Arbeit ins Irreale abgleiten und damit unannehmbar werden, wenn die Offenbarung nicht begrenzt würde durch die Tradition auf der Jesod-Ebene der Kinder Israels, in die Hod und Netzach einfließen. So funktioniert die Beziehung zwischen den beiden Brüdern in ihrer Stellung zwischen der Lehre oben und den Kindern Israels unten in der Wildnis.

Die mittlere Säule der Heiligkeit ist der Weg, oder sie führt zumindest hinauf zum Ausgangspunkt des Weges in Tiphereth. Moses und Aaron hatten die Aufgabe, die Kinder Israels in das Gelobte Land zu führen. Doch beide machten gravierende Fehler: Aaron, als er das Goldene Kalb zuließ, und Moses in Kadesch, als er gegenüber den Kindern Israels die Heiligkeit des Herrn nicht aufrechterhielt. Dies brachte sie beide um die Möglichkeit, ins Heilige Land einzugehen. Aus kabbalistischer Sicht weist dies auf die Ebene von Hod und Netzach auf halbem Weg zwischen Jesod und Tiphereth hin. Sie können nur in der Übergangszone an der Schwelle von Ego-Bewußtsein und Selbst-Bewußtsein operieren, die sich entlang des Verbindungspfades zwischen Hod und Netzach erstreckt. Psychologisch gesehen, geschieht dies dann, wenn die von Aaron kommende theoretische Unterweisung und die von Moses geleistete praktische Arbeit wirksam werden und das suchende Kind Israels dann über die Grenze heben, die die Wüste vom Gelobten Land trennt. Es ist interessant festzustellen, daß die Israeliten zweimal ihr Lager in Kadesch aufschlugen – der Name bedeutet »heilig« oder »ungewöhnlich« – und ihnen der Zutritt ins Heilige Land zweimal verwehrt blieb, obwohl sie sich unmittelbar an seiner Grenze befanden. Dies versinnbildlicht die Momente der Einsicht und die Schwächen, die den Aspiranten zur Umkehr in die Wüste veranlassen, auf daß er sich dort erneut einem Prozeß der Läuterung unterziehe.

Moses und Aaron leisteten ihren Beitrag, um die Kinder Israels mit Hilfe der Feuer- und der Wolkensäule auf dem mittleren Pfeiler aus Ägypten herauszuheben. Auch jetzt noch haben sie die Aufgabe, allen natürlichen Weggenossen, Wanderern oder Ivrim – der hebräische Namen für Hebräer – zu helfen. Aus einem Dasein als Nomaden und Knechte ohne eigenes Land, das heißt als Suchende ohne Zuflucht in der profanen Welt, wurden die Israeliten in ihre wahre Heimat geführt. Dies war das Land aus der Verheißung an Jakob, Isaak und Abraham, die die Triade der Seele bilden.

Wie Moses und Aaron ergänzen sich auch Isaak und Abraham gegenseitig, hier jedoch auf der emotionalen Ebene von Geburah und Chesed. Isaak verehrte Gott in Furcht und Abraham in Liebe. Abraham war Gottes Freund, Isaak sein pflichtgetreuer Gefolgsmann. Beide Aspekte manifestieren sich im Beweis und Akt der Hingabe. Abraham wurde auf die Probe gestellt, als er Isaak zum Opfer darbringen sollte. Durch seine Liebe zu Gott und Isaaks Ergebenheit bestanden die beiden ihre qualvolle Prüfung und erlangten eine besondere Beziehung zu ihrem Schöpfer. Dies ist ein Beispiel aus der Triade der Mildtätigkeit, bestehend aus Geburah, Chesed und Tiphereth. Diese drei Sephiroth bilden die Seele oder Neschamah. Gemeinsam füllen sie den Bereich zwischen Nephesch des natürlichen Menschen und Ruach des Geistes, die beim inkarnierten Menschen im unteren Gesicht von Beriah, der Welt der Schaffung, ihren Wohnsitz haben. Wie das emotionale Gleichgewicht zwischen mäßigender Disziplin und erbauender Hingabe stehen Isaak und Abraham dem Jakob zur Seite, der vor dem Tor des Hauses Israel angelangt ist. Man könnte sie auch als zwei Engelwesen betrachten, die über den Weg ins höhere Eden – der von Adam und Eva beim Abstieg in die natürliche Welt durchtrennt wurde – wachen und den Wanderer geleiten.

Isaak ist der Teil von uns, der das Gericht ausübt, und Abraham repräsentiert die Barmherzigkeit. Psychologisch betrachtet, haben wir es hier zum einen mit den passiven emotionalen Komplexen zu tun, die für Zurückhaltung und Bewahrung sorgen, und zum anderen mit den aktiven Verhaltensweisen, die die emotionale Welt öffnen und erweitern. Stark von Isaak geprägte Menschen neigen zu strikter Disziplin und weichen nur selten von althergebrachten Traditionen ab. Solche, in denen Abraham dominiert, sind dagegen attraktiver, wenn auch manchmal etwas übertrieben in ihrer Überschwenglichkeit. Wie überall ist Balance unentbehrlich. Es ist interessant, daß der Lichtblitz bei seiner Entfaltung den Baum hinab zunächst auf Abraham trifft und ihm seine Offenbarungen zuteil werden läßt, bevor er zu Isaak auf der Säule der Form gelangt. Der Impuls pflanzt sich dann zum dritten der großen Patriarchen, Jakob, in Tiphereth fort.

Bevor Jakob zu Israel wurde, hatte er das Geburtsrecht, mußte sich jedoch noch in Tiphereth etablieren. Sieben Jahre lang hatte er im Dienste seines Onkels Laban gearbeitet, jedoch nicht nur um des Lohnes, sondern auch um der schönen Rahel willen. Er war überrascht, als man ihm Lea, ihre ältere und weniger begehrenswerte Schwester, zur Frau gab: Das bedeutet, er mußte neben dem angenehmen auch den unangenehmen Teil seiner Unterweisung akzeptieren. Doch weil er Rahel über alle Maßen liebte, war er bereit, weitere sieben Jahre zu arbeiten und seine Abmachung zu halten. Auf diese Weise beglich er gleichzeitig die Schuld, die er durch die Übernahme von Esaus Stellung als Erstgeborener auf sich geladen hatte.

Jakobs Gesellenzeit blieb für ihn selbst durchaus nicht ohne Nutzen. Während er sich mit den häuslichen Problemen seiner Frauen auseinandersetzen mußte – das heißt mit psychischen Krisen sowohl innerer als auch äußerer Art –, wurde er trotz der Versuche Labans, ihn zu hintergehen, mit Hilfe des Herrn wohlhabend. (»Man muß klug wie eine Schlange und zugleich unschuldig wie eine Taube sein«, sagte einmal ein Maggid.) Mit der Trennung von seinem Schwiegervater begann seine Initiation in die Meisterschaft, symbolisiert durch seinen Kampf mit dem Engel.

Bei seiner Rückkehr nach Kanaan mußte Jakob seinem Bruder Esau gegenübertreten. Diese Begegnung war Teil seiner Prüfung. Er rief Gott um Beistand an und schickte seine Familie voraus, so daß er ganz allein zurückblieb. In jener Nacht kämpfte er mit einem Mann. Neben diesen Worten liefert die Bibel keine weitere Beschreibung. Sie kämpften, bis die Morgenröte aufgestiegen war, und der Mann sagte: »Laß mich gehen, denn die Morgenröte bricht an.« Doch Jakob antwortete: »Ich lasse dich nicht, du segnest mich denn.« Der Mann fragte Jakob nach seinem Namen und sagte dann: »Du sollst nicht mehr Jakob heißen, sondern Israel; denn du hast mit Gott und mit Menschen gekämpft und hast gewonnen« (1. Mose 32, 27 ff.). Das bedeutet: Jakob war emporgestiegen, um mit den höheren Teilen seines Selbst in Berührung zu kommen und Kontrolle über seine niederen Teile zu erlangen. Nun fragte Jakob den Mann nach seinem Namen, doch dieser wollte ihn nicht nennen: Jakob war noch nicht zum Höchsten vorgedrungen. Doch das Wesen segnete ihn; das heißt, die Barakhah der Gnade floß herab aus den höheren Welten und verwandelte Jakob in Israel. Eine der Grundbedeutungen des Namens »Israel« ist »der mit Gott gerungen hat«.

Der Name und Titel eines Fürsten wird in der Bibel nicht

leichtfertig vergeben. Ein Mensch muß so sein, wie er heißt. Nach der Initiation nannte Israel den Ort Penuël, das heißt Gottesgesicht, denn er hatte seinen Schöpfer von Angesicht zu Angesicht gesehen und war doch mit dem Leben davongekommen. Dies ist die Fähigkeit von Tiphereth. Moses konnte nur den Pfad von Netzach nach Tiphereth hinaufsehen, oder – wie die Bibel sagt – Gott zeigte ihm nur seinen Rücken. Trotz seiner prophetischen Fähigkeiten war er immer noch ein natürlicher Mensch und als solcher gemeinsam mit seinem sephirothischen Gegenpol Aaron auf ein Dasein unten in der Wüste Sinai beschränkt. Noch weniger konnten die unvorbereiteten Kinder Israels auf ihrer Ebene in Jesod dem Göttlichen gegenübertreten. Aus diesem Grunde wurde ihnen aufgetragen, nicht den Berg hinaufzusteigen.

Jakobs Umbenennung in Israel läßt drei Ebenen erkennen. Erstens ist Jakob als physischer Mensch Kether von Assiah, die Krone des Körpers; zweitens, betrifft die Umbenennung Tiphereth von Jezirah, das Selbst der Psyche; und drittens ist dieser Ort gleichzeitig Malkhuth von Beriah, das Königreich des Himmels. Dies bedeutet, daß in einem voll entfalteten Selbst alle drei Welten gegenwärtig sind. Hier ist der Ort, an dem der Mensch, die Engel und Gott zusammentreffen. Das Wesen, mit dem Jakob kämpfte, ist immer noch zum Kampf bereit, denn jeder Aspirant trägt sein eigenes Penuël in sich, in dem sein »Ich« dem »Du« von Angesicht zu Angesicht gegenübertritt.

So stellt sich in Personifikation oder Parabel die Lage der Menschheit dar. Jede biblische Gestalt und Begebenheit ist reich an Symbolik und Informationen über die Welten, Sephiroth, Säulen, Triaden und Wege: Für den Kabbalisten ist also die Bibel eine Allegorie der Existenz und der göttlichen und kosmischen Aufgabe der Menschen.

21. Die metaphysische Betrachtung

Nach dem *Duden** ist die Metaphysik eine »philosophische ... Lehre, die das hinter der sinnlich erfahrbaren, natürlichen Welt Liegende, die letzten Gründe u. Zusammenhänge des Seins behandelt«. In der Kabbalah umschließt dies ein weites Studiengebiet, von der Kosmogonie oder dem Ursprung des Universums über die Dynamik des Baumes, das Spiel der Zahlen, die Symbolik von Buchstaben, die Angelologie (Lehre von den Engeln) und das Wirken der Vorsehung sowie des Schicksals bis hin zur Wesensart der Attribute Gottes. In dem jetzigen Stadium der Unterweisung würde der Maggid dem Aspiranten selbstverständlich keine Aufgabe übertragen, die dessen Kompetenz übersteigt. Seine Zielsetzung besteht darin, dem Aspiranten beizubringen, wie man lernt. Diese Fähigkeit ist der Schlüssel zu sämtlichen Theorien und Praktiken, die er beherrschen muß. Zum jetzigen Zeitpunkt ist der Hauptzweck der metaphysischen Methode daher zu lernen, wie man denken soll.

Das Universum basiert auf einem Ordnungsprinzip. Sein Grundschema ist in den Gesetzmäßigkeiten zusammengefaßt, die im sephirothischen Baum verankert sind. Auf den ersten Blick erscheint der Baum als starre Struktur, aber mit zunehmendem Studium und wachsender Erfahrung löst sich die Starrheit des Diagramms allmählich auf. Im gleichen Maße beginnen die Feinheiten seiner Dynamik hervorzutreten. Wenn der Aspirant erst einmal die Interaktion der Geset-

---

* Duden: Deutsches Universalwörterbuch, Mannheim, Wien, Zürich ²1989, S. 1011. Halevi verweist hier auf das *Oxford Dictionary* mit folgender Definition: »Die Metaphysik ist die theoretische Philosophie des Seins und Wissens« (Anm. d. Ü.).

ze, die Ströme, Kreisläufe, den Austausch, die Wandlungen und Ebenen in sich bewußtgemacht hat, verliert der Baum nach und nach seine äußerliche Abstraktion und wird einem lebenden Organismus immer ähnlicher. Ist der Baum dann Teil seines eigenen Seins geworden, so kann der Aspirant von sich behaupten, etwas von der Kabbalah zu verstehen. Bis dahin muß er ständig mit der Theorie und Praxis der Metaphysik arbeiten.

Der sephirothische Lebensbaum ist der Schlüssel zur Kabbalah. Von daher muß sich der Aspirant als erstes mit dessen Prinzipien vertraut machen, so wie wir es zu Beginn dieses und anderer Bücher taten. Dies sollte jedoch mehr sein als nur ein paar Aufzeichnungen über den Baum und seine Dynamik. Das Bild muß aus der Realität heraus aufgebaut werden, so daß es eine persönliche Bedeutung ausstrahlt. Hierbei hilft der Maggid dem Aspiranten und führt ihn oder auch die ganze Gruppe langsam und schrittweise den Baum hinauf. Im folgenden wird eine der Methoden dargestellt. Beginnend mit Malkhuth, erklärt der Maggid, daß hier die elementare Ebene des Baumes liegt. Es ist der Ort, in den alle Pfade einfließen und sich auflösen. Somit enthält Malkhuth – das Königreich – die Gesamtheit von Kraft, Form und Bewußtsein aller Sephiroth, Pfeiler, Triaden und Pfade. Aufgrund dieser Konzentration wird Malkhuth zum passiven Pol gegenüber Kether, der Krone, als der positiven Quelle. In bezug auf Assiah, wo die meisten Menschen leben und ihr Bewußtsein haben, manifestiert sich diese Konzentration in den vier Elementen der Materie. In Erde, Wasser, Luft und Feuer sind die vier stofflichen Entsprechungen der vier Welten, die aktiven und passiven Pfeiler, sowie alle anderen Gesetze enthalten. An dieser Stelle entsendet der Maggid die Gruppe zur Beobachtung und Sammlung aller Dinge und Beschaffenheiten von Malkhuth.

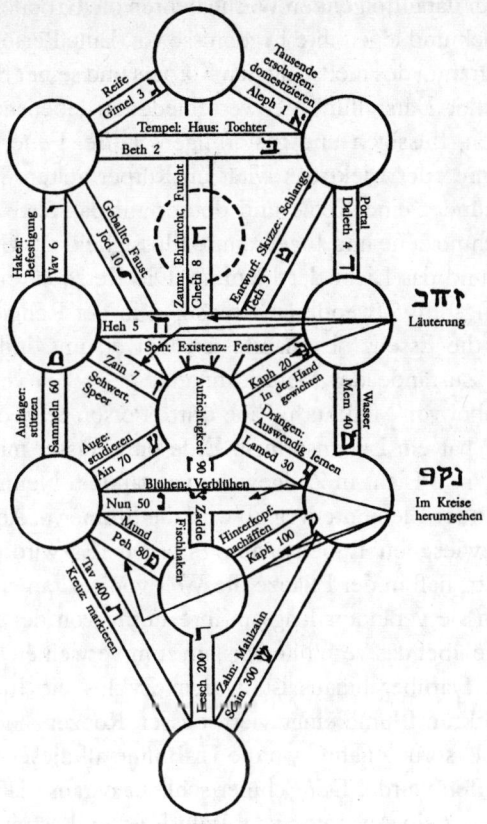

Abb. 20: Hebräische Buchstaben und Pfade

In der metaphysischen Arbeit mit der Kabbalah wird das hebräische Alphabet auf vielfältige Weise verwendet. In der hier gewählten Darstellung wird jedem Pfad ein Buchstabe zugeordnet, so daß aus den Kombinationen benachbarter Pfade und Triaden Worte entstehen, aus denen sich Ideen ableiten oder bestätigen lassen. Solch komplexe Methoden erfordern nicht nur umfassende Hintergrundinformation, sondern auch einwandfreie intellektuelle Integrität.

In der darauffolgenden Woche kehren die Gruppenmitglieder zurück und legen ihre Ergebnisse vor. Eine Person bringt ein Diagramm des menschlichen Körpers und seiner Bestandteile mit der Darstellung der verschiedenen lebensnotwendigen festen, flüssigen und gasförmigen Stoffe. Feuer könnte als Wärme oder Elektroaktivität im Körper gelten. Ein anderer entzündet eine Kerze und deutet auf das feste Wachs, die geschmolzene und abgebrannte Flüssigkeit, das Gas, die Wärme und das Licht der Flamme. Die Kerze ist eines der am häufigsten verwendeten Utensilien in der Religion; sie enthält die Essenz des manifesten Universums, indem sie alle vier Zustände der Materie nutzt. Sie ist das vollkommene Symbol von Malkhuth. Eine dritte Person zeigt eine Blume. Hier hat ein Lebensprinzip Erde und Wasser mit Hilfe von Luft und Licht in Zellgewebe verwandelt. Nehmen wir nur eines der Elemente weg, so wird die Blume vor Ablauf der ihr zugewiesenen Lebensspanne sterben. Es wird zudem bemerkt, daß in der Pflanze die Welt von Jezirah enthalten ist, denn sie verändert langsam ihre Form: von der Knospe zur Blüte über das Verblühen bis hin zum Verwelken und Absterben. Darüber hinaus ist in dem Zyklus die Idee von der perfekten Blume eingraviert, dessen Konzept in Beriah seinen Ursprung nahm, wo die Ur-Blume all dieser Spezies geschaffen wurde. Der Schüler schließt daraus, daß der ganze Vorgang ein Ausdruck von Aziluth ist und somit tatsächlich Wesen und Art der manifesten Existenz in Malkhuth einer ganz gewöhnlichen Pflanze entdeckt werden kann.

In der folgenden Woche steht Jesod auf dem Studienplan. Jeder in der Gruppe bringt etwas mit, vielleicht ein Gedicht oder eine Idee, die diese Sephirah zum Leuchten bringt. Einer zeigt ein Bild von sich in seiner Lieblingskleidung, sein jesodisches Selbst-Bildnis. Ein anderer legt einen Computerausdruck vor und erklärt, daß Jesod unter anderem wie ein

Bildschirm funktioniere, auf dem die oberen Sephiroth ihren Einfluß projizieren. Ein weiterer Teilnehmer nimmt die Gestik von Ärger und Freude zur Veranschaulichung, wie Jesod den inneren Zustand reflektiert; und wiederum ein anderer erzählt der Gruppe eine spannende, phantasievolle Fabel. Dieses Faszinationsvermögen kann, so seine Folgerung, eine Stärke oder auch eine Schwäche verkörpern.

Beim nächsten Treffen wendet sich die Gruppe dem Studium des Sephiroth-Paares Hod und Netzach zu. Diese Aufgabe ist nicht ganz so einfach, weil wir uns nun langsam aus dem normalen Erfahrungsbereich herausbewegen. Hod und Netzach liegen auf halbem Weg zwischen Assiah und Jezirah. Sie fungieren als die aktiven und passiven Initiatoren beziehungsweise Rezeptoren für den Körper und die niedere Psyche. Hod versinnbildlicht beispielsweise das Prinzip der Steuerung aller Kommunikationsabläufe im Körper. Dies umfaßt die Impulse im Nervensystem und die chemischen Boten des Stoffwechsels ebenso wie die Kunst der Sprache und die Fähigkeit, zu sehen, zu hören, zu riechen und zu fühlen. Netzach agiert im Körper als Antriebskraft für die Organe. Diese Sephirah bringt das Herz zum Schlagen und die Lunge dazu, sich auszuweiten und zusammenzuziehen. Ohne Netzach gäbe es weder Energie im Körper noch den regelmäßigen Rhythmus, der für die Aufrechterhaltung seiner Funktionen lebensnotwendig ist; denn »Netzach« bedeutet »Ewigkeit«, das heißt »sich immer wiederholen«. Gemeinsam führen Hod und Netzach die Kontrolle und Gleichgewichtung zwischen Energie und Materie durch, wobei der linken Seite die Eingrenzung obliegt, während die rechte sich um die Eingabe und Ausgabe von Informationen kümmert. Wenn eine Sephirah defekt ist, arbeitet der Körper entweder zu langsam oder zu schnell. In einem chronischen Stadium kann dies zu einer Atrophie oder Auszehrung auf der Seite der Form führen, zu

Krebs oder unkontrollierter Kraft beziehungsweise wuchern-
dem Wachstum auf der anderen Seite.

Alle diese Übungen vermitteln uns eine gewisse Vorstellung
von dem Sinn und der Bedeutung der Sephiroth. Eine genaue
Definition jeder einzelnen Sephirah kann uns keiner geben,
und wenn einer es tut, dann stimmt sie nicht. Dem Wesen
nach sind die Sephiroth Prinzipien, und der Aspirant kann
sich ihnen nur nähern, indem er ihre Manifestation in den
niederen Welten verfolgt. Bis zum jetzigen Stand unserer
Betrachtungen mußte das Studium auf Assiah und bis an die
Grenze von Jezirah – der Welt der Psyche – beschränkt werden. Wenn wir uns jedoch im Baum weiter hinaufarbeiten,
beginnt sich allmählich ein Bild von dem Wesen und den
Unterschieden zwischen den einzelnen Sephiroth schemen-
haft abzuzeichnen.

Der erste Teil der metaphysischen Übung bestand in der
Arbeit vom Sichtbaren hin zum Unsichtbaren. Es geht natürlich auch umgekehrt. In der Kabbalah finden wir viele ab-
strakte Rezepturen, die erst dann einen Sinn erhalten, wenn
einer schon etwas weiß. Der Sepher Jezirah oder das Buch der
Formung ist ein hervorragendes Beispiel hierzu. Dieses Buch,
das wahrscheinlich aus den Anfängen unserer christlichen
Zeitrechnung datiert, ist eine Textsammlung der kabbalistischen Theorie, ein metaphysischer Vorläufer also. In einer
Passage wird darin beispielsweise von den drei Ur-Müttern
Wasser, Luft und Feuer gesprochen. Diesen wurden die drei
hebräischen Buchstaben Mem, Aleph, Schin gegeben. Sodann werden sie in sechs Kombinationen eingeordnet oder –
wie der Autor sagt – »in sechs Flügel eingeschlossen«. Diese
Buchstabenkombinationen beschreiben das Ineinandergrei-
fen des aktiven Schin- oder Feuerprinzips, des passiven
Mem- oder Wasserprinzips und des neutralen Aleph- oder
Luftprinzips. Ganz zweifellos sind sie beeindruckend für die-

jenigen, die gerne nutzlose Informationen zusammentragen, und dennoch stellen sie eine bedeutungslose Reihe von Gleichungen dar, wenn jemand nicht mit dem sephirothischen Baum vertraut ist.

Einer Tradition zufolge ist Feuer das Symbol des rechten und Wasser das des linken Pfeilers mit der Luft als Element der zentralen Säule. Die Erde wird als Malkhuth dort unten angesehen, und das fünfte Element, der Äther, dort oben als Kether. Die Interaktion der drei Ur-Buchstaben veranschaulicht gleichermaßen die dreigeteilte Rolle jeder einzelnen Sephirah; mithin kann beispielsweise Geburah innerhalb des eigenen Wirkungsbereiches nicht nur passiv, sondern auch aktiv und sogar neutral sein. Obwohl das »Gericht« dem Grunde nach eine passive oder Mem-Wasser-Funktion auf das ihm Dargebotene ausübt, kann es Strenge walten und zuteil werden lassen, wenn ein Gesetz ständig gebrochen wird. Im Talmud heißt es, wenn der Mensch etwas Böses tut, dann erwächst daraus weiteres Böses, bis das Maß voll ist und sich das Universum gegen ihn wendet mit der ganzen Härte der natürlichen Gerechtigkeit, um ihn so wieder ins Gleichgewicht zurückzubringen. Hier befindet sich die Sephirah Geburah in der aktiven oder Schin-Feuer-Rolle. In einer neutralen oder Aleph-Luft-Konstellation würde Geburah eine ganz andere Rolle in wenigstens drei Triaden übernehmen: die oberste mit Binah und Tiphereth, die mittlere mit Chesed und Tiphereth und die unterste mit Tiphereth und Hod. Sie wäre hier nichts anderes als ein gerechter Mittler in Angelegenheiten des Verstehens (Binah), der Wahrheit (Tiphereth) und der Kommunikation (Hod). Alle Triaden im Baum sind, wie wir sehen, mit der zentralen Säule verbunden. Das bedeutet, daß da nicht nur ein direkter Anschluß an die dominierende Luft der neutralen Säule, sondern auch an die Gegenwärtigkeit des Bewußtseins und des Willens besteht. Von daher kann sich die Metaphysik niemals weit von der Erfahrung entfernen.

Zurück zu den Buchstaben: In der Kabbalah finden wir neben der Sepher Jezirah verschiedene andere Systeme, die das hebräische Alphabet für die Erklärung von Theorie und deren Umsetzung in die Praxis heranziehen. Diese können die Verwendung von Zahlen beinhalten, weil Aleph-Beth sowohl ein numerisches System als auch die Namenswurzel jedes einzelnen Buchstabens ist, aus dem viele Worte entspringen. Am vertrautesten ist uns wohl die Tatsache, daß das hebräische Alphabet aus zweiundzwanzig Buchstaben besteht, einer für jeden der zweiundzwanzig Kanäle oder Pfade, die die Sephiroth im Baum miteinander verbinden. Über das Studium der Zahlen und Wurzeln wurden über die Jahrhunderte hinweg umfangreiche Abhandlungen geschrieben. Noch heute forschen so manche Kabbalisten akribisch nach Zahl und Bedeutung der Buchstaben und Worte der Bibel – immer auf der Suche nach Anhaltspunkten und Schlüsseln zu mathematischen Verbindungen und Parallelen. Ein Beispiel aus der Gematrie oder der Zahl-Wort-Verbindung ist der numerische Wert des Namens vom Erzengel Metatron und des Gottesnamens SCHADDAI deren jeweilige Addition die gleiche Summe von dreihundertvierzehn ergibt. Dieser Tatsache messen einige Kabbalisten große Bedeutung zu, so wie auch viele andere numerische Verbindungen in der ganzen Bibel äußerst vielsagend sind. Wie bereits erwähnt, gibt es viele Wege und Annäherungsweisen in der Kabbalah, sofern die Absicht auf Gott gerichtet ist; ansonsten wird aus der Arbeit nichts als eine Hod-Übung.

Nunmehr wenden wir uns einem beispielhaften System der Buchstaben-Metaphysik zu. Wir folgen hierbei dem Fortschreiten des Lichtblitzes, wie er die Pfade herabfährt, die emanierenden Sephiroth miteinander verbindet und so die

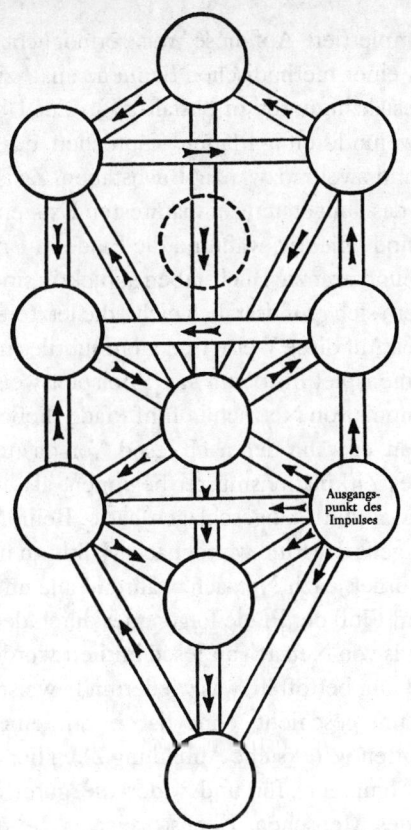

Abb. 21: Zirkulationsfluß

Hier wird der Effekt eines von Netzach ausgehenden Impulses mit den sich daraus ergebenden Flüssen veranschaulicht. Dies ist nicht das einzig mögliche Netzwerk aus demselben Impuls heraus. So können ganze Reihen verschiedener feiner Netzwerke mit nuancierten Aussagen aus jeder einzelnen Sephirah heraus in vielfältiger Fließkonfiguration generiert werden. Die Komplexität einer einzigen Situation im täglichen Leben verdeutlicht das bestens.

Triaden komplettiert. Auf diese Weise ermöglicht er den Welten, sich in einer methodischen Sequenz aus Aziluth heraus bis nach Assiah hinunter zu entfalten. In der Überlieferung wird von zweiunddreißig Pfaden gesprochen, das heißt, zehn Sephiroth und zweiundzwanzig Buchstaben. Zwischen ihnen bringen sie das Universum zur manifesten Existenz. Die zehn Sephiroth sind objektiv, während die Pfade in Entsprechung zu den zweiundzwanzig Buchstaben subjektiv sind; die ersteren verändern sich grundsätzlich nicht, die letzteren hingegen sind variabel. Auf diese Weise findet ein subtiles und komplexes Zusammenspiel im Baum statt. Beispielsweise kann ein positiver Impuls von Netzach in fünf Pfade fließen. Nehmen wir einmal an, er wählt den nach Jesod. Von da aus würde ein ganz anderes Zirkulationsmuster beginnen, als wenn er den Pfad nach Malkhuth eingeschlagen hätte. Beim Netzach-Jesod-Impuls geht der Fluß weiter nach Malkhuth und von dort hoch und zurück nach Netzach, während alle angrenzenden Triaden dem Fluß der Pfade folgen, der durch den ursprünglichen Impuls von Netzach an Jesod initiiert wurde. Damit ist der ganze Baum betroffen, was wiederum beweist, daß nichts im Universum geschieht, ohne daß es in seiner Ganzheit davon betroffen wäre (siehe Abbildung 21). Hier ist auch die Basis des Arguments für und wider die guten und bösen Absichten des Menschen. Ebenso zeigt es die theoretische und metaphysische Voraussetzung für die fortgeschrittene kabbalistische Arbeit, wodurch Einfluß auf die Welten darüber und darunter ausgeübt werden kann.

Die Buchstaben auf den Pfaden und ihre Wurzelbedeutungen helfen, die Merkmale der einzelnen Pfade zu definieren. So bedeutet der Pfad zwischen Hod und Netzach, dem der Buchstabe Nun zugeordnet ist, »blühen und verblühen«. Graphisch wird damit die Qualität des von der jeweiligen Sephirah ausgehenden Impulses dargestellt. Alle Sinneswahrnehmungen, wie die des Sehens und Hörens, werden beispielsweise von Hod an Netzach weitergegeben. Ein Geräusch gelangt zu Hod durch Malkhuth, den Körper, und wird von Netzach erwidert; der davon ausgehende Impuls veranlaßt uns, den Kopf zu drehen. Das Geräusch verebbt dann bis zu den nächsten Wellen. Wenn dieses Phänomen vom »Blühen und Verblühen« nicht aufträte, würden unsere Augen das gleiche feststehende Bild jener Szene sehen, die wir bei unserer Geburt erblickten. Findet er aber statt, jener Ablauf vom »Blühen und Verblühen« oder – wie in der zuletzt beschriebenen Manifestation – jener Fluß der elektrischen Impulse den Sehnerv entlang, dann entstehen kontinuierliche Prozesse wie in einem laufenden Bild mit Ausschnitten, die jeweils nur Bruchteile einer Sekunde dauern. Als Teil des universalen Planes ist das durch den Buchstaben Nun gekennzeichnete Prinzip lebenswichtig. Ohne es könnte nichts an der Grenze zwischen Assiah und Jezirah empfangen oder weitergegeben werden. Im Körper obliegt diesem Prinzip die bedeutende Funktion, die Membranebenen zwischen den Organen und dem Gewebe zu trennen; in der Psyche manifestiert es sich an der Schwelle, wo »Blühen und Verblühen« durch das Entstehen und Vergehen von Gedanken und Gefühlen über die Grenze zwischen Bewußtem und Unbewußtem gesehen werden.

Eine andere Art, wie die Buchstaben in Beziehung zum Baum benutzt werden, ist, sie in Triaden zu lesen. Sie bilden dabei Drei-Buchstaben-Wurzelwörter. Ein Beispiel hierzu finden wir in der Triade von Hod–Netzach–Jesod; die unmittelbar anschließenden Pfade und Buchstaben bilden das hebräische Wurzelwort »Nakuph« mit der Bedeutung »im Kreis herumgehen«. Das ist eine sehr präzise Beschreibung dieser Triade, wie uns die Beobachtung von Tagträumen oder Sorgen mit ihrer fehlenden Verbindung zur Realität von Tiphereth im

Inneren und der Realität von Malkhuth unten zeigt. Eine andere Triade, die von Geburah–Tiphereth–Chesed, bildet das Wurzelwort für »Reinigung und Läuterung«. Dadurch erhalten wir einen großen Einblick in Wesen und Arbeit der Mildtätigkeitstriade der Seele.

Das Studium der Buchstaben und Pfade ist eine komplexe metaphysische Übung für sich. Sie führt uns schichtweise in die Tiefe aller den Baum umgebenden Zusammenhänge. Bei einer rein akademischen Betrachtung handelt es sich, wie oft schon bewiesen, um eine Sackgasse. Für den Kabbalisten muß sie zur praktischen Anwendung umgesetzt und so angelegt werden, daß sich der Himmel der Erde nähere und die Erde dem Himmel. Ohne dieses Ziel ist alles Wirken sinnlos. Beginnen wir also, die Metaphysik in Erfahrung zu verwandeln.

Dem Pfad zwischen Malkhuth und Jesod wird der Buchstabe Resch zugewiesen; das bedeutet »Haupt« oder »Anfang«. Der Pfad zwischen Jesod und Tiphereth heißt »Aufrichtigkeit« oder »Gerechter«, der Zadek, nach dem hier angeordneten Buchstaben Zadde. Der sich jenseits von Tiphereth erstreckende Mittelpfad durchdringt die Triade der Läuterung und kreuzt den Geburah-Chesed-Pfad von Heh in der Bedeutung »sein« beziehungsweise »existieren« oder »Fenster«. Dieser vertikale Mittelpfad ist der längste im Baum, und ihm ist der Buchstabe Cheth beigegeben, die Wurzel der Worte »Zaun« und »Ehrfurcht«. Er mündet in Daath, der Nicht-Sephirah des Wissens und des Heiligen Geistes. Von dort führt er weiter nach Kether, der Krone, dem Quell allen Seins und Werdens.

Um allmählich zu verstehen, was dies alles bedeutet, müssen wir uns ein beträchtliches Maß an Wissen angeeignet haben. Die Kabbalah ist kein schneller Prozeß der Erleuchtung. Sie erfordert Geduld und gründliche Vorbereitung, noch bevor das eigentliche Werk in Angriff genommen werden kann. Bisher hat sie uns hauptsächlich an den Komplex des In-der-Balance-Haltens von Malkhuth, Jesod, Hod und Netzach herangeführt. Nun wenden wir uns der Aufgabe zu, das untere Gesicht zu vervollständigen, indem wir den Pfad des Zadek zwischen Jesod und Tiphereth öffnen. Die Entwicklung des Willens ist hier gefordert.

22. Der Wille

Selbst der größte Schatz an Theorie und Praxis bleibt so lange wertlos, bis wir seiner auf der mittleren Säule des Bewußtseins gewahr werden. Hierzu ist der Wille erforderlich. Ebenso wie es mehrere Bewußtseinsebenen gibt, gibt es auch mehrere Ebenen des Willens, und diese müssen wir erkennen, damit kabbalistisches Wissen zur faßbaren Realität werden kann.

Die meisten natürlichen Menschen haben keinen Willen. Das heißt, sie besitzen keinen eigenen Willen, sondern werden von fremden Willen gesteuert, die aus dem Baum von Assiah emporsteigen. Der mächtigste dieser Einflüsse ist der Wille des Körpers. Als vegetabiler Organismus muß dieser beispielsweise absorbieren und ausscheiden; hindert man ihn daran, so setzt er seinen ganzen Willen mit erstaunlicher Überzeugungskraft ein. Im Leben der meisten Menschen spielt der Körper eine dominante Rolle, und zwar nicht nur bei den Grundbedürfnissen des Essens und Schlafens, sondern auch beim Bedürfnis nach Befriedigung animaler Verlangen wie dem Wunsch, attraktiv und gesellig zu sein. Obwohl solche Gedankengänge und Bestrebungen den Mann oder die Frau durchaus sympathisch erscheinen lassen, haben sie nur wenig mit individuellem Willen zu tun. Sie werden diktiert vom Willen der Natur, dessen Aufgabe es ist, die Geschlechter einander näherzubringen.

Auf dem Baum von Jezirah steigt der Wille des Körpers über die drei von Malkhuth ausstrahlenden Pfade nach oben und beeinflußt so das untere Gesicht der Psyche. Auf der Rechten stimuliert er, auf der Linken engt er ein; in der Mitte dagegen wirkt er ausgleichend als Gefühl des allgemeinen physischen

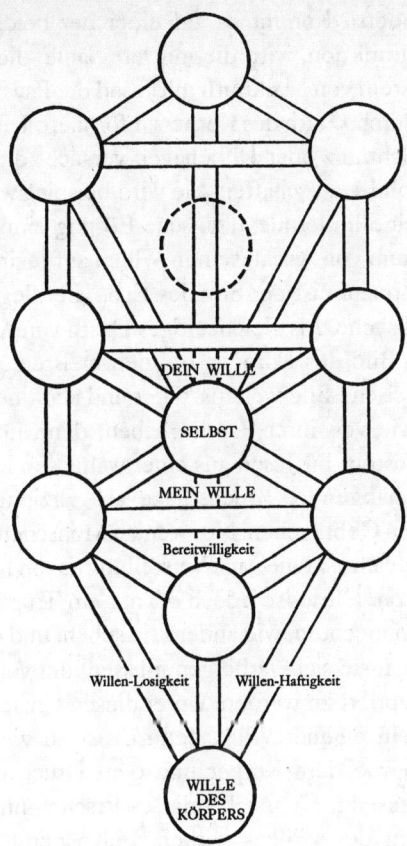

Abb. 22: Der Wille

Der Wille steigt nicht nur von oben herab; es gibt auch verschiedene von unten wirkende Willensäußerungen. In diesem Baumschema sind die verschiedenen Willensarten dargestellt, mit denen sich der Mensch in seiner Entfaltung auseinandersetzen muß. Es ist sehr wichtig für den Kabbalisten, diese differenzierten Willensbekundungen zu erkennen, denn sie können, ohne daß wir es wissen, Druck auf uns ausüben. Dadurch kann spirituelles Wachstum vereitelt werden.

Wohlbefindens. Kommt es auf einer der beiden Seiten zu einer Fehlfunktion, wird die mittlere Säule, die das zentrale Nervensystem von Malkhuth mit Jesod der Psyche verbindet, hierüber durch Daath des Körpers informiert. Unter dem Einfluß von Schmerz oder Unbehagen versucht die betreffende Person, Abhilfe zu schaffen: Sie wird beispielsweise bei Sodbrennen eine lindernde alkalische Lösung einnehmen. Hier übt der Baum von Assiah seinen Willen auf Jezirah aus.

Jesod von Jezirah ist der Sitz des Ego. Hier liegt das Fundament der Psyche. Als gleichzeitiges Daath von Assiah vermittelt es ein Bild des Körpers. Bei den meisten Menschen ist dieses physische Bild weitaus klarer und geordneter als dasjenige, das sie von ihrer Psyche haben, denn im natürlichen Zustand besteht ihr Jesod aus einer wahllosen Mischung unzusammenhängender Bruchstücke aus Erziehung, Umfeld und sozialen Gebräuchen. Nur wenige Menschen kennen sich selbst, obgleich sie eine vage Vorstellung davon haben, wie sie sein könnten. Diese ist jedoch oft nur ein Trugbild aus dem, wie sie sein möchten, wie andere sie sehen, und den Masken, hinter denen sie sich verbergen müssen, um von der Gesellschaft akzeptiert zu werden. Unter diesen Umständen wohnt im Ego kein eigener Wille, denn es ist zu vielen fremden Einflüssen wie dem Körper und dem Druck der Mitmenschen ausgesetzt. Dennoch zeigt es Erscheinungen, die wie Äußerungen des Willens wirken. Bei näherer Betrachtung zerfallen diese in drei Aspekte, die mit den drei Säulen in Zusammenhang stehen.

Erstere ist die Erscheinung der Willen-Losigkeit. Hier reagiert die passive Seite des Ego nur auf solche Bestandteile seines Fundaments, die sich auf der Seite der Form befinden. So mag sich einer beispielsweise bei einem Streik nicht gegen seine Kollegen stellen, weil er damit zum Außenseiter würde. Er richtet sich nach der Mehrheit, denn er identifiziert sein

Selbst-Bild mit demjenigen seiner Gewerkschaftsfreunde. Die Identität als Arzt oder Bergarbeiter mag für einen, der keine echte Individualität besitzt, womöglich das einzige sein, an dem er sich festhalten kann.

Der zweite Aspekt ist die Willen-Haftigkeit. Diese wird von der aktiven Seite von Jesod erzeugt. Hier setzen sich die verschiedenen Bestandteile des Ego – oftmals gegeneinander – durch, denn bei den meisten Menschen ist das Ego keine homogene Einheit, sondern ein unzusammenhängendes Kaleidoskop von Verhaltensmustern, Posen und Ideen, die das Ego-Bewußtsein mit Leben erfüllt, sobald die Aufmerksamkeit auf oder in sie gelenkt wird. Als Beispiel hierfür ließe sich ein Mensch zitieren, der soziale Gerechtigkeit fordert, sich zu Hause aber selbst als Tyrann aufspielt. Willen-Haftigkeit kann auch der exhibitionistische, rebellische Ausgleich oder Gegenpol zur passiven Seite der Willen-Losigkeit sein. Dies hängt davon ab, welche Seite des Baumes zum gegebenen Zeitpunkt die stärkere ist.

Ein weiterer Grund für das Fehlen echten Willens im Ego ist die Illusion. Jesod wird als nichtleuchtender Spiegel bezeichnet, weil diese Sephirah nur reflektiert. Was in diesem Spiegel zu sehen ist, kann – und wird auch normalerweise – für die Wirklichkeit gehalten werden. Das Ganze wird noch komplexer dadurch, daß der Spiegel des Ego farbige Bilder liefert, die gelegentlich von den Erfahrungen verzerrt werden, die wir während unserer Ausbildung gemacht haben. So kommt es, daß reiche und arme Menschen die Welt und sich selbst oft von völlig verschiedenen Blickwinkeln aus betrachten, obwohl sie vielleicht im selben kleinen Dorf aufgewachsen sind.

Ein Beispiel für das Fehlen echten Willens finden wir darin, daß es dem Menschen möglich ist, sich einfach nur vorzustellen, wer er ist, um dann sein ganzes Leben danach auszurichten, was er von sich und andere von ihm erwarten. Solch eine

Illusion kann ihn daran hindern, je eine wirkliche Persönlichkeit zu werden. So will es die Ironie des Schicksals, daß ein Arbeitgeber manchmal einen Angestellten beschäftigt, der ihm spirituell überlegen ist. Viele Könige, die in ihrem öffentlichen Bild erstarrt waren, hingen von weisen Beratern ab.

Der richtige Zustand des Ego ist die Bereitwilligkeit, deren Funktion es ist, dem Selbst in Tiphereth zu dienen. Im natürlichen Menschen kommt sie nicht vor, so daß dieser trotz seines Glaubens, Herr über sein Leben zu sein, keinen koordinierten oder individuellen Willen besitzt. In der Kabbalah überläßt es der Aspirant, der das Fehlen seines Selbst-Willens anerkennt, zunächst dem Maggid, sein Tiphereth zu sein. So bekommt Jesod Gelegenheit zu lernen, wie man die Anweisung von innen und oben hören kann. Hierzu muß er sich in die Bereitwilligkeit ergeben und sich damit auf das Gehorchen einstellen. Dies ist jedoch keine einfache Aufgabe, denn der Pfad des Zadek zwischen Jesod und Tiphereth ist der Ort, an dem – entsprechend des zweiten Namens dieses Pfades – unser persönlicher Teufel »lauert«. In der Kabbalah bezeichnet man diesen Teufel als den Gegner – zum gegenwärtigen Zeitpunkt unserer Betrachtung könnten wir hier von der »dunklen Seite« des Ego sprechen. Unser persönlicher Teufel besteht aus all jenen grundverschiedenen Teilen, die das negative Ego bilden. Eine solche in sich zerrissene Entität kann durch Ego-Anbetung die Herrschaft über Jesod erringen. Oftmals ist sie Herr der Lage, denn sie floriert in der egozentrischen Welt, die sie hervorgebracht hat. Wenn jedoch der direkte Wille von Tiphereth oder, schlimmer noch, der äußere Wille des Maggid eindringt, um das Jesod-Fundament neu zu formen, zu kontrollieren und zu leiten, nimmt die dunkle Seite des Ego den Kampf zur Verteidigung ihrer Souveränität auf. Nun ist das Symbol des Teufels eine Gestalt mit vielen Facetten. Sie wird normalerweise als häßlich dargestellt. Dies ist jedoch in hohem Maße irreführend, denn in der psychischen Welt von Jezirah kann sie viele Gewänder anlegen, besonders wenn sie um das Überleben ihrer Identität kämpft. Beispielsweise verwendet die dunkle Seite des Ego manchmal ausgerechnet die Begriffe, die der Aspirant gerade lernt, und dreht die Uhr so stets aufs neue zurück. Sie wird ihm die angenehme Illusion eines beachtlichen Fortschritts vorgaukeln, was in der Übergangsphase zwischen der Auflösung des alten Jesod-Weltbildes und der Schaffung eines neuen Fundaments ganz und gar nicht schwierig ist. Die Aktivitäten des Gegners sind eine allgegenwärtige Gefahr für die Arbeit mit der Kabbalah, und beide – Aspirant und Maggid – müssen stets auf der Hut sein.

Aus der Bereitwilligkeit wächst die Akzeptanz der Disziplin. Disziplin heißt »sich unterordnen« oder »folgen«. In der Kabbalah hat man sich nicht dem Maggid unterzuordnen, sondern den Gesetzmäßigkeiten des Baumes und ihrer Anwendung innerhalb der Tradition zu folgen. Eine dieser Gesetzmäßigkeiten kennen wir bereits: die Beziehung zwischen Jesod des Aspiranten und der Stellvertreterrolle von Tiphereth des Maggid. Sie versetzt den Aspiranten in die Lage, gehorchen zu lernen, oder genauer gesagt, sie lehrt sein Jesod, seiner eigentlichen Aufgabe als Diener von Tiphereth gerecht zu werden. Wenn die Zeit reif ist, hört der Maggid auf, für den Aspiranten Sitz von Salomo zu sein, und dieser übernimmt die volle Verantwortung für sich selbst. Bis dahin muß er sich nach den Regeln der Gruppe richten, die seinem Tiphereth hilft und die dunkle Seite des Ego offenbart, wenn sich diese den Anforderungen der Gruppe oder den eigentlichen Zielen des Menschen nicht beugen will. Ein Beispiel für die Anwendung einer Regel auf verschiedenen Ebenen finden wir im Gesetz der Zuverlässigkeit.

In der Kabbalah weist Zuverlässigkeit in einem Menschen auf

echte Stabilität zwischen dem rechten und dem linken Pfeiler hin. Jede Neigung zur übertriebenen Durchsetzung von Regeln oder zu deren sklavischer Befolgung läßt Unausgewogenheit erkennen. Der Weg zur Kabbalah führt über das Wissen: Man muß wissen, was man tut und warum man es tut. Daher erklärt der Maggid zu Beginn den Grund für eine Regel, wenn diese manchmal auch erst Monate, wenn nicht gar Jahre später verstanden wird. Die Regel wird dann als allgemeines Prinzip eingeführt, das in vielfältiger Weise angewandt werden kann. Hierzu mag die Ausübung bestimmter Pflichten für die Gruppe gehören, etwa das Einkaufen von Brot und Wein, das Führen von Aufzeichnungen oder das Abwaschen des Geschirrs. In einer normalen gesellschaftlichen oder familiären Umgebung könnte das Ego hier vielleicht Protest anmelden oder die Aufgabe heimlich zu umgehen versuchen, doch in der Gruppe erfüllt die Regel nicht nur einen praktischen Zweck, sondern dient gleichzeitig als Übung zur Bewältigung von Willen-Losigkeit und Willen-Haftigkeit. Die freiwillige Unterwerfung des Ego ist eine ausgesprochen wichtige Übung: Man muß dienen können, bevor man befiehlt.

Eine weitere Anwendung des Prinzips der Zuverlässigkeit besteht in der Prüfung, dorthin zu gehen, wohin man geschickt wird. Hierbei könnte der Aspirant Anweisung erhalten, sich zu einer ausgesprochen ungünstigen Zeit an einem bestimmten Ort einzufinden. Schätzt er die Kabbalah wirklich, wird er die Einwände der dunklen Seite seines Ego schon bald verwerfen und sich auf den Weg machen, egal, wann und wohin er bestellt wurde. Dies fördert nicht nur die Entwicklung seiner Willensverbindung zu Tiphereth, sondern läßt auch all solche auf der Strecke bleiben, die sich der Arbeit mit der Kabbalah nicht wirklich und ernsthaft verschrieben haben. Dies ist deshalb so notwendig, weil jemand, der an diesem Punkt zurückschreckt, seine und seines Maggid Zeit vergeudet.

Die Entwicklung des Willens von Tiphereth ist eine der Schlüsselaufgaben in der Kabbalah. Mit dem entsprechenden Training wird daher schon sehr früh begonnen. Eine der ersten Übungen zur Verankerung der zu Beginn gelernten Theorie in Jesod besteht darin, sich das Selbst von Tiphereth so oft wie möglich zu vergegenwärtigen und sich dort zu zentrieren. Dies ist nicht leicht, denn es geschieht normalerweise spontan, vielleicht an die hundertmal im Leben – so sehr lenkt uns die Geschäftigkeit der Welt von Assiah und unser Befaßtsein mit unserem eigenen Ego ab. Wir können uns nicht mit ausreichender Sicherheit darauf verlassen, daß die natürlichen Gegebenheiten die richtigen Bedingungen schaffen, und so müssen besondere Situationen herbeigeführt werden. In der orthodoxen Richtung der Tradition wird mit Hilfe ritueller Gottesdienste die Jesod-Bewußtseinsebene angehoben, indem eine für das In-Verbindung-Treten mit Tiphereth förderliche Stimmung geschaffen wird. Diese Bedingungen bleiben jedoch – außer in religiösen Gemeinschaften wie in Klöstern oder Chassidim-Gesellschaften, in denen ein permanenter Gebetszyklus aufrechterhalten wird – nicht tagein, tagaus bestehen. Aus diesem Grunde müssen für den Kabbalisten, der in einer weltlichen Umgebung arbeitet, spezielle »Gedächtnisstützen« geschaffen werden, bis er den Punkt erreicht, wo – wie es einmal ein Maggid formulierte – »alles, was man gerade macht, Kabbalah ist«.

Eine der Techniken, um den Aspiranten an seinen Willen zu erinnern, besteht darin, daß er, sagen wir einmal, um zehn Uhr morgens, zwölf Uhr mittags und drei Uhr nachmittags an die anderen Mitglieder seiner Gruppe denkt. Zu den genannten Zeiten muß er sich, ganz egal, was er gerade tut, die Gesichter und Namen all derjenigen in Erinnerung rufen, die beim letzten Treffen zugegen waren. Dies führt dazu, daß er sich aus seinem Ego-Bewußtsein über den Pfad des Zadek nach Tiphereth erhebt. Bei diesem willentlichen Akt kann er nicht umhin zu erkennen, wer er ist, wo er ist und warum er dies tut. Solch ein Augenblick des Zusammentreffens mit sich selbst kann recht überraschend sein, denn es offenbart uns die schemenhafte Welt von Jesod, in der wir einen Großteil unserer Zeit verbringen, ohne dabei weder im Himmel noch auf Erden zu sein. In der Tat ist die Häufigkeit, mit der er sich an die Ausführung dieser Aufgabe erinnert, ein guter Indikator für seinen Fortschritt, und ebenso wie alle anderen Teilnehmer muß auch er der Gruppe ehrlich darüber berichten. Mit dem Lügen über die eigene Vergeßlichkeit durchtrennt man in erster Linie die Verbindung zu sich selbst und nicht so sehr diejenige zur Gruppe oder zum Maggid, denn dem Unehrlichen bleibt der Pfad des Zadek versperrt. Ein weiterer direkter Vorteil dieser besonderen Übung besteht darin, daß der Aspirant im Augenblick des Erinnerns aus der Mildtätigkeitstriade der Gruppe schöpft. In der emotionalen Verbindung des gegenseitigen Bewußtseins knüpft er an das Selbst jedes einzelnen der Gruppenmitglieder an, und so helfen sich diese untereinander bei der Überwindung der zwischen ihnen liegenden Distanz. Bei dieser seltsamen Erfahrung, die Anwesenheit anderer Menschen zu spüren, erhält der Aspirant oftmals eine erste Ahnung von der Macht des Willens in der Welt von Jezirah.

Es ist wichtig, daran zu denken, daß sich die Entwicklung des Selbst-Willens nicht auf die esoterischen Disziplinen beschränkt. Auch ein natürlicher Mensch kann eine Tiphereth-Verbindung aufbauen. Solche Menschen sind natürliche Individuen: Das heißt, sie haben an ihren animalen Fähigkeiten gearbeitet und die darin enthaltene Leidenschaft so hingebungsvoll ausgerichtet, daß sie Kether des Körpers von Assiah

– also das Selbst von Jezirah – erreichen. »Selfmademen« wie diese finden wir in der Kunst, den Wissenschaften und der Industrie. Sie sind in allen militärischen und zivilen Berufen anzutreffen – ja überall dort, wo sich ein natürliches Individuum engagieren kann. Solche Menschen wachsen oft über sich selbst hinaus. Sie sind in der Tat Größen im Vergleich zum vegetabilen Menschen mit seinem begrenzten Wirkungskreis. Ihr Siegel ist das Schicksal, denn im Verhältnis zur Masse folgt ihr Leben einem deutlichen Muster, das Möglichkeiten schafft, die die meisten Menschen aus Angst vor Veränderung oder Träumerei übersehen. Aus diesem Grund können sich manchmal die allerschlimmsten Übeltäter zu Heiligen wandeln. Denn sie haben die Willenskraft, dies zu bewirken.

Für den Aspiranten bedeutet die Erlangung von Individualität, die volle Verantwortung für sich selbst zu übernehmen. Sobald der Maggid erkennt, daß sein Schüler diesen Punkt erreicht hat, kann er ihn aus der Gruppe entlassen. Sicherlich wird der Maggid ihn dann vom Gehorsam ihm gegenüber entbinden. Er wird manchmal gar eine Situation herbeiführen, in der der Aspirant seinen eigenen Standpunkt zu vertreten hat, um das Band des Gehorsams zwischen beiden zu zertrennen. Oftmals wird ihm jedoch die Aufgabe übertragen, solche, die nach ihm kamen, zu unterweisen, um so durch das Schmieden des nächsten Gliedes in der Kette der Generationenfolge seine Schuld gegenüber dem Maggid zu begleichen. Vom allegorischen Standpunkt aus betrachtet, befindet sich der Aspirant in der Lage des Jakob, als dieser das Haus von Laban verläßt, nachdem er den ersten Teil seiner Ausbildung abgeschlossen hat. Der Aspirant ist seiner Gesellenrolle entwachsen. Nun ist er sein eigener Herr und kann mit seinem Leben verfahren, wie es ihm beliebt, denn nun kann er sagen: Dies ist mein Wille. Die Bedeutung dieses Ereignisses wird oft in Form einer äußeren Initiation begangen, beispielsweise im Rahmen einer Zeremonie, bei der eine Ansprache gehalten und ein Segen gegeben beziehungsweise empfangen wird. Das Ritual selbst basiert auf dem Zusammenspiel der beiden Pfeiler, wobei der Maggid in Tiphereth dem Schüler unten die aus den höheren Welten herabfließende Barakhah zuteil werden läßt. Durch die Handlung der Entgegennahme wird der Aspirant emporgehoben. Er tritt in direkte Verbindung mit dem Hause Israel, so daß er aus dem linken Pfeiler der Tradition und dem rechten Pfeiler der Offenbarung schöpfen kann.

Nach dem Empfang der Kabbalah beginnt für den Aspiranten die innere Initiation. Der Mensch befindet sich nun in der Lage von Jakob in Penuël. Er hat nun keinen Maggid mehr, auf den er sich stützen kann, und ist völlig allein – oder etwa nicht? Denn aus dem Nichts im Zentrum der Initiation entsteht »das Ebenbild eines Menschen«. Dort, in der Tiefe seines Daseins, kämpft das Selbst mit dem SELBST, bis der Mensch in der Dunkelheit von Daath, zwischen Tiphereth und Kether von Jezirah, der Gottheit von Angesicht zu Angesicht gegenübertritt. Diese schweigende, stille und unsichtbare Kommunion führt den Wissenden und den »Gewußten« zu einer Erkenntnis, die Tiphereth von Jezirah in das gleichzeitig existierende Malkhuth von Beriah verwandelt. Aus Jakob ist Israel geworden. Von diesem Augenblick des Wissens in Daath an beginnt der Kabbalist, sich ein Fundament in der Welt der Schaffung zu errichten. Er ist in das himmlische Königreich eingegangen und hat das erste Stadium der sieben Ebenen von Teschuvah oder der Erlösung in der Welt des Geistes erreicht, in dem nicht mehr mein Wille, sondern DEIN Wille geschehe.

23. Katnuth und Gadluth:
Die Bewußtseinsstufen

Auch ein Kabbalist ist noch lange kein voll entfalteter Mensch. Seine Position, so formulierte es einmal ein Kabbalist, sei die »eines wiedergeborenen Menschen, nicht im Fleische [das untere Gesicht], sondern im Geiste [das obere Gesicht im Baum von Jezirah]«. Seine Lage ist vergleichbar mit der eines kleinen Kindes in Jesod der Welt von Beriah, wo er ein Fundament zu errichten begonnen hat. Damit ist jedoch nicht gesagt, daß er keine Verpflichtungen hat. Als Mensch mit eigenem Willen gebietet er über die niederen Welten, die in ihm wohnen. Er kann seine animalen und vegetabilen Aspekte kontrollieren oder sich zumindest ihrer Dominanz entziehen, so daß sie sich auf die Psyche bezogen passiv verhalten müssen. Überdies kann er sein Jesod-Ego zügeln und willentlich den Zadek-Pfad hinauf nach Tiphereth steigen. Hat er dies erreicht, so trägt er die Verantwortung für sich selbst und für alle seine Handlungen in bezug auf andere Menschen und Gott. Nicht länger kann er sich auf Unkenntnis der Gesetzmäßigkeiten berufen. Er weiß und weiß auch, daß er weiß. Es gibt also keine Entschuldigung für Verfehlungen, wenngleich Irren natürlich menschlich ist.

Irren kommt vom Vergessen, sei es mit oder ohne Absicht. Das wiederum geht zurück auf die Willen-Haftigkeit und Willen-Losigkeit und zeigt ein Gefälle in der Bewußtseinsebene auf dem Pfad zwischen dem Ego und dem Körper. Ein Beispiel hierzu liefert uns ein Mensch im ganz gewöhnlichen Alltag, der das Rauchen aufzugeben versucht. Der Körper verlangt eine Zigarette, doch dagegen steht das eigene in Tiphereth gemachte Versprechen. Das zwischen das Selbst und den Körper gestellte Ego kann nun entweder dem Befehl des höheren Willens folgen oder ihn ignorieren und dem Willen des Körpers nachgeben, um die Person so in einen traumhaften Zustand zu versetzen, wo sie sich dann plötzlich mit einer Zigarette im Mund wiederfindet. Der höhere Wille mag ihn zwar nochmals an seinen Vorsatz erinnern, doch jetzt schaltet das Ego aus der Willen-Losigkeit in die Willen-Haftigkeit um und läßt den Körper weiterrauchen.

Diese Situation ist eine Parallele zu dem immerwährenden Kampf in der spirituellen Entwicklung zwischen dem Körper, dem Ego und dem Selbst. Nur, liegt das Problem in unserem Fall nicht im Entsagen einer Sache, sondern in ihrer Befürwortung. »Sich erinnern« bedeutet »zurück-rufen« oder »rückbinden«. Der Kabbalist möchte sich rückbinden, in ständigem Kontakt mit dem Tiphereth des Selbst sein, damit er teilhaben kann an den drei Welten, die sich dort treffen. Nur im Ego zu leben bedeutet in Assiah versunken sein, in der Welt von Esau, der nur das bekam, was er verlangte, und nicht an die Konsequenzen dachte. Leider leben die meisten von uns in dieser Welt; und selbst der angehende Kabbalist verbringt viel Zeit dort, denn auch er hat die weltliche Situation noch nicht vollständig gemeistert. Bis zum gänzlichen Eingehen in das Gelobte Land vergehen viele Jahre. Die angeborenen Gewohnheiten aus der Knechtschaft verlieren sich nicht so schnell.

In der Kabbalah unterscheiden wir zwei Stufen des Bewußtseins. Die erste heißt Katnuth, die kleine Stufe, und die zweite Gadluth, die große Stufe. Katnuth ist der Zustand eines im Ego verhafteten Menschen, der auf das untere Gesicht des jeziratischen Baumes beschränkt ist. Gadluth heißt, sich in Tiphereth zu befinden und Zugang zu dem oberen Gesicht von Jezirah – gleichzeitig das untere Gesicht von Beriah – zu haben. Bezogen auf die fünf Gärten oder Gesichter des erweiterten Baumes, entspricht Katnuth dem Seinszustand im zweiten und ersten Garten von unten; das sind die niederen und höheren irdischen Welten, letztere gleichzeitig das untere Eden. Sich in Gadluth befinden bedeutet, im dritten oder oberen Eden zu sein; dies wiederum entspricht gleichzeitig dem unteren Gesicht des Himmels. Hier gewinnen wir eine Vorstellung des Potentials beider Bewußtseinszustände.

Den sich hartnäckig behauptenden Zustand von Katnuth zu überwinden ist zwar ein unglückseliger aber unvermeidbarer Prozeß, denn die Kabbalisten sind sich sehr wohl darüber im klaren, daß selbst evolvierte Menschen nicht ständig in Tiphereth zu Hause sein können. Der Katnuth-Zustand wird auf der einen Seite von den Forderungen der Außenwelt mit ihren Attraktionen bestimmt. Auf der anderen Seite stürmen die Begierden der inneren Welt mit ihren vegetabilen und animalen Ausdrucksformen ständig auf den Menschen ein und versuchen, ihn an seine Bedürfnisse zu erinnern. Kabbalisten verurteilen daher einen Menschen nicht, wenn er einmal vergißt, wer er ist, wo er ist und warum er dort ist. Sie machen es sich vielmehr zur konstanten Zielsetzung, so oft wie möglich in der Gegenwart zu sein. Dieses Ziel ist immer auf ein Treffen des Ich mit dem biblischen DU in Tiphereth gerichtet. Wenn der Mensch in Tiphereth ist, ist er sich Gottes bewußt. Dieser Übung wird in dem großen Gebet des Schma, das mindestens dreimal täglich verrichtet wird, Ausdruck verliehen. Es beginnt, wie bereits erwähnt, mit den Worten »Höre, o Israel«, also mit einer Aufforderung, hinzuhören, zu erwachen, aufmerksam zu sein, nach Tiphereth zu kommen. »Der Herr ist unser Gott«, das heißt, SELBST ist das Selbst in aller Menschen Selbst. »Der Herr ist einzig«, sagt aus, daß es in diesem Stadium keine Trennung gibt, denn in Tiphereth ist die Essenz von allem, und alles ist eins. Das Gebet hält in seinem weiteren Verlauf den Betenden an, daß er sich mit seinem ganzen Herzen, seiner Seele und all seinen Kräften zur Liebe Gottes verpflichte, auf daß auch nicht ein Teil von ihm und seinem natürlichen Dasein von dieser Verpflichtung ablasse. Dies wird durch die Aufforderung unterstrichen, jene Worte im Herzen (Tiphereth) zu bewahren und bemüht zu sein, sie seinen Kindern beizubringen; damit sind nicht nur die natürlichen Nachkommen gemeint, sondern auch jene niederen oder geringeren Teile von einem selbst – wie das Ego und die animale sowie vegetabile Seele. Das Gebet geht weiter: »... und [du] sollst sie [die Eingangsworte ›Der Herr ist unser Gott. Der Herr ist einzig‹] verkünden, wenn du in deinem Hause bist und wenn du hinausgehst auf die Straße und wenn du dich darniederlegst und dich erhebst.« Diese Zeilen können einerseits als eine wörtliche Mahnung angesehen werden, immer in Tiphereth zu sein, selbst wenn wir unseren Geschäften in Assiah nachgehen; andererseits zeigt die kabbalistische Betrachtungsweise, daß das hier angesprochene Haus Israel ist und die Straße die zentrale Säule der Heiligkeit mit Hinweis auf Katnuth und Gadluth durch die Worte »wenn du dich darniederlegst und wenn du dich erhebst«. Es folgt eine Beschreibung verschiedener Hilfen und Zeichen der Mahnung, die alle in Herz und Verstand verankert werden sollen, bis das Gebet schließlich folgendermaßen endet: »Ihr sollt sie [die Worte ›Der Herr ist unser Gott. Der Herr ist einzig‹] an die Türpfosten eures Hauses und an die Tore schreiben.« Dies stellt wiederum die Position von Tiphereth heraus als Eingangs- und Ausgangsort zwischen oberem und unterem Gesicht der äußeren und inneren Welten. Es gibt viele solcher Gebete, die mehr als ihre wörtliche Bedeutung in sich tragen und sowohl in der Hingabe als auch in der Kontemplation Anwendung finden. Mit ihrer Hilfe können wir wirklich und wahrhaftig Zugang zum Selbst-Bewußtsein erlangen – dem Gadluth-Zustand.

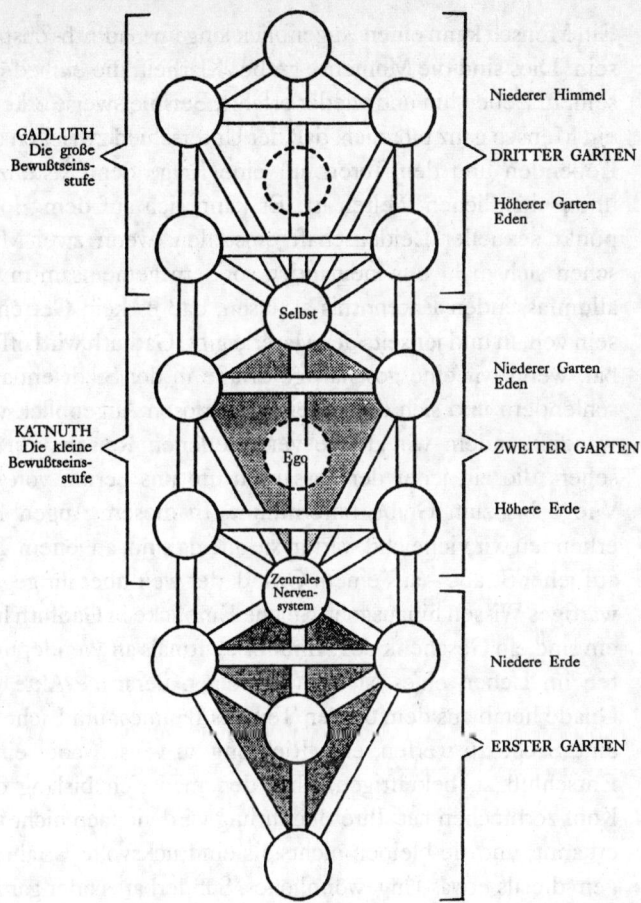

Abb. 23: Katnuth und Gadluth

Die kleine und große Stufe des Bewußtseins finden wir im gesamten erweiterten Baum, obwohl sie zunächst nur in Momenten des luziden Erwachens aus dem normalen Bewußtsein wahrgenommen werden. Gadluth oder die große Stufe ist essentiell für jede kabbalistische Arbeit, denn ohne direkten Kontakt zum Selbst bleiben die höheren Welten in der Ferne.

Ein Mensch kann einen Augenblick lang im Gadluth-Zustand sein. Dies sind die Momente großer Klarheit, die ein jeder in seinem Leben hin und wieder erfährt. Beispielsweise erkennt ein Mensch ganz plötzlich, daß der Unterschied zwischen den Lebenden und den Toten nur eine Frage der Existenz in unterschiedlichen Welten ist. Es kann sich auf dem Höhepunkt sexueller Leidenschaft einstellen, wenn zwei Menschen sich nicht nur ineinander, sondern gemeinsam in der allumfassenden Erkenntnis auflösen, daß es kein Getrenntsein von, in und jenseits der Materie gibt. Gadluth wird offenbar, wenn wir eine geschäftige Straße in der Stadt entlangschlendern und sich dies in einen zeitlosen Augenblick verwandelt, indem wir all die verschiedenen Reisen vor uns sehen, die ein jeder der Passanten um uns herum von der Wiege bis zum Grabe unternimmt. In diesem Augenblick erkennen wir vielleicht, warum sie alle da sind, an jenem Tag, auf jener Straße – aus einem Grund, der weit über ihr gegenwärtiges Wissen hinausgeht. Solche Einblicke in Gadluth hinein sind ein Geschenk des Himmels. Oftmals an Wendepunkten im Leben eines Menschen steigen derartige Akte der Gnade herab aus dem oberen Teil des Baumes, um Licht auf eine Sache zu werfen, eine Richtung zu weisen oder einen Entschluß zu bekräftigen, über den man sich bislang den Kopf zerbrochen hat. Ihre Bedeutung wird vielfach nicht voll erkannt, und sie bleiben nichts als eindrucksvolle Erfahrungen, die als etwas Ungewöhnliches, Sonderbares oder gar Irrsinniges abgetan werden. Wer als einziger bei einem Flugzeugabsturz, bei dem alle anderen getötet wurden, unverletzt davongekommen ist, mag die Botschaft nicht verstehen, daß er in seinem Leben hier auf Erden noch eine Mission zu erfüllen hat, bevor er stirbt. Ein anderer hingegen, der vielleicht den gleichen Flug wegen einer unvorhergesehenen Verzögerung verpaßte, erkennt sehr wohl, daß die Vorsehung ihn aus einem bestimmten Grund heraus beschützt hat. Es hängt eben davon ab, ob sich jemand in Gadluth oder in Katnuth befindet.

In der Kabbalah geht es im Grunde darum, so oft wie möglich in Gadluth zu sein, denn wenn wir mit unserem Selbst in Berührung sind, eröffnen sich viele Möglichkeiten. Aus der Sephirah des Selbst gehen acht Pfade strahlenförmig heraus. Diese Pfade tragen die Einflüsse aus drei unterschiedlichen Welten in sich. Die untere Gruppe besteht beispielsweise aus den drei höchsten Pfaden von Assiah. Alle acht operieren aus Tiphereth von Jezirah heraus, während das Einfließen der drei niederen Pfade der Schaffung in den beriatischen Aspekt des Selbst eingeht. Wenn sich eine derartige Kombination in jenem Ort bündelt, wo sich mein Wille und DEIN Wille treffen, können Wunder geschehen. Ein Wunder gilt als ein Ereignis, wo sich die Gesetze der höheren Welt in einer niederen manifestieren. Dies ist jedoch nur möglich, wenn es einen Zwischenträger zur Umformung des Einflusses von oben nach unten gibt. Und darum geht es in der Praxis der Kabbalah.

Im Bewußtseinstand von Katnuth – der kleinen Stufe – haben die höheren Welten keine Möglichkeit der direkten Einflußnahme, außer in Form eines Aktes der Gnade. Dieses Geschenk wird den Menschen jedoch nur als Hilfe zur Selbsthilfe zuteil. Ein Maggid kann einem Aspiranten beispielsweise sehr viel Unterstützung geben, die eigentliche Arbeit allerdings muß von der betreffenden Person selbst eingebracht werden, wenn sie aus ihrem alten sklavenorientierten Dasein heraussteigen will. Sollte sie jedoch darauf bestehen, weiterhin in der Wüste Sinai zu bleiben, kann nichts für diesen Menschen getan werden, bis die Vorsehung ihn mit einem Schlag zum Fortbewegen aufrüttelt. Für den Aspiranten, der noch zögert, ist der Katnuth-Zustand weder Himmel noch Erde; wenn er nicht zurückgehen kann nach Ägypten, muß er

sich außerordentlich anstrengen emporzusteigen, um Gadluth zu erreichen. Wenn man nämlich soviel weiß wie er, ohne etwas damit anzufangen, kann daraus eine ganz besondere Art von Hölle in der Wüste Sinai entstehen. Dieser schmerzvolle, trostlose Zustand ist der Stachel, den die Vorsehung benutzt. Das kann sich in Form einer katastrophalen Beziehung manifestieren, in der die Integrität des Menschen auf die Probe gestellt wird, oder in Form eines Zeitabschnittes mit scheinbar keinerlei Bedeutung oder Richtungsweisung für sämtliche Dinge, mit denen der Mensch konfrontiert wird. Ein Akt der Gnade ist nicht immer einer der Barmherzigkeit; zuweilen kommt er auch aus dem Pfeiler der Strenge.
In Gadluth zu sein – der großen Stufe –, wo drei Welten aufeinandertreffen, das heißt soviel wie das erste Stadium von Devekuth erreichen. Devekuth ist der kabbalistische Name für Kommunion, also die direkte Verbundenheit mit dem Schöpfer. Dieser Zustand offenbart sich aus der Position des Selbst als dem beriatischen Malkhuth im erweiterten Baum; hier baut der Kabbalist allmählich eine permanente Verbindung mit der Welt der Schaffung auf.
Es ist durchaus keine ungewöhnliche Erfahrung, so berichten diejenigen, die sie gemacht haben, die Gegenwärtigkeit des Schöpfers zu spüren, zu erkennen oder gar sich ihrer direkt bewußt zu werden. In der Kabbalah wird dies in mannigfacher Weise ausgedrückt, von dem bereits erwähnten biblischen DU bis hin zu den Worten »Heiliger EINER, gelobt sei ER«. Manchmal wird sie mit einem der verschiedenen Namen für Tiphereth umschrieben: »Pracht«, was soviel wie »die Gegenwärtigkeit unendlicher Schönheit« bedeutet. Schönheit ist hier tatsächlich nur das äußere Gewand, die Ausschmückung der Realität. Kein Sterblicher darf das Gesicht des Schöpfers unmittelbar sehen und weiterleben; ihm wird eingeräumt, ein »Ebenbild« der perfekten, aber unsichtbaren Gegenwärtig-

keit, die im manifesten Universum existiert, wahrzunehmen. Schekhinah, der hebräische Name für diese Gegenwärtigkeit oder den »Ort des Verweilens«, so heißt es, war im brennenden Busch, den Moses gesehen hatte; sie schwebte über dem Tabernakel in Sinai und in dem Allerheiligsten im Tempel. Es heißt weiterhin, daß die Schekhinah Israel ins Exil begleitete. Alle diese allegorischen Situationen deuten auf die mittlere Säule der Heiligkeit, die sich von der Krone aller Kronen hinunter durch alle Welten bis ins unterste Malkhuth von Jakobs Kopfkissen aus Stein am Fuße der Leiter erstreckt. Die Schekhinah ist zwar in allen zentralen Sephiroth von Assiah gegenwärtig, dennoch tritt sie im Bewußtsein des Menschen erst in Erscheinung, wenn er in seinem Selbst ist, im Zustand von Gadluth also, und eine direkte Verbindung mit dem Heiligen Geist eingegangen ist. Darum heißt es, daß die Schekhinah bei denjenigen verweilt, die mit Gott ständig verbunden sind, wo immer ihr Platz auch sein mag. Hier in Devekuth des Selbst wird der Vilon oder Schleier gehoben, um den Sitz des Glaubens und den ersten der sieben Paläste des himmlischen Thrones zu enthüllen.

24. Neschamah: Die Seele

Ein Mensch kann zwar aus Tiphereth von Jezirah einen Blick auf die himmlischen Paläste von Beriah werfen, doch vollends in sie eingehen kann er erst dann, wenn er mit der Läuterung des jeziratischen Körpers seiner Psyche wirklich und wahrhaftig begonnen hat. Dieser Läuterungsprozeß findet in der Triade der Seele statt.

Bisher haben wir uns in unseren Betrachtungen mit dem Baum von Assiah beschäftigt, der das zellulare Vehikel mit seiner vegetabilen und animalen Intelligenz und die mentalen Abläufe im natürlichen Menschen verkörpert. Wir haben auch gesehen, wie ein Mensch, der sich aus dem rein erdgebundenen Stadium erheben will, aus Assiah emporsteigen kann. So gelangten wir nach Jezirah, der Welt der Psyche. Die Psyche, wie sie in Kapitel 6 kurz beschrieben wurde, folgt dem Muster des sephirothischen Baumes, denn alle voll entwickelten Organismen auf jeder manifesten Daseinsebene basieren auf seinen Gesetzmäßigkeiten und seinem Aufbau.

Der Mensch macht seine Erfahrungen meistens nur im unteren Gesicht von Jezirah. Mindestens einmal in seinem Leben erhält er jedoch durch ein Geschenk der Gnade einen Einblick in das obere Gesicht. Um willentlich in dieses obere Gesicht einzugehen und mehr als nur einen kurzen Augenblick lang dort zu verweilen, bedarf es – wie wir gesehen haben – einer umfassenden Vorbereitung. Auf die Errichtung eines Tores zum dritten Garten der Leiter des Jakob folgt eine Phase der Vertiefung. Diese ist notwendig, damit ein Mensch vollends in diesen Garten eingehen kann, und erklärt, warum man die Jezirah-Triade Geburah–Tiphereth–Chesed gelegentlich als den Ort bezeichnet, wo die Engel über die Seele wachen. Dieses Symbol erlangt zusätzliche Bedeutung in dem Bewußtsein, daß das obere Gesicht von Eden und das untere Gesicht des Himmels jenseits davon liegen.

Der Überlieferung zufolge wacht über jedem Menschen ein guter und ein böser Engel. In der Kabbalah, in der die rechten und linken Pfeiler gelegentlich auch die gute und die böse Seite genannt werden, kommt diesem Satz eine besondere Bedeutung zu. Im Baum ist die rechte Seite expansiv, die linke kontraktiv, die rechte ist Wachstum, die linke Verfall und so weiter. Das so von der linken Seite entstehende Bild ist stets eingrenzend, starr, streng und dem Tode zugewandt. Für sich allein genommen, ließe der Charakter dieses Pfeilers ein grausames, hartes Universum entstehen, wie es der Talmud in seiner Geschichte der Entstehung der Welt beschreibt. Doch der Herr sorgt für Ausgleich mit der rechten Seite der Barmherzigkeit und Harmonie durch die mittlere Säule des Gleichgewichts. Dies hindert den linken Pfeiler daran, bei seiner Neigung zur Form das Maß zu überschreiten. Das Prinzip der Starrheit ist jedoch vorhanden, und wenn es aus dem Gleichgewicht gerät, wird es zu dem, was wir als das Böse kennen: die »andere Seite«, wie es in der Kabbalah heißt.

Das Böse hat seinen Platz im Universum. Es ist jedoch nicht das, was sich die meisten von uns darunter vorstellen. So ist beispielsweise eine Jauchegrube ein denkbar unangenehmer Ort, doch sie ist unbedingt vonnöten, damit der organische Abfall sich wieder in seine elementaren Bestandteile zersetzen kann, um anschließend in die Erde oder die organische Natur zurückgeführt zu werden. Das Böse kann in den vermodernden Resten einer früheren Erfahrung bestehen. Blieben diese erhalten, wäre schon bald jede Ebene des gesamten Universums mit Müll übersät. Die Zersetzung ist notwendig, um das in ihrem Sein eingeschlossene Potential an Kraft,

Form und Bewußtsein freizugeben. Dieser Prozeß wird in der Kabbalah als die »Grube« oder Dschehennah bezeichnet: das Tal der Hölle. Diese Art des Bösen ist zudem ganz anders als dasjenige der dämonischen Kräfte und Formen außerhalb der geregelten Strukturen des Universums, mit Ausnahme des Satans, der in Gottes Diensten steht, um die Menschen auf die Probe zu stellen.

Der in Geburah wohnende Engel ist der Vertreter des Gerichtes. Seine Aufgabe ist es, Strenge anzuwenden, wo sie gebraucht wird, und das funktionale Böse oder das Kontraktionsprinzip über die Seele auszuüben. Verhält sich ein Mensch richtig, so spielt der Engel die passive und einschränkende Rolle des Unterscheidens. Macht sich dieser jedoch eines Vergehens schuldig, wechselt der Engel in den aktiven Aspekt von Geburah über und treibt ihn als augenscheinlicher Teufel oder böser Engel dazu, weitere Unbesonnenheiten zu begehen. Schließlich wird die Situation so schrecklich und das Gericht so streng, daß der Pfeiler der Barmherzigkeit in Aktion tritt. Dann wird der Betreffende mit der Entscheidung konfrontiert, zu bereuen und ins Gleichgewicht zurückzufinden oder noch tiefer in die andere Seite einzudringen und weitere Züchtigungen oder gar – wenn der Baum das Gleichgewicht verliert – die Zerstörung in Kauf zu nehmen. Dieser fortwährende Balanceakt wird als das Kräftespiel von Jasar Tov und Jasar Harah – oder der gute und der böse Impuls – bezeichnet. Gut und Böse stellen zwar die Möglichkeiten zur Wahl, doch für welche sich der Mensch entscheidet, bleibt ihm selbst überlassen. Aus diesem Grunde betrachtet man das emotionale Dreieck von Geburah–Tiphereth–Chesed als die Triade der Moral.

Die Art von Moral, die hier angesprochen ist, hat nur wenig mit den in Jesod vermittelten Sitten und Gebräuchen zu tun. Diese Ego-Regeln sind von Gemeinschaft zu Gemeinschaft

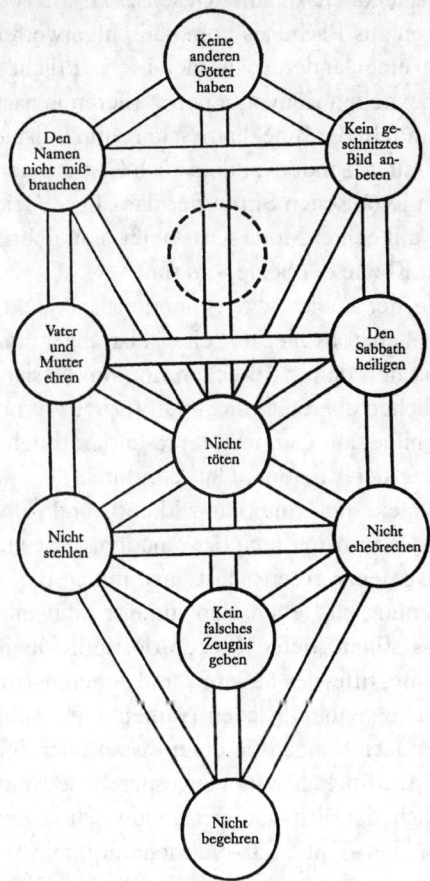

Abb. 24: Die Zehn Gebote

Da das Universum auf den zehn Attributen oder Ausgießungen Gottes basiert, wurzelt jedes einzelne der Zehn Gebote in einer Sephirah. Die supernale Triade von Kether–Chokhmah–Binah zeigt klar und deutlich die Anweisungen hinsichtlich der Gottheit, während sich die sieben unteren Sephiroth-Bausteine direkt auf den Menschen beziehen.

sehr unterschiedlich. In einer Gesellschaft wird beispielsweise das Töten aus Rache als unmoralisch verworfen, während man es in einer anderen als moralische Pflicht betrachtet. Auch die sexuellen Konventionen variieren je nach Zeit, Klima und Land. In der Bibel hatte Jakob zum Beispiel nicht nur mehrere Frauen, sondern zudem auch Konkubinen. Dies entsprach den jesodischen Sitten der damaligen Zeit und hatte nur wenig mit echter Moral – das heißt dem richtigen Verhalten auf der Ebene der Seele – zu tun.

Die Triade der Seele ist der emotionale Aspekt des Menschen. Wir haben es hier mit einer klar abgegrenzten Seinsebene zwischen dem natürlichen unteren Gesicht und dem übernatürlichen oberen Gesicht von Jezirah zu tun. Die Triade wird gebildet aus Geburah, repräsentiert durch die passive äußere Seite der Emotion, Chesed, durch den aktiven oder inneren Aspekt der Emotion wirkend, und Tiphereth, als versöhnendes Prinzip durch das emotionale Bewußtsein auftretend. Gemeinsam erwächst aus ihnen die emotionale Grundströmung im Leben, den zumeist ruhigen, wenn auch keineswegs stillen, tiefen Prozeß der individuellen Entfaltung. Die Begriffe der äußeren und inneren Emotion sind zwar, wie alle sephirothischen Namen auch, völlig unzureichend. Dennoch bringen sie deren Aspekt der Form und der Kraft zum Ausdruck. Die hier angesprochene Emotion unterscheidet sich deutlich von der Leidenschaft der animalen Triade von Hod–Tiphereth–Netzach mit ihrem Wechselspiel von Anziehung und Abstoßung, Erregung und Erschöpfung. Die äußere Emotion befaßt sich beispielsweise mit der passiven Reaktion des Herzens, dem weiblichen Aspekt eines Menschen und seiner emotionalen Empfänglichkeit, während die innere Emotion im wesentlichen seine aktive, vitale und zutiefst männliche treibende Kraft darstellt. Der Effekt dieser letzteren Kraft ist nicht immer sofort erkennbar; man muß schon eine ganze Lebensspanne betrachten. Gemeinsam mit Tiphereth erzeugen die äußere und innere Emotion zum Beispiel in einer Beziehung Liebe mit Urteilsvermögen und Kontrolle mit Sanftheit. Diese und die Eigenschaften der Mildtätigkeit, des Mitgefühls, der Ausgeglichenheit und der Hingabe bilden zusammen mit der Wahrheit und Schönheit des Selbst das Wesen der Seele, des Trägers des Selbst-Bewußtseins.

Wie an ihrer Stellung im Baum zu erkennen ist, verfügt die Triade der Seele über eine Art unabhängiges Aktionsfeld ober- und unterhalb der beiden Gesichter von Jezirah, die entweder durch die feststehenden Gesetze für den natürlichen Menschen oder die Fügung in den Willen, dem Herrn zu dienen, gebunden sind. Hierdurch erhält die Seele die Möglichkeit zur Entscheidung, und deswegen ist hier der Sitz der Moral. Moral ist eine emotionale Angelegenheit. Sie betrifft gutes und böses Verhalten. Hat ein Mensch Tiphereth erst einmal erreicht, gibt es für ihn keine Entschuldigung mehr, denn er ist über die Jesod-Konventionen der Gesellschaft hinausgewachsen. Ja er muß diese sogar oftmals brechen, um zu entkommen, wie Abraham, als er den Glauben seines Vaters an andere Götter in Frage stellte. Hierdurch kam er in eine Situation, in der er sich auf seine eigene Einsicht, die eine Eigenschaft der Seele ist, verlassen mußte. Jemand, der im unteren Gesicht von Jezirah lebt, hat keine Einsicht und auch keine Moral. Er stiehlt so lange, bis er erwischt wird, gibt falsches Zeugnis, wo ihm dies von Vorteil ist, und begehrt seines Nächsten Gut. Er tötet sogar, wenn es unbedingt sein muß. Ein ehrlicher Blick auf die Geschichte der Menschheit zeigt, daß all diese Laster nicht nur die Beziehungen zwischen einzelnen charakterisieren, sondern auch die zwischen ganzen Nationen. Aus diesem Grunde wurden den Israeliten, die gerade Ägypten verlassen hatten, die Zehn Gebote gegeben.

Als ehemalige Sklaven und natürliche Menschen befanden sie sich immer noch unter der Herrschaft des unteren Gesichtes von Jezirah, ungeachtet der Tatsache, daß sie in die animale Triade des erwachenden Bewußtseins eingetreten waren.

In Verbindung mit der Triade der Seele zu stehen heißt, ein Gewissen zu haben. Gewissen heißt im Lateinischen *conscientia*, das bedeutet »Mit-Wissen« – ein Hinweis darauf, daß man einen bestimmten Punkt in seiner spirituellen Entfaltung erreicht hat. Eine der Aufgaben der Zehn Gebote war, Verhaltensregeln für ein Volk – oder einen Menschen – aufzustellen, das noch kein eigenes Gewissen hatte und auf seinem Weg ins Gelobte Land noch der Führung bedurfte.

Wie alle anderen biblischen Regeln basieren auch die Zehn Gebote auf dem sephirothischen Baum. Jedes Gebot bezieht sich auf eine Sephirah, so daß jedes Gesetz auf einem göttlichen Prinzip beruht. So steht das zehnte Gebot – »Du sollst nicht begehren deines Nächsten Weib, Knecht ... noch alles, was dein Nächster hat« – offensichtlich in Zusammenhang mit Malkhuth, der Sephirah der Stofflichkeit, während sich »Du sollst nicht falsch Zeugnis reden wider deinen Nächsten« eindeutig auf Jesod, das Ego, bezieht. Das Gebot »Du sollst nicht töten« erlangt in Tiphereth seine ganze Bedeutung in der Beziehung zum Selbst und der Wahrheit. Das erste Gebot – »Du sollst keine anderen Götter haben neben mir« – gehört in keine andere Sephirah als Kether. Über die Zuordnung der anderen Gebote möge der Leser selbst nachdenken (siehe 2. Mose 20, 1–21).

Das Gewissen wird gebildet aus Liebe, Wahrheit und Furcht. Dies sind die Attribute für Abraham, Jakob oder Israel und Isaak, wenn diese Chesed, Tiphereth beziehungsweise Geburah zugeordnet werden. Mit diesen an sich grundverschiedenen Eigenschaften werden die drei Wege beschrieben, auf denen der Mensch seine Seele mit dem Göttlichen in Bezie-

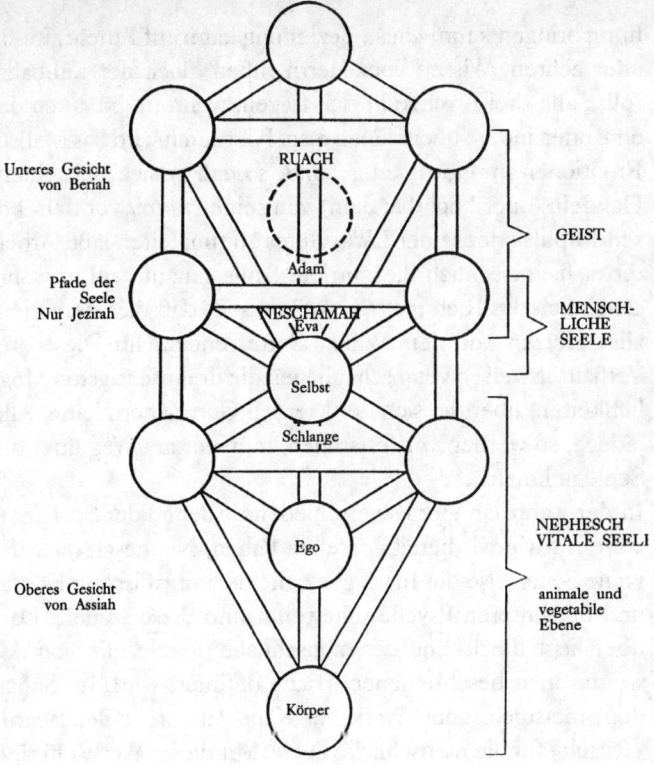

Abb. 25: Seelen

In der Kabbalah gibt es verschiedene Ebenen der Seele. Die niedrigste ist die vitale Seele des natürlichen Körpers. Es folgt Neschamah oder die menschliche Seele. Diese wird von der Triade Tiphereth–Geburah–Chesed definiert und gehört daher ausschließlich der Welt von Jezirah an. Die Triade Tiphereth–Chokhmah–Binah enthält die nächste Ebene, die in Beriah liegt. Als Teil vom Reich des reinen Geistes wird diese Seele »Ruach« oder »der Geist« genannt. Manche Kabbalisten verwenden die Namen genau andersherum oder arbeiten mit unterschiedlichen Anordnungen. Doch das ist nichts als eine Frage der Bezeichnungen.

hung bringen kann. Diese Beziehung kann auf Furcht, Liebe oder echtem Wissen vom Herrn fußen, doch der Kabbalist sollte alle drei Ansätze in sich tragen, wenn in ihm auch der eine oder andere überwiegen mag. Hierdurch wird das Maß an Emotionen im Gewissen gelenkt, so daß er sich bei seinem Handeln (oder Nichthandeln) von seiner *Furcht* vor dem bösen Impuls oder seiner *Liebe*, Gutes zu tun, leiten läßt. Arbeitet er hauptsächlich die mittlere Säule hinauf, will er wahrscheinlich das Richtige tun, weil er *weiß*, daß dies dem Herz aller Herzen und dem Willen Gottes entspricht. Diese drei Verhaltensweisen veranschaulichen die drei wichtigsten Möglichkeiten, über die sich der Mensch Gott nähern kann. Alle jedoch, so werden wir feststellen, müssen den Weg über die Seele nehmen.

In der Kabbalah gibt es verschiedene Ebenen der Seele. Erstere ist, wie wir bereits gesehen haben, Nephesch oder die vitale Seele, also die Intelligenz, die dem organischen Körper und der unteren Psyche innewohnt und diese steuert. Darüber liegt die Ebene der menschlichen Seele, die von der weiter oben beschriebenen Triade definiert wird. Im Sohar, dem meistgelesenen Werk der Kabbalah, steht der Begriff »Ruach« für die menschliche Seele. Mit dieser Wortwahl sind jedoch nicht alle Kabbalisten einverstanden: In der Tat ist der Begriff im Talmud mit Neschamah austauschbar, die der Sohar wiederum als die höhere Seele betrachtet. Um die Sache weiter zu verkomplizieren, benutzte der große Rabbi Maimonides den Begriff Nephesch für die höchstmögliche Ebene. Bei der Verfassung dieses und anderer Bücher griff ich auf die Bibel als literarische Instanz zurück. In der Genesis (1. Mose 1, 2) werden die Worte »Ruach Elohim« verwendet. Sie bedeuten der »Geist Gottes«. Aus diesem Grund habe ich den später genannten Begriff »Neschamah« für die menschliche Seele verwendet, zumal die Wurzel »Neschamet Chaim« oder

»Odem des Lebens« (1. Mose 2, 7) ist im Gegensatz zu Nephesch, der vitalen Seele, die Tiere besitzen – »Nephesch Chaim« oder »lebendiges Getier« (1. Mose 1, 20). Der Talmud beschreibt Neschamah als besondere Veranlagung eines Menschen, was in meinen Augen gleichbedeutend mit seiner besonderen Individualität ist. In Entsprechung zum Baum der Psyche steht Nephesch in Assiah und Ruach in Beriah; dazwischen befindet sich Neschamah in Jezirah (siehe Abbildung 25).

Die Buchstaben der Pfade, die die Triade der Seele oder Neschamah bilden, ergeben das Wurzelwort ZAKHEH, dem die Begriffe »Läuterung« oder »reinigen« und »aufhellen« zugrunde liegen. Dies gibt uns eine Vorstellung davon, wie diese Triade arbeitet. Man nennt sie auch die Triade der Anreicherung, denn hier findet ein kontinuierlicher Prozeß des Aufnehmens und Sichverfeinerns statt. Im Baum von Assiah, also dem Baum des physischen Körpers, entspricht diese Triade dem Stoffwechsel, wo Energie und Materie zersetzt und aufgebaut, gewandelt und angereichert werden, so daß der Körper seine maximale Vitalität aufrechterhalten kann. Im Baum des Körpers (Abbildung 9) grenzen die seitlichen funktionalen Triaden der Enzyme, Hormone und elektrischen Ione an die Triade des Stoffwechsels und beschleunigen oder verzögern deren Grad an Vitalität. Gleiches geschieht in der Psyche, wo die entsprechenden seitlichen Triaden der emotionalen Komplexe und intellektuellen Konzepte stimulierend oder hemmend auf die Seele wirken. Hier, in den Tiefen des individuellen Unbewußten, beeinflussen die aktiven und passiven emotionalen Komplexe und intellektuellen Konzepte unseres Lebens unseren psychischen Stoffwechsel. Im natürlichen Menschen bleiben diese im Stadium von Eingebungen des Unbewußten stecken, die aus der Tiefe kommen und weitgehend unbemerkt bleiben. Wollen wir aber unsere Seele entfalten, so ist es unser Ziel, diese normalerweise im verborgenen ablaufenden Vorgänge in Erfahrungen des Selbst-Bewußtseins umzuwandeln. Dann ist die Seele kein abstraktes Symbol mehr, dessen Vorhandensein die meisten Menschen nur erahnen – sie wird zu unserer ureigenen lebendigen Realität.

Der kabbalistischen Überlieferung zufolge wird die individuelle Neschamah in die Welt von Assiah entsandt, um dort mit Hilfe ihrer besonderen Wesensart und ihren Fähigkeiten eine bestimmte Aufgabe zu erfüllen, die keine andere Seele verrichten kann. Als inkarnierte Entität auf Erden bildet sie eine der höchsten Bewußtseinsebenen des Planeten überhaupt. Der Mensch, genauer gesagt ein voll entfaltetes menschliches Wesen, ist nicht nur da, um unter schwierigen, doch gleichzeitig höchst anregenden Bedingungen seine eigene Seele zu vervollkommnen. Er muß darüber hinaus für den Herrn auf dieser Ebene sehen, hören, fühlen, riechen und schmecken. Als selbst-bewußte Seele erinnert er sich und »wird erinnert«, weiß er und »wird gewußt«. Aus diesem Grunde nimmt der Herr die von ihm herausgerufene, erdachte, geformte und geschaffene Welt direkt durch die menschliche Erfahrung wahr.

Die menschliche Seele von Neschamah schwebt über Assiah und unterhalb von Beriah und gilt normalerweise als weiblich. Gelegentlich betrachtet man sie als die Eva des Geistes von Adam. Sie wird dargestellt in der großen Ruach-Triade von Tiphereth–Binah–Chokhmah. Darunter liegt die Schlange oder Nephesch. Sie beißt in Evas Ferse, als diese auf ihren Kopf tritt – in der Sephirah des Selbst, wo Kether, die Krone der Erde, auf Malkhuth, das Königreich des Himmels, trifft. Hier, im Selbst, wird die Gefahr der echten Versuchung gegenwärtig, und darum muß die Seele geläutert werden, bevor der Kabbalist vollends in die Welt des Geistes eingehen kann.* Dies bringt uns zurück zur Frage nach dem Bösen und seinen besonderen Funktionen.

Unter all den verschiedenen Formen des Bösen ist uns der archetypische Teufel Satan am bekanntesten. Der Überlieferung zufolge war der Satan einst ein Erzengel, also einer der Intelligenzen oder Hüter der Welt der Schaffung. Seine Aufgabe ist es, in Versuchung zu führen, die Wahrheit zu prüfen und die Güte auf der Ebene des Geistes auf die Probe zu stellen. Sein Spektrum ist breit, denn er kann lügen und den Anschein der Realität verzerren, um Schwächen bei Disziplin (Geburah), Wahrheit (Tiphereth) und Liebe (Chesed) in der Triade der Seele aufzudecken. Ein Maggid formulierte es einmal so: »Alle Menschen sind gut, wenn alles problemlos läuft. Doch legt man ihnen Schwierigkeiten in den Weg, kann man schon bald beobachten, wer sich den Prinzipien getreu richtig verhält und wer nur den eigenen Vorteil im Auge hat.« Auf den Menschen bezogen, ist dies die Aufgabe des Satans, wie uns die Geschichte von Hiob zeigt.

Eines Tages sagte der Herr von seinem Diener Hiob, es gebe »seinesgleichen nicht auf Erden, fromm und rechtschaffen, gottesfürchtig« und das Böse meidend. Für seine Frömmigkeit wurde Hiob mit großem Wohlstand, reichem Kindersegen und einem angenehmen Leben belohnt. Doch aus den Söhnen Gottes kam Satan und sprach, daß es für Hiob nicht schwierig sei, so gut zu sein, wie er ist, denn es gehe ihm gut und Gott beschütze ihn. Man brauche ihn nur in Versuchung zu führen, und er würde Gott verfluchen. Um die Güte von Hiobs Seele unter Beweis zu stellen, erlaubte der Herr dem Satan, diesen zu quälen. Der nahm ihm erst seine Familie und

---

* Eine eingehendere Darstellung der Seele befindet sich im Kapitel »The Soul« in dem vom selben Autor verfaßten Buch *Adam and the Kabbalistic Tree* (York Beach, ME: Samuel Weiser, Inc. 1976; und Bath, England: Gateway Books, 1990).

all sein Hab und Gut und schließlich gar seine Gesundheit, so daß er dem Tode nahe war. Dies erfolgt streng nach der Regel, daß das Böse das Gute letztendlich zwar nicht zerstören, so doch in arge Bedrängnis führen kann. Die Prüfung setzt sich über viele Seiten des Gesprächs zwischen Hiob und seinen Freunden fort, die davon überzeugt waren, daß sich dieser irgendeiner Freveltat schuldig gemacht und das Unheil so auf sich gezogen hatte. Hiob wies dies inmitten seines Leides zurück: Der Herr kenne seine Wege – wenn ER ihn geprüft habe, gehe er als Gold hervor. Mit der Symbolik des Metalls, das geschmolzen, geläutert, von Schlacke gereinigt und vergütet wird, werden derartige Prüfungen auf anschauliche Weise beschrieben. Am Ende erhielt Hiob seinen Besitz nicht nur zurück, sondern dieser wurde sogar verdoppelt: Dies geschieht oft nach einer Prüfung der Seele.

Hiobs Standpunkt verdeutlicht die kabbalistische Philosophie, nach der sogar das schlimmste Übel in sich einen Funken Gutes birgt, der zutage gefördert werden kann, um ihn dann in einen harmonischen Kreislauf zurückzuführen. Für diesen mutigen Ansatz bedarf es jedoch jener seltenen Reinheit der Seele, wie sie unter Heiligen und Zadekim zu finden ist. Diese betrachten das einer kosmischen Aufgabe dienende Böse als zum Willen Gottes gehörig – und nicht als etwas davon Getrenntes.

Der erste bewußte Kontakt mit dem Bösen wartet auf uns in Form unseres eigenen persönlichen Teufels, der die dunkle Seite unseres Ego verkörpert. Dieses finstere »Alter ego« ist ein höchst subtiler Genosse. Es dauert lange, bis wir ihn erkennen, und erst wenn wir ihn erkannt haben, können wir uns mit ihm auseinandersetzen. Der Maggid kann helfen, indem er auf den Bösewicht zeigt, sobald dieser aus seiner Deckung hervortritt und nur der Aspirant selbst ihn nicht sehen kann. Dieser Angriff auf den persönlichen oder inneren

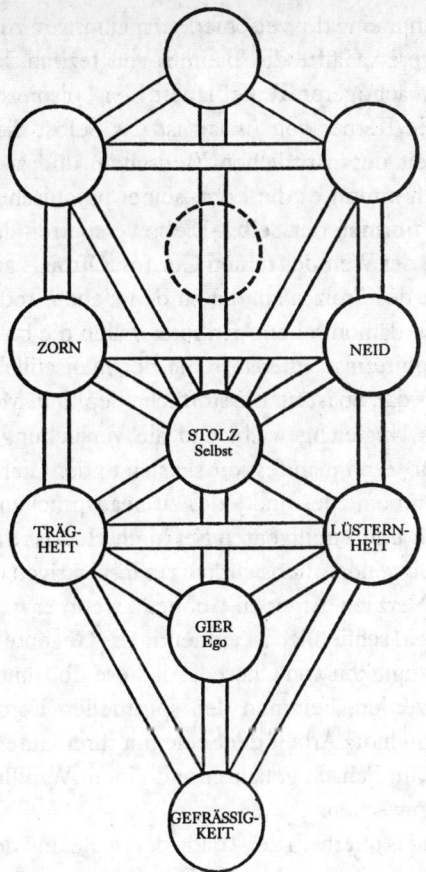

Abb. 26: Die sieben Todsünden

Jede Sünde ist die Umkehr des normalen Wirkungsprinzips einer Sephirah. Durch sie werden alle angrenzenden Triaden und Pfade am ordnungsgemäßen Funktionieren gehindert. Als blockierende Elemente im Baum von Jezirah verhindern sie das Heraustreten des Kabbalisten aus der Dominanz von Assiah und seine Entfaltung in der Psyche bis hin zu Beriah, der Welt des Geistes, die jenseits der sieben unteren Sephiroth liegt.

Teufel ist nur eine der verschiedenen Übungen zur Wandlung in der unteren Hälfte des Baumes von Jezirah. Ein anderer, sehr viel mächtigerer Teufel lauert hier beispielsweise beim Selbst. Wie Kether von Assiah ist das Selbst die physische Herrlichkeit des natürlichen Menschen, und als Tiphereth von Jezirah nimmt es die Form seiner psychischen Eitelkeit an. Beide Formen der Selbst-Liebe versperren den Eingang zu Beriah, der Welt des reinen Geistes. Oftmals gleiten sie in die Sünde des Stolzes ab, die zu den sieben Todsünden gehört. Diese dämonischen Attribute stellen die böse Seite der sieben sephirothischen Bausteine der menschlichen Psyche und Physis dar. So ist für die stoffliche Sephirah Malkhuth die Sünde das Ungleichgewicht und die Versuchung der Gefräßigkeit; für Jesod manifestiert sie sich in der Gier des Ego in seinem Streben, alles und jedes zu beanspruchen. Kehrseite der flinken und intelligenten Sephirah Hod ist die Trägheit. Lüsternheit gehört offensichtlich zur instinktiven und aktiven Sephirah Netzach, Ärger zu Geburah, wenn er nicht kontrolliert ist, Neid schließlich ist eindeutig das Gegenteil der Liebe und Großzügigkeit von Chesed. All diese Todsünden, wie sie genannt werden, hemmen den spirituellen Fortschritt und müssen durch die Arbeit der Seele mit ihrer läuternden Kraft verworfen, in Schach gehalten und einem Wandlungsprozeß unterzogen werden.

Das Böse, das oberhalb der Triade der Seele und des niederen Geistes lauert, ist jenseits des Fassungsvermögens der meisten natürlichen Menschen. Einen Hinweis auf die höheren Versuchungen erhalten wir jedoch durch eine Szene in T. S. Eliots Tragödie »Mord im Dom« (1935), in der Becket seine Hinrichtung erwartet. Nach mehreren Szenen, in denen sich der Erzbischof leichtfertig über die weltlichen Verlockungen äußert, wird er auf höchst subtile Weise von innen heraus von dem Gedanken befallen, wie reizvoll der edle Märtyrertod sei.

Hier haben wir es mit einer ganz unerwarteten und andersartigen Prüfung zu tun, und dies spiegelt sich wider in den Worten »Die letzte Versuchung ist der größte Verrat: das Rechte aus dem falschen Grund zu tun.« Mit dieser Prüfung wird jeder Kabbalist konfrontiert – sie wartet zu jeder Zeit und auf allen Ebenen der Jakobsleiter.

25. Kavanah: Die Absicht

Um in das Königreich des Himmels einzugehen, muß der Mensch durch viele Stadien emporsteigen. Das heißt, er muß die natürliche Welt meistern und das »Wagenwerk« beginnen. Der Wagen ist die Welt von Jezirah, und bislang sind wir erst bis zur Triade der Seele vorgedrungen. Der Tradition zufolge sprechen einige Kabbalisten vom *Hinuntersteigen* in den Wagen; dies gibt einen Einblick in zwei Betrachtungsweisen des erweiterten Baumes der vier Welten. Um die Jakobsleiter des relativen Universums zu erklimmen, müssen wir in die Tiefen unseres eigenen Seins eindringen. Hier sehen wir eine simultane innere und äußere Bewegung, wo der Mikrokosmos des Menschen den Makrokosmos der manifesten Welt reflektiert. Wegen dieser Beziehung beeinträchtigen sich beide gegenseitig – die Welt im großen und die Welt im kleinen. Offensichtlich ist der Mensch ja den höheren Welten unterworfen; doch ebenso trifft das Umgekehrte zu, wenn auch in viel geringerem Maße. Ein profanes Beispiel dieser Gesetzmäßigkeit zeigt sich in dem Phänomen, das auftritt, wenn ein großes Schiff neben einem kleinen Boot anlegt. Die gegenseitige Anziehungskraft zwischen den beiden ist dergestalt, daß zwar das große eine stärkere Wirkung auf das kleine hat; umgekehrt übt jedoch das kleine Boot trotzdem einen Sog auf das viel größere Schiff aus. Das gleiche beobachten wir bei den Himmelskörpern. Ein kleiner Planet kann durch die Präsenz eines größeren Bruders wesentlich stärker beeinträchtigt sein. Der größere Planet seinerseits wird jedoch im Verhältnis zur beiderseitigen Masse von seiner Bahn abgelenkt, wenn auch nur geringfügig. Gleichermaßen ist es in der Beziehung zwischen dem Menschen und dem Universum. Es gibt allerdings variable Faktoren dabei, denn nicht alle Menschen haben das gleiche spirituelle Gewicht.

Auf der niedrigsten Ebene finden wir den vegetabilen Menschen. Er ist fast völlig passiv. Die Seele ist in ihm gegenwärtig, doch sie ist nicht größer als ein Samenkorn. Er hat wenig oder gar kein spirituelles Gewicht, weil er weder einen wirklichen Willen noch die Fähigkeit hat, sich aus den Rhythmen herauszubewegen, die ihn am Leben halten. Darüber hinaus fehlt ihm das Gewissen, denn sein Sinnen und Trachten ist auf das Überleben ausgerichtet. Sein Platz in dieser Welt gleicht einem Saatbeet für kommende Generationen. Für sein Wohlbefinden sorgt die Natur, die sich nicht mit dem einzelnen, sondern mit der Masse befaßt. Jede Bewegung oder Welle durch die Masse der Menschheit hindurch kommt von oben oder unten, wie der Wind die Oberfläche eines Sees kräuselt oder ein Erdbeben von unten hervorbricht. Eine solche Existenzebene ist weder gut noch schlecht. Sie hat ihre Berechtigung als Erhalter des Lebens. In der Kabbalah spricht man deshalb von der Bewußtseinsebene des »Körpers« und »Fleisches«. Aus der Sicht des spirituellen Wachstums können ihre Kraft und Substanz eine Wandlung erfahren, indem aus einem hemmenden Faktor ein vitales, dynamisches Vehikel wird, das dem übernatürlichen Teil des Menschen dienlich ist. Nur jemand, der seinen Willen entwickelt hat, kann so etwas bewerkstelligen. Denn ohne die bewußte Konzentration des Willens auf die physische Aktion wird der Körper bald müde und sucht nach Ruhe, Nahrung und neuen Abenteuern.

Das Training des Körpers ist ein langer und schwieriger Prozeß; dennoch ist es möglich, die Physis in hohem Maße fest in den Griff zu bekommen. Dies wird uns in verschiedenen Überlieferungen vor Augen geführt. Neben der weithin bekannten Praktik des indischen Yoga gibt es da die wirbelnden Derwische des Mewlewi-Ordens, die sich viel länger, als das normale Schwindelgefühl es eigentlich zuließe, um die Achse eines Zehs drehen. In der Kabbalah finden wir verschiedene Methoden zur Unterwerfung des Körperwillens und zur Entfaltung der Kräfte der bewußten Absicht. Fasten ist *ein* Beispiel und dem Schlaf zu widerstehen und durch reine Willenskraft wach zu bleiben ein anderes. Solche Exerzitien sollten allerdings nur unter Aufsicht von Personen durchgeführt werden, die wissen, was sie tun. Es wäre sinnlos und sogar gefährlich, sie ohne einen bestimmten Grund zu verrichten.

Die Beherrschung des animalen Teiles der Nephesch ist die nächste Stufe und Ebene. Auch hier wird der Wille eingesetzt, doch dieses Mal zur Kontrolle der Leidenschaften. Das könnte darauf hinausgehen, daß wir lernen, eine Stunde am Tag vollkommen still zu sitzen oder gar die rebellische animale Natur noch tiefer in eine Aufgabe hineinzuzwingen, die sie absolut nicht verrichten will. So kann beispielsweise der Mensch aufgefordert werden, eine kabbalistische Aufgabe an dem Tag zu erledigen, an dem er gerade eine besonders angenehme soziale Verpflichtung geplant hatte. Er mag dies als unfair betrachten, aber die Entscheidung liegt immer noch bei ihm, ob er es tun will oder nicht. Der seiner Freuden enthobene animale Teil wird verärgert sein, doch der menschliche Teil dürfte den Zweck des absichtlich ungünstig gewählten Zeitpunktes erkennen. Ein derartiger Prüfstein kann oftmals einen totalen Krieg durch Nephesch entfachen, unterstützt vom Ego und gerichtet gegen den Maggid, die Gruppe und die Kabbalah. Die eigentliche Schlacht jedoch findet im Menschen selbst statt. Wenn er wahrhaftig an der Entwicklung seiner Seele interessiert ist, wird er die bewußte Absicht erkennen und zur Anwendung bringen. Dies ist eine wertvolle Erfahrung und Teil eines Trainings- und Läuterungsprozesses.

Angenommen, er hat diese verschiedenen Stadien der Evolution durchlaufen und die Stufe erreicht, nunmehr willentlich in Tiphereth einzugehen, so unterscheidet sich seine Position stark von der eines vegetabilen und animalen Menschen. Als Wesen, das mit drei Welten bewußt in Berührung steht, trägt er inwendig in sich ein weitaus größeres Einflußpotential auf das Universum als ein überfülltes Olympiastadion der Neuzeit. Der Grund dafür liegt ganz einfach in der Tatsache, daß er sich im Zustand von Gadluth, der höheren Bewußtseinsstufe, befindet und er dadurch zum Instrumentarium für den Informationsdurchfluß aus den höheren Welten herauf oder herunter wird. Normalsterbliche erkennen die Außergewöhnlichkeit der Situation natürlich nicht, doch die Geschichte bringt die Auswirkung derartiger Kräfte und Mächte in Gestalt von Menschen wie Jesus und Buddha zum Vorschein. Hätten sich diese nicht zumindest im Ort ihres Selbst aufgehalten, hätte keiner von beiden eine wirkliche Ausstrahlung auf ihr unmittelbares Umfeld und auf die nachfolgenden Generationen ausgeübt. Daß die Kraft durch sie zu uns herunterkam, läßt sich daraus entnehmen, daß ihr Einfluß heute, nach zweitausend Jahren und mehr, immer noch gegenwärtig ist. Kein auch noch so allgewaltiger animaler Mensch hat je einen derart lang anhaltenden Einfluß gehabt. Die Imperien von Attila, dem Hunnenkönig, und Alexander dem Großen sind untergegangen, fast ohne Spuren zu hinterlassen, doch die Worte von Plato und Zarathustra sind heute noch frisch und kraftvoll.

Der Devekuth-Zustand oder die Kommunion mit Gott ist passive Verbundenheit. Wir müssen dazu nicht nur so oft wie möglich in Tiphereth sein, sondern SEINE Gegenwärtigkeit ständig in unserer Erinnerung bewahren. Ist diese Voraussetzung in unserer Vorbereitung erfüllt, kann die Gnade herabsteigen. Es gibt jedoch noch einen weiteren Status in Tiphereth, nämlich den aktiven Zustand von Kavanah. Wie wir festgestellt haben, wird in der Kabbalah der Entfaltung des Willens sehr viel Zeit und praktisches Training gewidmet. Jetzt sind wir an dem Punkt angelangt, wo der Wille nicht nur nach unten, sondern mit bewußter Absicht aufwärts gelenkt wird. Das ist die eigentliche Bedeutung des Wortes »Kavanah«.

Wir erinnern uns, daß die animale Triade des erwachenden Bewußtseins gelegentlich auch »Triade der Hoffnung« genannt wird, und daß aus der richtigen Anordnung von Jesod und Tiphereth inmitten von Hod und Netzach der Bogen der Hoffnung entspringt. In der Kabbalah wird das Gebet als Pfeil und Bogen angesehen. Die Kavanah ist das Ziel, das der Mensch entlang der zentralen Säule des Baumes nach oben anvisiert; den Bogen bildet der Betende mit seinem eigenen Sein.

Mit diesem »spirituellen Bogenschießen«, so heißt es, zielt der Mensch eigentlich auf sich selbst, denn noch bevor sich der Pfeil löst, muß er mit dem Ziel eins geworden sein. Diese Analogie wird in den Annäherungsweisen der Tat, der Hingabe und der Kontemplation bestätigt. Um Gott zu erreichen, müssen wir so geradlinig wie menschenmöglich auf der Säule der Heiligkeit ausgerichtet sein. Dies erfordert ein Höchstmaß an Aufmerksamkeit bei minimalem Ausscheren zum linken oder rechten Pfeiler hin. Auch müssen die Füße fest in Malkhuth verankert, der Ego-Verstand klar in einem passiven Jesod-Pfeil gebündelt und der Willens-Bogen diszipliniert in Tiphereth gehalten sein. Der »Schuß« kann sich in Form eines Rituals, eines Gebetes oder einer Idee ausdrücken – wie auch immer. Wichtig ist, daß die Absicht recht ist und bewußt erfolgt.

Die Aufrichtigkeit einer solchen Handlung wird von der Reinheit der Seelentriade bestimmt. Die Ausgewogenheit zwischen Gottes-Furcht und Gottes-Liebe korrigiert die emotionale Gewichtung des Aktes. In Momenten wie diesen darf keine böse Absicht auftreten, weil der Pfeil sonst nicht nur viel zu kurz landen, sondern auch in den linken Pfeiler eindringen und damit alle getroffenen dämonischen Kräfte freisetzen würde. In der Psychologie sprechen wir in diesem Zusammenhang beispielsweise von Fanatismus, der zu religiösen Verfolgungen führen kann, wie sie in der Vergangenheit ja auch stattgefunden haben. Die Menschen, die in ihrer Zeit Abtrünnige verbrannten, taten es allesamt »für Gott«, doch in der Unreinheit ihrer Moral traf der Pfeil der Absicht Geburah und rief damit die dämonischen Archetypen der Inquisition auf die Bühne. Aus diesem Grunde ist es so wichtig, ständig an der Seele oder Ebene des Selbst-Bewußtseins zu arbeiten, denn sich einzubilden, man habe die absolute Reinheit und Vollkommenheit des Gerichtes und der Barmherzigkeit erreicht, wäre reine Blasphemie. Es ist ein kontinuierlicher Prozeß der emotionalen Vervollkommnung, wobei Gericht und Barmherzigkeit nicht nur von uns selbst in Angelegenheiten nach unten hin angewandt, sondern auch von oben herab an uns vollzogen werden. Die Seele ist, so heißt es, jener Teil von uns, der alles über unser eigenes Leben weiß und über die damit zusammenhängenden Personen, Dinge und Geschehnisse. Sie wird zum Instrument, mittels dessen wir in die höheren Welten Einblick nehmen. Der Zustand eines so subtilen Organs bestimmt die Stetigkeit unserer Absichten und Ziele.

Anbetung ohne Kavanah ist wie ein Körper ohne Seele, so sagen die Kabbalisten. Hier offenbart sich der Unterschied zwischen einem spirituell schlafenden oder wachen Menschen. Wenn wir unsere Gebete gedankenlos rezitieren, weil dies in der Gemeinschaft so praktiziert und akzeptiert wird oder weil die Eltern es einem vielleicht so beigebracht haben, werden wir nie über die Ebene von Jesod hinauskommen und mit dem Himmel in Berührung treten können. Es genügt eben nicht, nur die Theorie von Hod und die Praxis von Netzach zu kennen. Die einfache Wiederholung einer Formel ohne die direkte und unmittelbare Erfahrung beschränkt uns immer noch auf die Ebene des cleveren vegetabilen Menschen. Im natürlichen Menschen schlummert jedoch die Möglichkeit der religiösen Erfahrung in Tiphereth: Die Triade der Hoffnung (Hod–Tiphereth–Netzach) kann einen Augenblick lang das Selbst-Bewußtsein wachrütteln, vorausgesetzt, die Inbrunst ist groß genug. Denn die Leidenschaft der animalen Triade, die ja keinen bewußten Willen in Tiphereth hat, pendelt von Begeisterung zu Erschöpfung, so wie Hod und Netzach hin und her schwanken, wenn die Disziplin fehlt. Ekstatische Momente wie diese bewegen den Menschen zutiefst. Spirituelle Lehrer müssen ihre Schüler mit großer Wachsamkeit führen und sie vor den Gefahren unbewußter Ekstase warnen. »Das Ziel muß, ohne es zu verschieben, verschoben werden«, so wurde einmal geschrieben. Dies zu bewerkstelligen erfordert zumindest Selbst-Bewußtsein, einen großen Willen und sehr viel Disziplin.

Kavanah ist der Akt der bewußten Absicht. Seine Begleiter sind Meister von Malkhuth, dem Körper, Herrscher über Jesod (auf daß der Verstand eine Brücke und keine Barriere werde) und Anwender der Theorie von Hod sowie der Fähigkeiten von Netzach. Ist die Aufmerksamkeit in Tiphereth zentriert, wo die Ausrichtung der Kavanah geregelt wird, so bekommt sie die emotionale Kraft und Präzision durch Chesed und Geburah der Seele. Aus der Achse des Selbst kann der Mensch den Geist nach oben richten, sei es zum Lobe oder als Bitte.

Kavanah kann auf alle Ebenen der höheren Welten ausgerichtet werden. Wo ein Wille ist, ist Macht. Was ein Mensch bewußt beabsichtigt, wird gelingen, wenn es SEIN Wille ist. Darum ist der Kabbalist sowohl dem Menschen als auch Gott verantwortlich.

26. Vorbereitung des Weges

Zwar ist der Akt der Kavanah – der bewußten Absicht – den kabbalistischen Prinzipien zufolge stets derselbe, doch es gibt drei verschiedene Methoden zu seiner Anwendung. Diese stehen in direkter Beziehung zu den drei verschiedenen Wegen der Tat, der Hingabe und der Kontemplation. Bevor jedoch eine dieser Methoden zur Anwendung kommen kann, muß der Betreffende eine Phase der Vorbereitung durchlaufen, um aus dem Katnuth-Zustand des jesodischen Bewußtseins herausgehoben zu werden.

Die erste und der Praxis naheliegendste Vorbereitung befaßt sich mit den äußeren Bedingungen. Traditionsgemäß kann der Akt der Kavanah sowohl in der Gemeinschaft als auch in der Zurückgezogenheit vollzogen werden. Im ersten Fall hat man den Vorteil, auf die Ressourcen der Gruppe zurückgreifen zu können. Dieser beruht auf dem gemeinsamen Ziel und der gegenseitigen Hilfe, durch die die Aufmerksamkeit der Gruppe gebündelt und in einen ausgesprochen machtvollen emotionalen Zustand erhoben wird, aus dem der einzelne nochmals höher aufsteigen kann. Dieses Schöpfen aus der Gruppenseele finden wir in allen Traditionen. Es ist bei Quäker-Versammlungen, buddhistischen Meditationssitzungen und in Sufi-Zirkeln gleichermaßen anzutreffen. In der Kabbalah kann es sich hier sowohl um offene als auch um geschlossene Gruppen handeln. Offene Gruppen sind eigentlich nicht »offen«, denn sie sind normalerweise auf streng orthodoxe Gemeinschaften wie die Chassidim beschränkt, und obwohl die Anwesenheit eines Gastes bei ihren Treffen durchaus zulässig ist, ist dieser oft nicht ausreichend vertraut mit der jeweiligen Tradition, um wirklich in die Arbeit einbezogen zu werden. Selbst innerhalb der Linie der Chassidim gibt es stark unterschiedliche Annäherungsweisen zu ein und demselben Ziel. Verharrt man in der einen Gruppe beim Gebet regungslos, so setzt eine andere ganz auf Bewegung, und sogar die älteren Mitglieder beteiligen sich am Tanz.

Über geschlossene Gruppen läßt sich aus offensichtlichen Gründen sehr viel weniger sagen, denn naturgemäß ist im allgemeinen nicht viel über ihre Methoden bekannt. Festzustellen ist jedoch, daß zwar die Gesetze stets dieselben sind, doch jede Gruppe ihre eigenen Praktiken pflegt, denn gleich den Menschen haben auch Gruppen ihr ganz spezifisches Gepräge und unterschiedliche Bedürfnisse. Für die Methoden des Tuns, der Hingabe und der Kontemplation gibt es keine festgelegte Form. Jedes Zeitalter schafft seine eigenen Versionen. Das Ritual einer Ära mag in der nächsten überholt sein, und wer glaubt, durch strenge Einhaltung einer wörtlichen Formel zu Ergebnissen zu kommen, wird unbemerkt in die Irre geführt. Zum Erfolg kann man in allen Methoden jedoch nur mit Kavanah oder bewußter Absicht gelangen.

Den Akt der Kavanah allein in der Zurückgezogenheit zu vollziehen ist schwieriger, denn es fehlt die förderliche Atmosphäre, wie sie von anderen Menschen ausgeht, die sich am gleichen Ort zum gleichen Zweck versammelt haben. Vorteilhaft ist jedoch, wenn die Situation nicht in ein geselliges Beisammensein abgleiten kann, wie dies in Synagogen und Kirchen oft zu beobachten ist. Ist man allein, so gibt es keine Projektion und keine Identifikation mit der Gruppe. Es gibt keinen anderen, dem man Vorwürfe machen oder den man loben könnte. Erfolg oder Mißerfolg des Ganzen hängen einzig und allein von einem selbst ab.

Als erstes muß der in der Zurückgezogenheit Praktizierende die inneren Voraussetzungen für ein Erheben aus Katnuth nach Gadluth hinein schaffen. Dies ist auch in der Gruppenarbeit eine unabdingbare Voraussetzung, denn wir können uns nicht darauf verlassen, daß äußere Stimuli uns daran erinnern, wer wir sind, wo wir sind und warum wir dort sind. Diese Verantwortung fällt in den Bereich der Selbstdisziplin. Der Maggid kann zwar die Regeln und Anweisungen vorgeben, Hilfen bereitstellen und die Bedingungen für das Erwachen schaffen, doch verantwortlich ist er letztendlich nur für seine eigene Arbeit. Ein jeder ist also sein eigener Lehrmeister.

Um die Vorbereitung zu erleichtern, legt der Maggid für die Gruppe beziehungsweise eine Person für sich selbst normalerweise eine bestimmte Zeit oder einen bestimmten Ort fest. In vielen Traditionen wird das Morgengrauen oder die Abenddämmerung gewählt, was aus kabbalistischer Sicht den beiden Pfeilern entspricht: Der Tag beginnt mit den Möglichkeiten von Chesed und endet mit den Überlegungen und dem Gericht von Geburah. In der Tat soll der judaischen Kabbalah zufolge Abraham das Morgengebet und Isaak das Abendgebet eingeführt haben. Die Zeiten haben sich geändert, unser Leben wird nicht mehr in dem Maße vom zyklischen Wechsel zwischen Tageslicht und Dunkelheit bestimmt. So können für die zweimalige Verrichtung des Aktes der Tat, der Hingabe oder der Kontemplation jeweils die günstigsten Momente zwischen Morgengrauen und Mittag beziehungsweise zwischen Mittag und Abenddämmerung gewählt werden. Der Mittag repräsentiert die mittlere Säule und sollte ein dritter Moment der täglichen Kavanah sein.

Als äußerer Ort für die bewußte Einkehr und auch Aufrichtung ist ein Platz zu wählen, der vorzugsweise diesem Zweck vorbehalten bleibt. Es kann sich hier um einen einfachen Raum oder auch nur um die Ecke eines Raumes handeln. Auch ein besonderer Stuhl oder Teppich, der ausschließlich für solche Momente verwendet wird, ist geeignet. Hiermit wird beabsichtigt, daß der betreffende Ort oder Gegenstand –

wenn auch nur in unserer eigenen Vorstellung – zu etwas Heiligem wird und uns so den Bewußtseinszustand in Erinnerung ruft, der für den Akt der Kavanah notwendig ist. Über eine längere Zeit hinweg lädt sich der Ort auf, denn wenn der Kabbalist regelmäßig in Kommunion tritt, wird das von ihm Empfangene selbst an seine Umgebung in Assiah weitergegeben. Es ist nichts Ungewöhnliches, daß Orte des Gebetes eine besonders dynamische oder friedliche Atmosphäre ausstrahlen. In vielen Klöstern ist dies zu spüren, und heilige Stätten überall auf der Welt verströmen die Gewißheit, daß hier die höheren Welten nach Assiah herabgestiegen sein müssen.

Die Kombination von Zeit und Ort, besonders wenn diese einem täglichen und wöchentlichen Rhythmus folgt, trägt dazu bei, Körper und Psyche koordiniert zu bündeln. Der stetig wiederkehrende Sabbath ist die Sephirah Malkhuth, der natürliche Ort von Schekhinah oder der Gegenwärtigkeit Gottes. An diesem Tage befinden sich alle Welten in freudvoller Gemeinschaft. Die anderen sechs Tage können als die sechs Stufen der spirituellen Entfaltung durch die Woche von Kether nach Malkhuth angesehen werden. Ausgehend von dieser Vorstellung, setzen manche orthodoxe Kabbalisten jeden Tag der Woche mit einer sephirothischen Eigenschaft gleich und beobachten deren Wirken in ihren eigenen Verhaltensweisen. Ein historisches Beispiel hierfür ist das in der lurianischen Schule der Kabbalah übliche aufwendige Feiern des Sabbath als Braut von Malkhuth.

Für Menschen, die unter den Bedingungen des zwanzigsten Jahrhunderts leben, gilt es, den Rhythmus mit ihrem eigenen Zeitplan in Einklang zu bringen. Das Erkennen der Notwendigkeit, zu einer gegebenen Zeit am Morgen und am Abend eine halbe Stunde lang zu meditieren, verstärkt sowohl den passiven Zustand von Devekuth, der ständigen Erinnerung, als auch das aktive Praktizieren von Kavanah. Natürlich ist es nicht immer möglich, sich zur geplanten Zeit an dem Ort einzufinden, der eigens hierfür vorgesehen ist. Doch hier wird der magische Aspekt der Kabbalah wirksam: Wenn wir nämlich über die Straße schlendern und bei einem Blick auf die Uhr erkennen, daß die Zeit zur mittäglichen Einkehr gekommen ist, so können wir im Bruchteil einer Sekunde die alltäglichen Sorgen des jesodischen Ego hinter uns lassen und ins stille Zentrum des Selbst eintreten, in dem drei Welten im Angesicht des Herrn zusammentreffen. Diese Erfahrung ist oft von tieferer Wirkung als eine, die wir während der Meditation am Sabbath gemacht haben.

Als nächstes müssen wir uns selbst vorbereiten. Dies fängt beim Körper an. Streng orthodoxe Kabbalisten baden und entleeren ihren Darm, bevor sie mit dem Akt der Kavanah beginnen. Neben dieser selbstverständlichen Ausschaltung physischen Unbehagens und den damit in Zusammenhang stehenden körperlichen Ablenkungen während der Meditation wird Nephesch durch die rituelle Waschung auf das Kommende vorbereitet. Dies ist deshalb wichtig, weil der Körper über eine eigene Intelligenz verfügt. Mit Hilfe von Training und Bewußtsein hilft uns diese Intelligenz, die bestmöglichen Rahmenbedingungen für den Akt der Kavanah zu schaffen. Um diese Hilfe in Anspruch nehmen zu können, müssen wir uns dem Körper so widmen, daß er sich nicht mit seinem beachtlichen Willen gegen unser Tiphereth richtet und dadurch Konflikte hervorruft. Fasten – ja in der Tat jede Art der physischen Qual – ist weder notwendig noch nützlich, wenn dies nur zum Selbstzweck erfolgt. Der Körper muß in einem derart ausgewogenen Zustand sein, daß er beginnt, im Bewußtsein nicht mehr als eine angenehme Gegenwart zu sein. Dennoch dürfen wir ihn niemals aus dem Auge verlieren, denn sonst würde Malkhuth von Jezirah ausgeschaltet, und der Baum der Psyche wäre unvollständig und ohne Verbin-

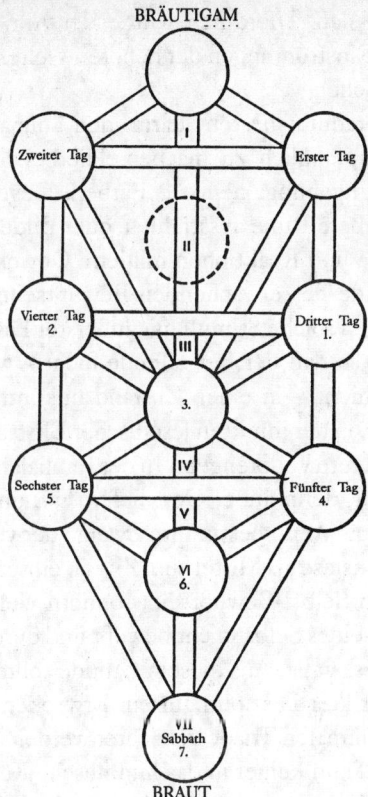

Abb. 27: Heilige Woche

Hier werden drei Möglichkeiten der Darstellung veranschaulicht, wie sich die Schöpfung manifestiert. Das erste System ordnet die Tage auf den funktionalen Pfeilern der Oktave an, während das zweite nur die sieben unteren Sephiroth des Aufbaus anspricht. Das dritte schließlich betrachtet die sieben Tage als die in den beiden letzten Sephiroth hinabführenden zentralen Triaden, wobei Adam am sechsten Tag als Bild in Jesod erschaffen wurde. Alle drei Systeme haben ihre Berechtigung. Der Sabbath wird traditionell als Braut gesehen, die den Bräutigam von Kether erwartet: der Anfang und das Ende.

dung nach Assiah. Hierdurch würde der Akt der Kavanah nutzlos – die Einströmungen der höheren Welten könnten nie die Erde erreichen.

Das zweite Stadium besteht darin, den animalen Teil von Nephesch empfänglich zu machen. Hierbei hilft uns eine förderliche Umgebung: neutrale Farben, Gegenstände, die innere und äußere Ruhe ausstrahlen, oder Bilder, die fleischliche Wünsche und Reaktionen mildern. Obwohl Musik und Tanz die Triade des erwachenden Bewußtseins ansprechen können, müssen solche Stimuli mit äußerster Disziplin eingesetzt werden, so daß der Betreffende nicht – wie dies gelegentlich geschieht – in einen Zustand unkontrollierter Verzückung gerät, in der inmitten jesodischer Ekstase die Verbindung zu Tiphereth verlorengeht. In der Kabbalah wird hiervor streng gewarnt, denn außer Gott liefern wir uns nichts und niemandem aus. Wenn bestimmte Zweige der verschiedenen Traditionen Ekstase als Mittel zum Zweck einsetzen, so zeugt dies nicht von Selbst-Bewußtsein, sondern vielmehr davon, daß man sich seines Selbst nicht bewußt und durch die animale Triade besessen ist. Aus diesem Grunde sollte außer unter Einhaltung strikter Disziplin auf ein Erwecken der Leidenschaften der animalen Triade verzichtet werden. Mit der Kandare im Maul kann keiner in das himmlische Königreich eingehen. Wir sollten vielmehr selbst hoch zu Roß sitzen und das Pferd am kurzen Zügel kontrolliert ans Ziel führen.

Das dritte Stadium besteht darin, den Verstand des jesodischen Ego von Ballast zu befreien. Dies wird entweder durch Konzentration oder durch Ausdehnung des Bewußtseins in die Unendlichkeit erreicht. Die erste Technik besteht darin, sich auf eine Handlung, ein Gebet oder einen Gedanken zu konzentrieren, je nachdem, welche der drei Methoden wir gewählt haben. Hierdurch wird die Aufmerksamkeit fokussiert; die Theorie von Hod und die Praxis von Netzach wer-

Abb. 28: Tetragrammaton

Der von Gott dem Moses gegebene Name wurde von Kabbalisten auf die vielfältigste Weise verwendet. Hier wurden die Buchstaben Jod–Heh–Vav–Heh in Form eines Menschen arrangiert. Dies ist Adam als Ebenbild seines Schöpfers.

den in Verbindung mit Malkhuth unten und Tiphereth oben gebracht. Die Technik der Bewußtseinsausdehnung funktioniert genau umgekehrt, denn hierbei wird an nichts gedacht; das heißt, das Bewußtsein ignoriert alle Gedanken, Gefühle und Bilder, die auf dem jesodischen Schirm vor dem geistigen Auge ablaufen. Eine Zeitlang versucht das Ego noch einzudringen, doch dann zieht es sich langsam zurück und wird still. Die alltäglichen Gedanken treten völlig in den Hintergrund, und alle Energie fließt in die sephirothische Kombination ein, die sich durch das untere Gesicht von Jezirah aufbaut. Bei richtiger Anwendung über einen längeren Zeitraum hinweg reagieren schließlich Nephesch und das Ego unabhängig davon, welche der beiden Techniken man wählt, und sei es aus reiner Gewohnheit. Dies erleichtert die Einstimmung ungemein, denn langsam akzeptieren alle organischen Kräfte, was geschieht, und arbeiten schließlich für uns.
Sobald ein ausreichendes inneres Gleichgewicht zwischen Körper und Ego-Verstand hergestellt ist, kann die Evokation beginnen. Alle kabbalistischen Evokationen werden in Entsprechung zum Baum gebracht, denn sie sind speziell dazu bestimmt, uns durch die Welten emporzuheben. Nehmen wir eines der einfachsten Beispiele zu Hilfe: Ein Mensch steht auf, um das Ritual zu beginnen. Der Akt des Aufstehens ist nicht nur formaler Ausdruck des Respekts, sondern gleichzeitig eine Manifestation des Weges der Tat, denn dieser Mensch bedient sich seines Körpers. Dieses physische Vehikel ist das Assiah-Bild seines Schöpfers, basierend auf dem Symbol des Tetragrammatons – dem bekanntesten kabbalistischen Namen Gottes, der aus den vier hebräischen Buchstaben Jod–Heh–Vav–Heh besteht. Einige Kabbalisten schreiben den Namen senkrecht in Form eines Mannes, Adam, wie in Abbildung 28 gezeigt. Gleich dem sephirothischen Baum trägt auch diese Darstellung in sich vier Ebenen, wobei jeder Buchstabe

einer der vier Welten entspricht. Wenn also der Kabbalist zu Beginn seiner Evokation aufsteht, so wird sein Körper zur physischen Mahnung daran, daß er ein Bild ist – ein Ebenbild aller manifesten Realität im kleinen. Zur Fortsetzung des Rituals hebt der Mensch seine Arme, um so die beiden äußeren Pfeiler von seinen Händen aus in Hod und Netzach durch Geburah und Chesed bis hinauf nach Binah und Chokhmah zu errichten. Er steht mit beiden Füßen fest auf dem Boden, so daß sein Körper die zentrale Säule bildet. Dann spricht er die Worte:

HERR, DU BIST MEIN GOTT.

Auch dies ist keine einfache Evokation. Es handelt sich hier tatsächlich um eine Anhebung des Bewußtseins im Baum dieses Menschen. »Herr« oder ADONAI ist der Gottesname für Malkhuth. Das biblische DU wird mit Tiphereth in Verbindung gebracht, während Gott für Kether steht. Wir haben hier also die bewußte Verbindung von Malkhuth in Jezirah – als Tiphereth von Assiah gleichzeitig unser zentrales Nervensystem – hinauf durch das Ego bis zum Selbst und weiter nach Kether. Kether von Jezirah ist gleichzeitig Tiphereth von Beriah, die Welt des Thrones, und Malkhuth von Aziluth, die Welt der Herrlichkeit. Malkhuth von Aziluth ist der göttliche ADONAI, der sich in den Malkhuths aller niederen Welten widerspiegelt. Es ist gleichzeitig der Ort von Schekhinah, so daß der Kabbalist während dieses Augenblicks der Tat, der Hingabe oder der Kontemplation nicht nur all seine physischen, emotionalen und intellektuellen Fähigkeiten eint, sondern gleichzeitig alle Welten dort oben und unten in sein Wesen aufnimmt.

In einem solchen Augenblick wird der Mensch nach Daath, seiner inkarnierten Psyche, hinaufgehoben, das als gleichzeitiges Jesod des Geistes dort dem Herabsteigen der Gegenwärtigkeit harrt. Im absoluten Schweigen und der Stille des nächsten Stadiums – der Verbundenheit in Devekuth – tritt der Mensch seinem unsichtbaren Schöpfer gegenüber. Kehrt der Kabbalist von dieser Ebene des zweiten Himmels zurück, so beendet er seine Evokation mit den Worten:

DER HERR IST IN SEINEM TEMPEL.
LASS ALLE WELT VOR IHM SCHWEIGEN.

27. Der Weg der Tat

Alle drei Wege, ob Ausdruck der Tat, Hingabe oder Kontemplation, sind lediglich Annäherungsweisen. So unterschiedlich die Techniken auch sein mögen in Abhängigkeit von Zeit, Ort und Brauchtum, das Ziel ist immer das gleiche: tief in die höheren Welten einzudringen, zumindest aber den Gadluth-Zustand zu erreichen.

Der Weg der Tat findet aus offenkundigen Gründen viel Anklang und große Beflissenheit bei Menschen, die aktiv sind und physisch in ein Geschehen eingebunden werden wollen. Der Grund liegt in ihrer typenspezifischen Zentrierung in der Malkhuth-Jesod-Netzach-Triade. Eine solche physische Betrachtungsweise ist, so sollte noch einmal betont werden, in ihrer Wertigkeit keineswegs derjenigen des gefühlsbetonten Menschen oder des Denkers unterlegen, denn auch die beiden letzteren sind auf die große untere Triade Hod–Malkhuth–Netzach beschränkt, die wiederum Katnuth oder der kleinen Stufe angehört. Ein Mensch kann beispielsweise unheimlich viel über die Kabbalah aus Hod heraus gelernt haben, dennoch ist er vielleicht ebenso egozentrisch wie der Fühlende oder der Macher, weil sie alle beide auf Jesod – die normale Ebene des Ego-Bewußtseins – ausgerichtet sind.

Dies erklärt, weshalb es drei Annäherungsweisen gibt. Wie ein kalter Motor muß die Psyche zunächst einmal von einem »Starter« angekurbelt werden, beispielsweise durch das Ritual der Evokation, wie im vorhergehenden Kapitel beschrieben wurde. Nur so kann sie ihre eigenen Systeme in Gang setzen. Einmal angesprungen, spielt sich der mentale Mechanismus allmählich ein, und das psychische Vehikel fängt an, sich warmzulaufen. Ziel der drei Wege ist, eine bestimmte Subtriade des unteren Gesichtes im Baum von Jezirah richtig »zum Laufen« zu bringen. Sobald das erreicht ist, kann die durch die Evokation entstandene Tiphereth-Verbindung die Pfade dieser Triade durchfließen und damit die anderen aktivieren. Ist das untere Gesicht insgesamt bereit, so ist auch das Vehikel oder der Wagen, um den traditionellen Begriff zu gebrauchen, fertig zur Abfahrt, wohin auch immer er gelenkt werden mag.

Eine der einfachsten Techniken der Tat ist die Atmungsmeditation. Viele Traditionen halten sich hierbei an den natürlichen Zyklus, und die Kabbalah macht da keine Ausnahme. Das Tetragrammaton, JAHWEH, wird leise gesprochen, seine beiden Silben getrennt durch Ein- und Ausatmen, so daß JAH mit dem Einatmen nach innen fließt und WEH mit dem Ausatmen nach außen. Der Prozeß kann auch umgekehrt werden. Ziel ist nicht, den Namen Gottes mechanisch zu wiederholen, sondern IHN durch den Rhythmus der Wechselatmung ständig innerlich präsent zu haben und sich weiterhin zu erinnern, wie ER das Leben in den Menschen einhauchte und ihm eine Neschamah gab – eine lebendige, atmende Seele. Im Ergebnis sollte ein häufiger Gadluth-Zustand erreicht werden, ganz gleich, wo wir sind und was wir tun. Wenn wir erst erkennen, daß unsere Existenz von der Atmung abhängt, und dieses Gewahrsein mit dem Namen Gottes einhergehen lassen, heben wir das Bewußtsein – wenn auch nur in jeder Minute wenige Sekunden lang – und spinnen einen Faden von Devekuth zur Seele.

Eine andere physische Technik ist der Gebets- oder Meditationsgang. Die Bewegung des Auftretens mit dem rechten und dem linken Fuß können wir nutzen, um die beiden seitlichen Pfeiler im sephirothischen Baum ins Bewußtsein zu bringen. Mit dem Pfeiler der Barmherzigkeit zur Rechten und dem Pfeiler der Härte zur Linken kann jeder kurze oder längere Weg, wohin er auch immer führt, in einen Akt der Hingabe und Kontemplation verwandelt werden. Wir erreichen das, indem wir uns ständig daran erinnern, daß der Rumpf des Körpers die mittlere Säule bildet. Mit einiger Übung werden schon bald zwei Ebenen des Bewußtseins in uns gegenwärtig: die jesodische zur Sicherstellung, daß wir nicht in ein Auto oder gegen einen Laternenpfosten rennen, und die Tiphereth-Ebene, die nach oben und unten sowie der inneren und äußeren Welt gleichzeitig schaut. In einer solchen Verfassung kann die Erleuchtung kommen. Ein Mensch, der eine geschäftige Straße entlangschlendert, kann ganz plötzlich die äußere und innere Welt in einem Bund mit dem oberen und unteren Gesicht des jeziratischen Baumes in sich aufnehmen. Durch die Vereinigung von drei Welten im Selbst des Menschen wird so das obere Gesicht von Assiah mit dem unteren Gesicht von Beriah in Berührung gebracht. Das ist der Augenblick, wo Himmel und Erde sich treffen und sich die Straße in ein Paradies verwandelt – wenngleich auch nur der Meditierende dies wahrnimmt.

Zusätzlich zu dieser Gehtechnik kann man die Gottesnamen in Verbindung mit jedem Pfeiler anrufen. JAHWEH ist Ausdruck der barmherzigen Seite Gottes, während ELOHIM den strengen oder gerechten Aspekt verkörpert. Wenn der erste Name leise beim Auftreten auf dem rechten Fuß gesprochen wird und der zweite beim Auftreten auf dem linken und oben und inmitten der Gottesname EHJEH – ICH BIN – gehalten wird, dann kann wiederum nur ein Gadluth- oder Devekuth-Zustand die Folge sein. Derartige Methoden mögen recht simpel erscheinen, doch sie sind gar nicht so einfach in ihrer Ausführung, weil das konstante Aufrechterhalten der Disziplin und ihre regelmäßige Kontrolle einen ungeheuren Willenseinsatz erfordern. Die mechanische Wiederholung ist nicht nur wertlos, sondern der Name Gottes wird auch verunglimpft, wenn man ihn ausspricht, ohne mit IHM verbunden zu sein. Wir sollten also eine solche Übung nur dann machen, wenn unsere Intentionen lauter und rein sind.

Das Ritual ist ein wichtiger Aspekt des Weges der Tat. Begründen läßt sich dies in der Präzision, die für die Durchführung eines Rituals unabdingbar ist; das wiederum verlangt eine besondere Aufmerksamkeit. Die wohl gebräuchlichste Form des Rituals ist der religiöse Kult, der selbst innerhalb der jüdischen Tradition sehr unterschiedliche Ausdrucksformen haben kann. Es gibt beispielsweise einen gravierenden Unterschied zwischen dem Ritual der Aschkenasim oder Nordjuden und der Sephardim oder Süd- beziehungsweise Ostjuden. Diese Unterschiede an sich sind nicht von Bedeutung; von Bedeutung ist einzig und allein, daß sie richtig und mit Kavanah abgehalten werden. Ein noch so erhabenes Ritual im Zustand von Katnuth zu verrichten würde seinen Zweck zunichte machen, während andererseits ein Mensch, der nur einen einzigen Gottesnamen anruft, und das in vollem Bewußtsein dessen, was er tut, nicht nur nach Gadluth gelangt, sondern auch zur Vereinigung mit dem Göttlichen. Gott geht es um Qualität, nicht um Quantität.

Komplexe und gehaltvolle Tempelriten sind bezeichnend für das frühere Israel. Sie erforderten höchste Aufmerksamkeit und Augenmaß für das Detail. Und auch heute noch sind dies unverzichtbare Attribute des Rituals, ungeachtet der Richtung kabbalistischer Tradition, der man angehört. Das wirklich Wesentliche eines Rituals, und das möchte ich hier nochmals betonen, ist nicht die Form, obgleich viel Bedeutung in ihr stecken mag, sondern die minuziöse Beobachtung und Disziplin während der eigentlichen Durchführung. In der

Freimaurerei, einem europäischen Ableger der Kabbalah, muß ein Mensch jahrelang an den Zeremonien teilnehmen, bevor er sie leiten darf. Es wird ihm überdies auch niemand direkt beibringen, wie er das Ritual abhalten soll. Er muß aufpassen, beobachten und jedes noch so kleine Detail des Procedere in sich aufnehmen und es sich so voll und ganz zu eigen machen. Wenn er an der Reihe ist, dann geht er mit unglaublicher Präzision durch alle Bewegungsabläufe; gleichzeitig wendet er seine Aufmerksamkeit dem eigentlichen Ziel der ganzen Übung zu. Bei einer lebendigen Loge kann er aus der gemeinsamen Seele ihrer Mitglieder schöpfen und sich auf diese Weise mit ihnen allen durch die Erfahrung vereinigen. Dieses Prinzip gilt für alle rituellen Verrichtungen in der Gruppe.
Das Ritual ist eine Art geistiges Drama, in dem der Status des Menschen und seine Beziehung zur Welt und Gott in spannend-aufregender Form dargeboten wird. Gewöhnlich beschreibt es auch in allegorischer Weise den Weg der spirituellen Entfaltung des Menschen mit Aufstieg, Prüfungen und Vollendung sowie seine Einung mit Gott. Die meisten Rituale befassen sich mit dieser Thematik als ganzer oder auch mit einzelnen Aspekten daraus. Da aber die eigentliche Bedeutung verlorenging, ist die Zeremonie in einigen Fällen nicht mehr als eine leblose Hülle. In der Kabbalah gibt es viele Rituale, und jede Schule oder Gruppe hat ihre eigenen. Im heutigen Jerusalem kann man beispielsweise noch einige Rituale der Chassidim antreffen und die wahre Bedeutung der Zeremonie zur Begrüßung der Braut des Sabbath durch die lurianische Bruderschaft im alten Sefad verstehen lernen. Auf ihre Art mögen diese zwar perfekt sein, doch es gibt keine absolute Regel dafür. Das Ritual ist eine einfache Methode zur Erzeugung von Situationen in der physischen Welt durch eine oder mehrere Personen. Diese Situationen

sollen Ereignisse oder Prinzipien in oder von den höheren Welten nachstellen.

In der rituellen Darbietung der sich drehenden Derwische wird das klar vor Augen geführt, indem sich diese durch die einzelnen Stadien vom mineralischen über den vegetabilen und animalen Zustand des Menschen bis hinein in den Bund mit dem EINEN begeben. Man kann es ebenso im Ritual des christlichen Osterfestes sehen und im häuslichen Begehen des jüdischen Passahfestes, dessen symbolische Speisen und Ansprachen den Auszug aus Ägypten beschreiben. Für viele sind diese Zeremonien nichts als formelle Feierlichkeiten, doch Menschen mit Verständnis und Engagement für spirituelle Entfaltung messen den dargebotenen Ritualen große Bedeutung bei, haben sie doch die Kraft in sich, die Seele über die vorgezeichneten Bewegungen, Worte und Musik zu erheben.

Hier in diesem Buch wird auf eine detaillierte Beschreibung bestimmter kabbalistischer Rituale verzichtet. Rituale sollte man nicht durch Bücher kennenlernen, weil die Wirkung verlorengeht, sobald sie mit der alltäglichen Realität konfrontiert werden. Überdies ist das Ritual grundsätzlich eine physische Aktivität, die direkt von einem Maggid, der die individuellen Belange der einzelnen kennt, vermittelt werden sollte. Einige Menschen brauchen beispielsweise ein Ritual mit einer aktiven Netzach-Rolle, damit so ihre Hod-Aufnahmefähigkeit angeregt wird. Dies kann bedeuten, daß sie während eines Zeremoniells bei voller Einsatzbereitschaft absolut still stehen oder aber sich dynamisch und in Einklang mit den subtilen Modulierungen von Stimme und Musik bewegen und sie nachahmen. Eine Zeremonie ganz zu beschreiben wäre fast noch irreführender, als ihr nur als Zuschauer zu folgen, denn das einzige, was sich dann offenbaren würde, wäre ihre rein wörtliche Form. Aus diesem Grund wurde hier nur über generelle Grundsätze gesprochen. Man muß Teil eines Rituals sein, um Sinn und Zweck richtig erfahren zu können.

Musik und Worte spielen eine sehr wichtige Rolle auf dem Weg der Tat, auch wenn sie oberflächlich betrachtet zu Herz und Kopf zu gehören scheinen. Die Musik wird beispielsweise beim Gesang oder Cantus eingesetzt. Die Melodie muß in diesem Fall Netzachs Liebe zum Rhythmus erwecken und ihre Ausdruckskraft erhöhen. Wird ein Loblied gesungen, lädt es die Worte mit dem aktiven Prinzip auf und belebt den Körper mit dem Wunsch, sich zu wiegen oder zu tanzen. Die Musik stimuliert die Netzach-Jesod-Malkhuth-Triade und kreiert in einem größeren Kreis ein gemeinsames Leitmotiv zum harmonischen Mitmachen für alle zusammen; so wird dem Chor zusätzliche, gebündelte Energie zugeführt. Diese Zentrierung der Aufmerksamkeit fährt auf der festen Schiene der fortschreitenden Melodie. Sie führt und lenkt den Bewußtseinszustand der Gruppe in einer Reihe liturgischer und musikalischer Schritte bis hin zur Hochstimmung in Gadluth. Es kann natürlich auch das Gegenteil passieren: Die durch Musik und Bewegung induzierte physische Begeisterung kann eine rein jesodische Stimmung heraufbeschwören, ähnlich der in einem Tanzsaal. Hier zeigt sich die Qualität des Maggid, des Leiters einer Zeremonie, denn ihm obliegt die Kontrolle und Steuerung der Aufmerksamkeit zum höchsten Grad der Verwirklichung, die eine Gruppe gemeinsam erreichen kann, um danach in eine individuelle und universale Beziehung mit dem Schöpfer einzugehen. So weit kann also die normale Gruppenarbeit führen.

In der Kabbalah sind Musik und Tanz nicht so weit verbreitet wie in anderen Traditionen. Sie verfügt über kein Repertoire von geheiligten Tänzen, wie man sie im Osten antrifft, wenngleich es in der orthodoxen Sparte sehr wohl alte Zeremonien, Liturgien und Melodien gibt. Ein Beispiel hieraus ist das Gebet des Kaddisch, das auf die Tempel-Ära zurückgeht. Es wird im Stehen und Sichwiegen in der Synagoge, in der »Jeschivah«, dem jüdischen Lern- und Lehrhaus, und am Grab rezitiert. Dieses Gebetsritual erfreut sich einer ebenso großen Anwendung wie das Schma. Mögen sie auch seine Sprache nicht Wort für Wort verstehen, die Menschen singen es zum Lobe Gottes in schnellem Tempo und mit konzentrierter Aufmerksamkeit, wissen sie doch um die Bedeutung und Tragweite des Geschehens. Dies ist ein Beispiel, wie die Technik des physischen und gesprochenen Rituals die Tat transzendiert – vorausgesetzt, es ist mit Kavanah verbunden.

In der Kabbalah haben Worte, wie wir aus der Gematrie und anderen Buchstaben- und Zahlenlehren gesehen haben, eine große Bedeutung. Die Bibel können wir zum Beispiel auf vielerlei Weise lesen – als Verbindungen auf der Basis numerischer Gleichungen oder als unterschiedliche Namensversionen Gottes. Vom Weg der Tat aus betrachtet, fallen Worte und Buchstaben unter die Methode des inneren Rituals. So kann ein Mensch in seinem Kopf Manipulationen durchführen, deren Komplexität mit dem Tanz oder Gesang vergleichbar wäre. Zwei solcher Übungen haben wir bereits angeführt, nämlich die der Atmungs- und Gehmeditation, die zu Beginn nicht mehr erfordern, als mit bewußter Absicht zur Tat zu schreiten. Für die Handhabung des hebräischen Alphabets hat die Kabbalah eine spezielle Technik entwickelt.

Wir erinnern uns, daß die hebräischen Buchstaben die Beziehung der Pfade zwischen den einzelnen Sephiroth definieren. Auf diese Art und Weise tragen sie dazu bei, das Universum ins Sein zu bringen. Diese grandiose Idee regte die Phantasie einiger Kabbalisten an. Ihr Sinnen und Trachten war auf das

Studium der Buchstaben, ihrer Formen und Wurzelbedeutungen gerichtet, und sie drehten und wendeten sie unaufhörlich in ihren Köpfen. Anfangs handelte es sich um eine Art Kontemplation, später wurde es jedoch zu einer eigenständigen Meditationstechnik, die auch für den Geringsten unter den Intellektuellen von echtem Nutzen war – und es gibt genügend Nichtintellektuelle unter den Kabbalisten. Abulafia, ein Kabbalist des dreizehnten Jahrhunderts, interessierte sich ganz besonders für diese Methode. Er hat viel darüber geschrieben. Von ihm stammt die Idee, die Buchstaben des Alphabets umzuordnen, teils wahllos und teils inspirativ, um auf diese Weise Einblick in die höheren Welten zu gewinnen, sei es mittels prophetischer Vision oder tiefer psychologischer Einsicht. Spätere Kabbalisten haben diese Idee weiterentwickelt und eine ganze Reihe von Methoden niedergeschrieben, anhand deren die Buchstaben zur Herbeiführung des Gadluth-Zustandes benutzt wurden. Eine Technik bestand beispielsweise darin, die Buchstaben vor dem Jesod-Auge und -Verstand vorbeidefilieren zu lassen; nach einer anderen mußten sie niedergeschrieben werden, um so eine endlose Kette von Buchstaben zu erzeugen. Gelegentlich entstanden aus einigen Kombinationen Worte mit oder ohne Sinn. Im positiven Fall konnten sie enthüllen, was wirklich im Kopf des einzelnen vorging und was seine Meditation von Gott ablenkte. Auch konnten sie ein Zeichen oder Hinweis auf die nächsthöheren Welten sein. Bei der Anwendung dieser Technik im Rahmen des Weges der Tat konzentrierte sich der Kabbalist auf einen kontinuierlichen Austausch von Buchstabenkombinationen, so daß in der schieren Ermangelung einer Bedeutung alle weltlichen Bilder, Gefühle und Gedanken ihre Form beziehungsweise Substanz verloren und der Mensch ein Reich betrat, in dem es nur ein Meer von Buchstaben gab, das sich letztendlich im Nichts auflöste. Dieses Nichts oder

Nichtdingliche war genau das, was der Kabbalist gesucht hatte, denn es trug ihn hinein in Daath von Jezirah, wo er Ruach Hakodesch, dem Heiligen Geist, begegnete. Die Technik der sogenannten Atomisierung von Buchstaben ermöglichte dem Kabbalisten, Devekuth zu erreichen; dabei hat er sein Jesod mit Material, das seinem natürlichen sinnesverhafteten Fundament völlig unverständlich war, derart überschwemmt, daß es seine Überredungskünste hinsichtlich seiner Aufmerksamkeit verlor, die daraufhin nach oben bis jenseits des Selbst gelenkt und geholt werden konnte.

Das oben beschriebene Prinzip kann gleichermaßen auf die meisten Meditationstechniken, wo Menschen sich auf einen Gottesnamen ausrichten, angewandt werden. Das haben wir bereits angedeutet, indem der Name in dem nichtleuchtenden Spiegel von Jesod gehalten, von Hod zurückgeworfen und von Netzach wiederholt wird, bis Form und Klang beim Emporsteigen nach Tiphereth mit dem Selbst aufgelöst werden – in der Vereinung von Kether und Tiphereth in Daath. In solchen Momenten entschwindet alles – Körper, Name und das Selbst –, um eins zu werden mit dem Unbekannten und Bekannten.

Ziel all diesen Tuns, ob einfach oder komplex, aktiv oder passiv, ist es, aus Katnuth herauszufinden und in den Gadluth-Zustand einzutreten, dann anschließend aus der ersten Stufe von Devekuth in Tiphereth zur zweiten in Daath von Jezirah, dem Fundament der nächsthöheren Welt, zu gelangen. Wir können diese Ebene im dritten Garten auch gut durch die Anwendung Dutzender sonstiger physischer Mittel erreichen; vom Fasten am asketischen Ende des Spektrums bis zum Akt der physischen Liebe auf der anderen Seite ist alles möglich. Für den Kabbalisten ist das ganze Leben ein Ritual, jeder Augenblick ein Akt bewußter Aufmerksamkeit, ob nun bei der Arbeit, beim Spiel, Gebet oder Studium. Alles, was ein

Kabbalist tut, sollte ein Akt der Verehrung sein. Darum kam der weiter oben erwähnte Aspirant nicht dazu, seinem Zadek zuzuhören; er durfte nur beobachten, wie dieser seine Schnürsenkel band. In dieser Übung liegt die Essenz des Weges der Tat.

28. Der Weg der Hingabe

Der Weg der Hingabe beginnt in der Triade Hod–Jesod–Netzach. Nach dem Anfangsritual einer Invokation, durch die eine Verbindung zwischen Jesod und Tiphereth hergestellt wird, kann das Gebet, die Meditation oder jede andere gewünschte Technik der Hingabe praktiziert werden. Wie im Falle der Tat gibt es auch hier eine Fülle von Möglichkeiten. Die gebräuchlichste und bekannteste Form der Hingabe ist das Gebet. Beginnen wir mit seiner einfachsten Anwendung. Ein Gebet kann mechanisch rezitiert werden; das heißt, wir können es nachsprechen, ohne daß wir seinen Sinn verstehen oder gefühlsmäßig erfassen. Dies ist in den formalen religiösen Gottesdiensten, wie sie in den meisten Kirchen, Moscheen und Synagogen gehalten werden, gang und gäbe, denn die weitaus meisten Menschen wissen nicht, wie man betet. Beten zu können bedeutet zumindest anzuerkennen, daß es einen Katnuth- und Gadluth-Zustand gibt. Doch nur wenige wissen, wo sie sich wirklich befinden. So vermögen sie nicht, über das gedankenlose Wiederholen von für sie bedeutungslosen Worten und Phrasen hinauszukommen, die schon ihre Vorfahren rezitierten, ohne sie zu verstehen. Ohne eine Verbindung zwischen Jesod und Tiphereth kann nichts aufsteigen oder herabströmen. Die Geschichte von Kain und Abel verdeutlicht dies. Kains Opfer blieb unten, und so erschlug er seinen Bruder, und er erschlägt ihn immer noch, bis zum heutigen Tag. In der Genesis (1. Mose 4, 14) sagt Kain: »... und ich muß mich vor deinem Angesicht verbergen; rastlos und ruhelos werde ich auf der Erde sein.« So lebt der natürliche Mensch.

Hat jemand den Zustand von Gadluth wissentlich erfahren,

ist seine Lage nicht mehr dieselbe. Wenn er mit der Absicht betet, vom Ego zum Selbst aufzusteigen, nehmen seine Gebete einen völlig anderen Charakter an. Zum einen erkennt er an, daß er nicht im Mittelpunkt des Universums steht – was leider die meisten Menschen ungeachtet ihrer anderslautenden Beteuerungen denken. Zum anderen ist er bereit, sich dem zu unterwerfen, was er für eine Manifestation Gottes hält, sei es nun Buddha, Christus oder der unsichtbare Allmächtige. Spricht er sein Gebet, erfolgt dies auf deutlich zielgerichtete Weise, will er doch entweder in den Himmel aufsteigen oder tief in sein eigenes Wesen eindringen; und dies ist, wie wir gesehen haben, ein und dasselbe. Diese Voraussetzung ist der Anfang von Kavanah, und zwar selbst für den Ungeübten.

Betrachten wir die Stellung der Triade Hod–Jesod–Netzach auf dem Baum, stellen wir fest, daß diese von Natur aus introvertiert, das heißt nach innen gerichtet ist. Sie überlagert ferner den Pfad des Zadek zwischen Jesod und Tiphereth und ist damit in gewissem Maße Bestandteil des Aktes der Bereitwilligkeit, dem ersten bewußten Schritt in den Entwicklungsstufen von »mein Wille« und »DEIN Wille«. Hierdurch erlangt der Ansatz der Hingabe bestimmte Vorteile gegenüber den Methoden der Tat und der Kontemplation, denn die Ablenkungen durch die äußere Welt werden auf ein Minimum reduziert, weil hier anders als bei den beiden äußeren Triaden keine direkte Verbindung nach Malkhuth besteht. Dies ist auch der Grund, warum wir den zur Hingabe neigenden Typus oft in Klöstern und geschlossenen Gemeinschaften finden. Nachteilig ist hier jedoch, daß es in vielen Fällen zu einer Naivität dem normalen Leben gegenüber kommt, die im ungeläuterten Zustand in Haß gegen alles Weltliche abgleiten kann. Hiergegen verwehrt sich die Kabbalah, denn nur wenn Kether Malkhuth erreicht, kann die Arbeit vollendet werden.

Also heiraten Kabbalisten, gehen ihren Geschäften nach und genießen all die Annehmlichkeiten eines natürlichen Menschen. Dabei vergessen sie jedoch nie den Grundsatz, stets an den Himmel zu denken, damit Malkhuth und Kether verbunden sind und der Lichtblitz durch alle Welten fließen kann.

Wer aus der Triade Hod–Jesod–Netzach heraus betet, tut dies stets mit Gefühl. Selbst wenn das Gebet in einer für ihn fremden Sprache wie Hebräisch, Aramäisch oder Lateinisch geschrieben ist, erspürt er den Sinn von dem, was er spricht. Aus diesem Grund ist selbst bei Menschen, die ihre Gebete auswendig hersagen, die Gegenwart von Schekhinah, dem Heiligen Geist, anzutreffen.

Ein Gebet ist zwar in erster Linie ein Akt der Hingabe, doch es kann auf vielerlei Weise und auf unterschiedlichen Ebenen gesprochen werden. Zum einen gibt es den oben beschriebenen Fall, bei dem ein Gebet rezitiert wird, dessen Worte der Betende nicht einmal versteht. Dies ist nicht von Belang, sofern dahinter die Absicht der Gottesverehrung steht. Dann wird das Gebet zu einem Gedicht des reinen Klanges, das sich für den Betenden und für Gott in ein einziges, langes und bedeutungsvolles Wort verwandelt. Damit, so wurde uns gesagt, ist unser Schöpfer wohl zufrieden, denn für IHN ist Aufrichtigkeit wichtiger als sprachliches Können.

Bei der zweiten Art des einfachen Gebetes versteht der Betende, was er spricht. Er befaßt sich also mit der Bedeutung der Worte, so daß der Sinn des Gebetes klar erkannt und für eine bestimmte Art der Hingabe ausgewählt wird. So wird ein Gebet beispielsweise zum Dank vor einer Mahlzeit gesprochen, während ein anderes nur am Totenbett angewendet wird, wo sich ein Mensch einen leichten Abschied von seinem Assiah-Körper erwünscht. In der jüdischen Tradition gibt es in der Tat für fast jeden Anlaß ein eigenes Gebet, so auch »wenn der Donner grollt«. Dies zeigt uns, wie der Zustand von

Devekuth oder die Erinnerung an Gott selbst unter den allerirdischsten Umständen aufrechterhalten wird.

Dieses Verständnis der Bedeutung eines Gebetes wird in der Praktik der Hingabe noch weiter geführt, denn jedes Wort wird hier in seiner ganzen Tragweite betrachtet. Zur Verdeutlichung wollen wir uns hier das jüdische Gebet für Brot ansehen. Es lautet wie folgt: »Gesegnet seist DU, o Herr, unser Gott, König des Universums, der DU hervorbringst Brot aus der Erde.« Dem ersten Wort, »gesegnet«, nähern wir uns mit zwei Fragen: Was ist zu segnen, und was bedeutet es, gesegnet zu werden? Bei diesen Fragen fallen uns Begriffe ein wie »Gnade, Vorsehung, das Herabsteigen des Willens« und ein Dutzend anderer himmlischer Themen. Betrachtungen zum nächsten Wort – »seist« oder dem Verb »sein« – und der Frage des Daseins füllen Bände kabbalistischer Literatur. Es folgt das direkte und persönliche DU, das im Betenden eine tiefe Wirkung auslöst, weil es sich hier um eben das DU handelt, das in ihm selbst in Tiphereth seiner Seele wohnt. Die Anrede »Herr« mit dem vorausgehenden »o« verweist nach der Vertraulichkeit des immanenten DU auf die Erhabenheit Gottes und die Entferntheit des transzendenten, absoluten Ain Soph. Das Relativpronomen »der« im nächsten Satzteil steht für die Worte »unser Gott«. Hierin liegt das gesamte Schema der vier Welten. Der Titel »König des Universums« öffnet den Blick des Betenden, so daß er die ordnende Macht erkennt, die über den Abläufen der Vorsehung steht, das heißt über den miteinander verwobenen Bäumen, die sich zwischen dem höchsten Kether und dem niedrigsten Malkhuth erstrecken. Es ist dieser für uns sorgende Gott, »der« – wie es weiter heißt – »hervorbringt«: ein Ausdruck voll magischer Bedeutung und philosophischem Gewicht. All diese Worte führen hin zum Begriff »Brot«, ein äußerst symbolträchtiges Wort für den Lebensspender, der hervorgebracht wird »aus der Erde«, dem

Saatbeet des manifesten Universums. Niemand, der sich einem Gebet auf diese Weise Schritt für Schritt nähert, kann sich seiner bewegenden Wirkung entziehen. Es enthält in sich das Absolute, SEINEN Willen, SEINE unmanifeste und manifeste Existenz und die Vorsehung für den Menschen, auf daß er essen und trinken möge. Wir können nicht umhin, dankbar zu sein für dieses, unser tägliches Brot, wenn wir bedenken, wie es auf unseren Tisch gekommen ist.

Neben der einfachen Bedeutung der Worte eines Gebetes wäre auch deren tieferer Sinn zu betrachten. Dies kann auf verschiedene Weise geschehen, so zum Beispiel, indem jedes Wort als ein Name Gottes angesehen wird. Diese Vorgehensweise beruht auf der Vorstellung, daß sich die gesamte Bibel aus Gottesnamen zusammensetzt. Ausgangspunkt hierfür ist die Tatsache, daß die fünf Bücher Mosis in ihrer ersten schriftlichen Fassung ohne Abstände zwischen den Worten niedergeschrieben wurden. Bei unterschiedlicher Zergliederung konnten also verschiedene Bedeutungen aus dem Text herausgelesen werden. Dies war nach Ansicht mancher Kabbalisten zulässig, denn alle Buchstaben seien – gleich den Pfaden im Baum – Ausdruck der verschiedenen Aspekte Gottes. Es sei also unerheblich, wie man sie lese, denn sie seien stets Versionen des einzigen göttlichen Namens, der sich vom ersten Buchstaben der Genesis bis zum letzten Buchstaben des Buches Deuteronomium (5. Mose) erstrecke. In der Praxis betrachtet der Betende in diesem Fall sein Gebet als das Rezitieren von Gottesnamen. Ob er nun dank Numerologie und Buchstabenlehre weiß, um welche Namen es sich hier handelt, ist unerheblich, wenn er bloß erkennt, daß diese sein Bewußtsein durchfließen. Wissen heißt nicht unbedingt Information. Der Mensch weiß, wenn er verliebt ist. Er braucht dazu kein psychologisches Gutachten der Symptome und auch keine Röntgenaufnahme seines Herzens.

Eine weitere Anwendungsmöglichkeit des hebräischen Alphabets für den Weg der Hingabe besteht darin, jedes Wort eines Gebetes so zu betrachten, als enthielte es alle Welten, alle darin wohnenden Seelen und die alles durchströmende Gegenwärtigkeit Gottes. Die hebräischen Buchstaben stellen die Verbindungen zwischen den Sephiroth her und schaffen damit zweiundzwanzig Prinzipien, die das Universum zusammenhalten. Folglich entspricht bei dieser Betrachtungsweise jedes Wort einer bestimmten Kombination von Pfaden und Bedeutungen, die speziell durch ebendieses Wort zum Ausdruck gebracht wird. Eine ungefähre Vorstellung hiervon haben wir bereits bei der Betrachtung der einfachen Bedeutung der Worte erhalten. Sinnt der Betende also in einem Akt der Hingabe im Selbst über dieses Wort nach, so werden die einzelnen Buchstaben im unteren Treffpunkt der drei Welten zu einer menschlichen und göttlichen Einheit zusammengefügt. Dies führt zu einem Aufstieg »unermeßlicher Freude und Entzückung«, wie es einmal ein chassidischer Kabbalist formulierte. Das letztendliche Ziel ist es, den Worten zu folgen bis zurück zu ihrer Quelle in der Welt von Aziluth, ja sogar bis jenseits dieses ewigen Reiches ins Nichts.

Ganz offensichtlich findet der Weg der Allegorie direkten Ausdruck in der Methode der Hingabe. Hierfür sind die Psalmen und das Hohelied Salomos die wichtigsten Beispiele. Die Psalmen wurden nicht nur als religiöse Gedichte verfaßt, sondern als Grundlage für liturgische Lobgesänge, die im Tempel zu singen waren. Sowohl die Poesie als auch die Musik sind in hohem Maße evokative Ausdrucksformen, die die Stimmung und Atmosphäre einer Zusammenkunft in wenigen Augenblicken verwandeln können. Beide können auf sehr wirkungsvolle Weise für den Akt der Hingabe eingesetzt werden, vorausgesetzt, dies geschieht frei von Ego-Elementen. Bei einem Ritual sagte ein Maggid einmal zu einem Musiker: »Wenn Sie zu Ihrem eigenen Lobpreis und nicht zur Verherrlichung Gottes spielen, ist hier kein Platz für Sie!« Der Einsatz von Musik, um die Aufmerksamkeit zu konzentrieren und als Schiene für den Aufstieg von Jesod nach Tiphereth zu verwenden, wurde bereits an anderer Stelle angesprochen. Auf gleiche Weise kann man mit Hilfe der Poesie den emotionalen Zustand eines einzelnen oder einer Gruppe verändern. In diesem Fall wird der Aufstieg nicht nur durch Rhythmus, Reim, dramatische Klangeffekte und Intervalle der Stille, sondern auch durch die heraufbeschworenen Bilder erleichtert. Sehen wir uns als Beispiel Psalm 23 an.

In dieser Evokation sieht David den Herrn als seinen Hirten, in der stark emotionsbehafteten Rolle als Hüter und Wächter seiner Seele. Er fährt fort mit den Worten »mir wird nichts mangeln«. Dies ist das Sichfügen und -ergeben in Gottes Schutz; es spricht für gegenseitige Liebe. Der Psalm geht weiter mit den Worten »Er weidet mich auf einer grünen Aue [Assiah] und führt mich zum Ruheplatz am Wasser [Jezirah]« – beides friedliche Bilder, die einen emotionalen Zustand des Vertrauens schaffen; gleiches gilt für die nachfolgenden Verse, in denen die Symbole des sicheren Wandelns durch das »finstere Tal« (natürliches Leben) und des Empfindens von Zuversicht durch SEINEN »Stecken und Stab« (Überlieferung und Offenbarung) gebraucht werden. Der Psalm schließt ab mit der allegorischen Darstellung eines gedeckten Tisches (Seele), dem Haupt (Geist), das mit Öl gesalbt wird (Zuteilwerdenlassen von Gnade), und einem reichlich gefüllten Becher (empfangene Gnade). Er endet mit den Worten: »Gutes und Barmherzigkeit werden mir folgen mein Leben lang, ich werde bleiben im Haus des HERRN immerdar.« Stellen wir uns vor, diese Zeilen würden gesprochen oder zur Musik gesungen, wenn sich die Versammelten im Zustand von Gadluth befinden: Der Bewußtseinszustand des einzelnen würde dann weit über sein profanes Ego angehoben und den Ort erreichen, an dem er nicht mehr glaubt, sondern mit Gewißheit weiß, wovon da gesungen wird. Auf den Baum übertragen, heißt dies, er wird emporgehoben aus der erwachenden Triade der Hoffnung durch die emotionale Triade der Liebe und der Mildtätigkeit in die große Triade des Geistes: den Zustand von Glauben und Wissen.

Ein Beispiel für die Verwendung einer Allegorie zur Beschreibung des Zustands hingebungsvoller Liebe finden wir im Hohenlied Salomos (Hoheslied 3). Hier wartet die Seele auf die Ankunft des Geistes – oder Eva auf ihren Adam im Ebenbild eines Menschen. Der Text beschreibt in sinnlichen Worten die Sehnsucht der Liebenden nach dem Geliebten. »Des Nachts [also im spirituellen Schlaf] auf meinem Lager [also im Zustand von Katnuth und jesodischer Träume] suchte ich, den meine Seele liebt. Ich suchte; aber ich fand ihn nicht.« Wie hätte sie ihn auch finden können, gibt es im spirituellen Schlaf doch keine Verbindung von Jesod nach Tiphereth. Diese Verbindung fehlt auch, als sie durch die Pfade des unteren Gesichtes von Jezirah wandelt (das Hohelied spricht hier von den »Gassen und Straßen der Stadt«), obwohl sie zu diesem Zeitpunkt bereits, wie das Lied sagt, »aufgestanden« ist. Kurze Zeit später aber findet der Wächter Tiphereth sie, und so findet sie den, den ihre Seele liebt. »Ich hielt ihn und ließ ihn nicht los, bis ich ihn brachte in meiner Mutter Haus, in die Kammer derer, die mich geboren hat«: Die Seele brachte also den Geist nach Jesod und dann hinunter nach Malkhuth, bisweilen auch die »niedere Mutter« genannt. Hier schließlich berührt der Bräutigam von Kether die Braut von Malkhuth.

Die nun folgende eindeutig sinnliche Sprache des Hohenliedes soll eine Wandlung des Bewußtseinszustands sowohl im Singenden als auch im Zuhörenden herbeiführen. Die Verwendung erotischer Themen, um Gedanken darzustellen, ist in der Geschichte der Kabbalah immer wieder anzutreffen, so daß die Vereinigung zwischen Seele und Geist allegorisch im sexuellen Akt zum Ausdruck kommt. Diese oft mißverstandene Mythologie der Sinnlichkeit wird benutzt, da für viele Menschen der Akt der Liebe den Höhepunkt ihres physischen und emotionalen Lebens bildet. Das Zurückgreifen auf die Kraft der natürlichsten und stärksten aller menschlichen Erfahrungen wird als derart legitim betrachtet, daß die Beziehung zwischen Moses und Schekhinah im Sohar auf eine Weise beschrieben wird, die viele konventionelle und an der wörtlichen Auslegung orientierte Rabbis nie akzeptieren konnten.

Das Symbol von der Liebenden und dem Geliebten gibt die Essenz der Methode der Hingabe auf anschauliche Weise wieder, sogar dahin gehend, daß die Liebende ihren Geliebten nicht nur liebt, sondern auch fürchtet. Im profanen Leben befürchtet der Liebende Kränkungen durch den Geliebten; doch im Verhältnis zwischen dem Betenden und seinem Herrn geht es um eine andere Art der Furcht. Ein Mensch mag beten, weil er Gott liebt; doch er mag auch beten, weil er ihn fürchtet. Dies ist eine in der Kabbalah durchaus akzeptable Form der Hingabe, denn »Gott zu fürchten ist der Beginn von Weisheit«. Einige Kabbalisten sind zwar der Ansicht, dies sei eine weniger wünschenswerte Annäherungsweise an Gott, doch es kommt hierbei wenigstens zu einem emotionalen Gewahren SEINER Gegenwärtigkeit, also einem Gewahren in der Triade der Seele. Damit ist mehr erreicht als das rein nominale Erkennen desjenigen, der im egozentrischen Universum von Jesod lebt. Ein Mensch, der Gott fürchtet, birgt in sich die Anfänge einer sich entfaltenden Seele. Er handelt ergeben durch Geburah, um entsprechend dem Gericht auf dem Pfeiler der Form zu leben. Ein wahrer Chassid, der Gott liebt, lebt dagegen in Entsprechung zu Chesed und dem Weg der Rechtschaffenheit. Der eine mag zwar korrekt in seinem Verzicht auf das Böse und der andere fromm durch die Ausführung guter Taten handeln, doch der Kabbalist wird stets darum bemüht sein, die aktiven und passiven Verhaltensweisen auf der mittleren Säule des Bewußtseins und des Wissens – dem Weg der Heiligkeit – in Ausgewogenheit zu halten. Ein Mensch, der diesen mittleren Weg wählt, empfindet für seinen Herrn Liebe und Furcht gleichermaßen. Darüber hinaus sehnt er sich ständig nach SEINER Gegenwart. All sein Handeln, oben wie unten, im Inneren wie im Äußeren, ist geprägt von seiner Ergebenheit zu Gott. Er sucht seinen Geliebten überall, und gelegentlich vergißt er dabei sogar sich selbst.

Der Verlust des Selbst ist eine Begleiterscheinung der spirituellen Arbeit, und hierzu gibt es in der kabbalistischen Tradition zwei verschiedene Auffassungen. Einige Kabbalisten arbeiten darauf hin, sich selbst zu vergessen, auf daß das Einswerden mit ihrem Herrn ungehindert erfolgen kann. Andere vertreten dagegen die Ansicht, der Mensch müsse sein Bewußtsein bis zum letzten Augenblick vor der völligen Einswerdung aufrechterhalten. Während er noch auf der Erde inkarniert ist, habe er nämlich die Aufgabe, die Einströmung der Gnade in die niederen Welten zu fördern. Aus dem manifesten Dasein aufzusteigen, bevor wir unsere Aufgabe erfüllt haben, könnte ein Akt höchster Selbstsucht sein. Ich persönlich denke, daß der Mensch, sobald er bereit ist zu gehen – wie Hennoch, der mit Gott ging –, geholt wird, um nicht länger von IHM getrennt zu sein. Wann und wo dies geschieht, entscheidet ER, der Geliebte.

29. Der Weg der Kontemplation

Innerhalb der judaischen Tradition wird das Studium der Schriften als eine Art kontemplativen Gebetes angesehen. Diese Vorstellung ist in der Tat so stark ausgeprägt, daß ein Jude, wenn er vor die Wahl gestellt wird, die »Jeschivah« (das Lern- und Lehrhaus) oder die Synagoge einzureißen, sich stets für die Erhaltung des ersteren entscheiden würde. Die rabbinische Ordnung fährt mit der Aussage fort, daß eine Synagoge in eine Jeschivah umgewandelt werden könne, aber nicht umgekehrt. Dies liefert den Beweis für eine tiefe Achtung vor der Kontemplation.

Der erste Akt der Kontemplation beginnt mit der Hod-Jesod-Malkhuth-Triade von Jezirah. Reflektierend prüft hier das Ego die Information von Hod im Lichte der Logik von Malkhuth. Darum gibt es auch so viele rabbinische Kommentare zur Bibel und in der Kabbalah selbst, die sich vorgegebenen Denkschemata anschließen. Die Numerologie und Buchstabenlehre haben ihren Ursprung in dieser Triade. Werden sie jedoch nicht transzendiert, so halten sie den Geist des Aspiranten weiterhin in der großen egozentrierten Triade von Malkhuth–Hod–Netzach oder im Katnuth-Zustand gefangen. Deshalb wird davor gewarnt, daß solche Studien leicht in eine Sackgasse führen könnten. Wenn man sich nämlich vorwiegend auf der passiven Seite bewegt, bleibt der Antrieb aus, der die Flucht aus der faszinierenden Welt der Worte und Zahlen ermöglicht. Gematrie und Notarikon sind Techniken und Mittel, jedoch keine Endziele.

Beginnen wir mit einem Beispiel der Kontemplation auf einem Gebiet, das wir bereits gestreift haben. Wie wir wissen, haben die Buchstaben des hebräischen Alphabets eine größere Bedeutung, als nur Komponenten für Wörter zu sein. Ihr Wirkbereich übersteigt auch die auf sie gesetzten numerischen Werte, denn sie waren im kabbalistischen Plan des Universums enthalten, um gewisse Gesetzmäßigkeiten auszudrücken. Die Buchstaben Schin, Mem und Aleph wurden als die drei Mütter der Welt bezeichnet, weil sie das aktive, passive und neutrale Prinzip repräsentieren, welches die manifeste Existenz regiert, schafft, formt und macht. Die sechs möglichen Kombinationen daraus bestimmen die Eigenschaft einer gegebenen Situation: Wachstum auf der einen Seite und Verfall auf der anderen. Für den kontemplativen Schüler könnte die Betrachtung der verschiedenen Kombinationen zu einer ganzjährigen Übung werden. Er könnte während dieser Zeit die inneren Arbeitsweisen des Himmels kennenlernen in bezug auf Veränderungen der Wetterlage, die zwischenmenschlichen Beziehungen und sogar den Akt des Kaufens und Verkaufens, wo einer die aktive Rolle von Schin als Verkäufer und der andere die passive und abwartende Rolle von Mem als Käufer übernimmt; das Geld oder die Ware fungieren dabei als neutraler Katalysator oder Aleph. Im Talmud heißt es so treffend: »Man kann das Unsichtbare im Sichtbaren erblicken.«

Eine andere Benutzung der Buchstaben besteht darin, sie zur Kontemplation der Pfade im sephirothischen Baum heranzuziehen. Der Kabbalist schaut hierbei vielleicht täglich eine Stunde lang immer wieder das Diagramm an, gleich einem Mandala, um die Strömungen der Einflüsse durch die verschiedenen Buchstabenpfade herauszufinden. Dabei könnte er die Buchstaben beispielsweise als reine Schlüssel zur Beschreibung einer bestimmten Zirkulation zwischen den Sephiroth sehen, oder er denkt an sie im Zusammenhang mit Worten, die sie ergeben könnten, da gewisse Verbindungszuordnungen bestehen. Die Buchstaben Samekh,

Vav und Gimel auf den Pfaden, die Hod, Geburah, Binah und Kether zusammenbringen, ergeben das hebräische Wurzelwort für »zur Quelle zurückkehren«. Damit gewinnen wir einen tiefen Einblick in den Pfeiler der Furcht.

Eine weitere Übung, die Buchstaben in Entsprechung zum Baum zu benutzen, findet der, der sich der Kontemplation hingibt, im Sprechen von Aleph–Beth–Gimel ... in einer kontinuierlichen Kette. Dabei hat er den Lichtblitz vor Augen, wie er den Baum herabfährt und jeweils drei Sephiroth im Leitfluß verbindet und zu einer Triade komplettiert. Auf diese Weise sieht er, wie in der Sepher Jezirah geschrieben steht: »Das Erscheinen von zehn Sephiroth aus dem Nichts, in Form eines Lichtblitzes oder eines gleißenden Feuerstrahls, ohne Anfang und ohne Ende. Das Wort Gottes ist mit und in ihnen, beim Aufsteigen und beim Absteigen.« Indem der Kontemplierende sich in diesen Prozeß des Abrollens und Wiederaufrollens von Buchstaben und Sephiroth vor seinem geistigen Auge versenkt, kann er weit jenseits der ersten Stufe von Gadluth und Devekuth gelangen.

Die Betrachtung der Sephiroth ist das Hauptwerk in der Kontemplation. Ihre Beziehung zueinander im Baum zu studieren gehört zu den ersten Dingen, die ein Aspirant lernen muß. Dies geschieht durch Lesen, Zuhören, Nachdenken und Beobachten. Ihm wird beispielsweise ein einmonatiges Studium von Malkhuth übertragen. Während dieser Zeit liest er, soviel er kann, über das himmlische Malkhuth, den Ort von Schekhinah, und über das irdische Malkhuth. Er könnte daraus eine konventionelle wissenschaftliche Forschungsarbeit der Materie in ihren verschiedenen Erscheinungsformen machen – denkbar wäre auch die Untersuchung eines ökonomischen Systems, bei der die Waren und Dienstleistungen sowie die Anhäufung und Verteilung von Besitz den Miniaturbaum innerhalb der Sephirah Malkhuth, dem Königreich, versinnbildlichen. Entscheidet er sich für eine mehr esoterische Ausrichtung des Studiums, dann mag er zwar noch so viele Bände kabbalistischer Kommentare wälzen, dennoch wird er nicht über das theoretische Wissen von Malkhuth in Aziluth hinauskommen. Genau hier kommt die kontemplative Methode zum Ansatz. Es gehört zu den Eigenarten der kabbalistischen Arbeit, daß wir mit ihrer Hilfe Wissen zutage fördern, welches wir unter normalen, weltlichen Umständen nur schwer oder gar nicht gefunden hätten. Dies geschieht nach folgendem Prinzip: Ein disziplinbewußter und entsprechend vorbereiteter Kabbalist kann im Stande von Kavanah tief im Innern an sein Unbewußtes eine Frage richten. Diese Frage nimmt sodann die in den höheren oder inneren Welten zuständige Ebene auf, und früher oder später wird eine Antwort direkt in den Jesod-Verstand des Kontemplierenden hinabgeschickt; oder sie wird von außen in einem Zusammenhang an ihn herangetragen, den er als die Lösung seines theoretischen oder praktischen Problems ansieht. Diese Technik haben die Kabbalisten über viele Jahrtausende hinweg angewandt. Sie wurde in mannigfacher Weise beschrieben, am häufigsten als die Gegenwärtigkeit eines himmlischen oder unsichtbaren Maggid. Auf den mit Malkhuth befaßten Aspiranten bezogen, würde eine solche Erfahrung sein irdisches Wissen zum Leuchten bringen und die tatsächliche Anwesenheit der Schekhinah, selbst tief unten wie in einem Kohlebergwerk, erkennen lassen und gleichsam bestätigen, daß man SIE dort wahrnehmen konnte – vorausgesetzt, man befand sich im rechten spirituellen Zustand. Diese Erkenntnis ist sehr wichtig für sein Begreifen der Gegenwärtigkeit von Kether in Malkhuth einerseits und der unendlichen Reichweite des göttlichen Willens und SEINER Liebe andererseits, die sich bis in die Tiefen von Assiah hinab ergießen.

Dem Studium der Polaritäten der Sephiroth-Paare muß der Kabbalist großen Wert beimessen, wenn er verstehen will, wie der Baum funktioniert. Der kontemplativ ausgerichtete Mensch widmet irgendwann seine Zeit dem Nachsinnen über das Verhältnis von Hod zu Netzach, Geburah zu Chesed und Binah zu Chokhmah, denn jedes Paar nutzt die Prinzipien von Form und Kraft oder Härte und Barmherzigkeit in ganz unterschiedlicher Weise. Der langsame Prozeß, der mit dem Verstehen eines intellektuellen Konzeptes einhergeht, unterscheidet sich zum Beispiel ganz wesentlich von dem plötzlichen Blitz der Erleuchtung, der eine Idee zutage fördert, die ein Leben oder sogar den Lauf der Geschichte verändern könnte. Um die Absichten Gottes einigermaßen verstehen zu können, muß der Kabbalist seine eigenen intellektuellen Abläufe studieren, denn als Ebenbild des Schöpfers trägt er eine »Miniaturausführung« SEINES Intellektes in sich. Die Parallele ist im Sohar klar und deutlich niedergelegt, und zwar in den Abschnitten, die als das Buch der Geheimen Mysterien und das Buch der Großen und Kleinen Versammlung bekannt sind. In der Symbolik des »Großen Hauptes« und im Aufbau sowie der Dynamik des Sephiroth-Baumes sehen wir den Geist Gottes manifestiert, wenngleich ER SELBST verborgen bleibt. Diese Bücher zu lesen galt als ein Akt der Kontemplation. Kabbalisten vieler Generationen haben über die Seiten nachgedacht – und sei es auch nur, um einen tiefen intellektuellen Prozeß in ihrer eigenen Psyche auszulösen.

Der große Kabbalist Moses Cordovero, der wie Luria in Sefad, Palästina, im sechzehnten Jahrhundert lebte, hat eine andere Kontemplationsmethode sehr anschaulich und ausdrucksvoll dargestellt. Neben seinen ausführlichen Abhandlungen über die kabbalistische Theorie und Spekulation veröffentlichte er ein kleines Buch mit dem Titel *Tomar Deborah oder Der Pal-*

*menbaum von Deborah**. Darin wird über die Sephiroth in bezug auf das menschliche Verhalten nachgedacht, auf daß der Mensch ihre Eigenschaften auf sein eigenes Leben übertragen möge. In dem Kapitel über Chesed erläutert er beispielsweise die Tugenden der Herzensgüte und daß der Mensch nicht nur Gott, sondern auch seine Mitmenschen lieben solle. Er zeigt auf, wie die Sephirah der Barmherzigkeit in Balance zu Geburah stehen soll, damit die Kraft der linken oder der »anderen Seite« in Schach gehalten wird. Er fährt so im ganzen Buch fort, indem er anhand des Verhaltens demonstriert, wie Bibel und kabbalistische Theorie die Sephiroth unten auf Erden mit denen oben in den höheren Welten verbinden. Cordoveros Sorge und sein Bestreben, die Macht des Bösen unter Kontrolle zu bringen, hatte eine direkte Auswirkung auf die Zeit, in der er lebte, kurz nach dem nationalen Trauma der Massenvertreibung der alten jüdischen Gemeinde aus Spanien im Jahre 1492. Dieses Ereignis erschütterte Kabbalisten und Laien jener Epoche gleichermaßen. Es wurde viel spekuliert, was wohl in den höheren Welten geschehen sein konnte, daß eine derartige Umwälzung stattfand; und dies hat Isaak Luria zur Neudefinition des Bösen, und wie es in die Welt gekommen ist, veranlaßt.

Die Kontemplation kann in direkter Form oder in Zusammenhang mit dem Gebet erfolgen. Für die letztere Art kennen die Kabbalisten mehrere Methoden. Eine davon ist die, daß der Mensch ein Gebet spricht und gleichzeitig jeden Buchstaben in seinem kabbalistischen Kontext betrachtet. Indem er von Wort zu Wort schreitet, wird ständig ein Licht auf das ganze Schema der manifesten Existenz geworfen. Diese Darbietung erfordert ein Höchstmaß an Aufmerksam-

---

* Dies ist die wörtliche Übersetzung des im Englischen zitierten Titels *Palm Tree of Deborah* (Anm. d. Ü.).

keit und einen wahrhaft festen Stand in der elementaren kabbalistischen Lehre. Das Ziel ist nicht allein auf die Wahrnehmung der verschiedenen Stufen im Gebet gerichtet, sondern auch darauf, in einen noch höheren Devekuth-Zustand vorzudringen. Zur Unterstützung dieser Transzendenz wurden eigens Gebetbücher entwickelt, um die richtige Reihenfolge in der sephirothischen Erfahrung sicherzustellen. Mit den eher konservativen Rabbis gab es einige Schwierigkeiten damit, denn sie sahen die traditionelle Form des Gebetes bedroht.

Eine weitere Methode ist die, die Aufmerksamkeit während des Gebetes auf eine bestimmte Sephirah zu richten. Diese Übung zielt dahin, jenes sephirothische Prinzip nicht nur in sich selbst, sondern auch in den Welten dort oben anzurufen, auf daß eine direkte Verbindung während des Gebetes zustande komme. Das ist jedoch nicht ungefährlich, denn bei der Anrufung eines sephirothischen Archetyps in der Psyche kann es zu übermäßiger Kraft auf der einen oder Form auf der anderen Seite kommen.

Wenn ein Mensch beispielsweise zu sehr in Geburah wohnt, kann er leicht der Gerichtsbarkeit unterworfen werden, was über das von ihm tragbare Maß hinausgehen könnte. Oder aber er wird selbst ein harter Richter, was dazu führen könnte, daß er vielleicht zu streng in der Beurteilung anderer wäre. Das Umgekehrte trifft zu, wenn er sich auf Chesed konzentriert. Zu barmherzig zu sein scheint zunächst gut, doch ein solcher Mensch wäre allzu tolerant und würde es leicht zulassen, daß sich das Böse in ihm oder in anderen mehrt. Dann müßte der Himmel einschreiten und die Situation mit einer Dosis von Geburah korrigieren, damit die aus dem Versäumnis entstandene Fehlentwicklung bereinigt wird. Deshalb werden auch die Sephiroth gewöhnlich paarweise kontempliert, wobei eventuell ein zusätzliches Gewicht auf die schwächste Sephirah im Baum des Aspiranten gelegt wird. Solche Übungen sollten von dem Maggid ausgehen, und ihm obliegt es dann auch, sie genauestens zu überwachen. Das Gebet selbst hat seinen Zweck darin, der Handlung eine emotionale Kraft zu verleihen. Es übernimmt die Funktion eines stabilen Rahmenwerkes zur Anlehnung und Orientierung des Kabbalisten, während sich dieser der Kontemplation hingibt.

Um in das Königreich des Himmels einzugehen, muß ein Fundament in Beriah errichtet werden. Das bedeutet, daß die Kluft, die normalerweise die Nicht-Sephirah Daath in Jezirah von Binah und Chokhmah trennt, von den aus Hod und Netzach in Beriah kommenden Pfaden ausgefüllt werden muß; so wird aus dem jeziratischen Daath das beriatische Jesod. Auf diese Weise können der beriatische äußere und innere Intellekt direkt ihr Verstehen und ihre Weisheit in einem aufsteigenden Bild manifestieren, das auf dem Wissen basiert, das über die Welt der Schaffung zusammengetragen wurde. Die allmähliche Errichtung eines Fundamentes in Beriah bedeutet, daß der Mensch aus dem Stadium der Annäherung, sei es durch die Tat, die Hingabe oder die Kontemplation, heraustritt und in direktem Kontakt mit der nächsthöheren Welt gelangt. In der Überlieferung heißt es, daß es zwischen den Welten Schleier gibt. Dieses Phänomen erfahren wir dergestalt, daß wir als natürliche Menschen nicht in die Welt des Geistes oder der Mystik eingehen können, außer durch einen Akt der Gnade oder durch Avodah, das heißt Arbeit, Dienst und Gebet. Avodah ist die bewußte Durchdringung des beriatischen Schleiers von unten her durch kabbalistische Absicht und Wissen.

Der dritte Garten des erweiterten Baumes befindet sich dort, wo die drei höheren Welten zusammentreffen. Er liegt in dem mittleren der fünf Gesichter, wo das Menschliche mit dem

Göttlichen in spirituelle Kommunion tritt. Genau unterhalb dieses niedrigsten Teiles des Himmels befindet sich die Triade der Seele.

Die Seele ist eine Mischung aus Chesed und Geburah. Diese sind einigen Kabbalisten zufolge die Cherubim oder Engel, die den Weg des Lebensbaumes beschützen, wie es in der Bibel heißt. Diese Engel stehen vor den Toren des oberen Eden oder Himmels, zu beiden Seiten des Weges, der im Selbst des jeziratischen Tiphereth seinen Ausgang nimmt. Der Weg wird, wie wir gesehen haben, nur beschritten, wenn sich der Aspirant aus den vegetabilen und animalen Stadien des natürlichen Seins in den menschlichen Stand des Selbst-Bewußtseins und dann in den der Bewußtheit seiner Seele erhebt. Mit der Verwandlung jeziratischen Wissens in ein beriatisches Fundament im Baum der Schaffung kommt es zur Errichtung eines spirituellen Jesod und gleichzeitig zur Geburt eines funktionstüchtigen Körpers, der in eine Welt, wie wir sie bislang nur vom Hörensagen kennen, eintreten und diese wahrnehmen kann. An diesem Punkt angelangt, nimmt der Ausdruck »wiedergeboren sein« oder »neugeboren sein« eine ganz andere Bedeutung an. Mit dem Erreichen einer nahezu vollkommenen Stabilität in Jezirah oder der Psyche eröffnet sich nämlich jetzt die Möglichkeit zur Entfaltung des geistigen Vehikels, das den Menschen sicher durch die Tore von Eden und hinein in die sieben Hallen des Himmels bringt.

30. Aufstieg

In der langjährigen Geschichte der kabbalistischen Literatur hat es immer wieder Berichte über den Aufstieg in die sieben Himmel von Beriah gegeben. Diese unterscheiden sich zwar in Einzelheiten der Beschreibungen, dem sprachlichen Stil der jeweiligen Epoche und der persönlichen Metaphorik des jeweiligen Verfassers, doch sie haben vieles gemeinsam. So sind allgemeine Parallelen zwischen der apokryphischen (offiziellkirchlich nicht anerkannten) Beschreibung des Aufstiegs von Abraham, Levi, Moses, Jesaja und Baruch und dem Buch Hennoch zu erkennen. Das Ergebnis solcher Vergleiche gibt uns einen kaleidoskopischen Eindruck von Erfahrungsbereichen, die für das natürliche Fassungsvermögen kaum zu beschreiben sind. Wir müssen uns mit einem schemenhaften und subjektiven Gewahren von den höheren Welten zufriedengeben, sofern wir diese nicht selbst empfangen haben. Betrachten wir zwei Beispiele von Merkhabah- oder Wagenreisen in die beriatische Welt des Thrones und jenseits davon, und versuchen wir so den schwachen Widerschein eines mystischen Aufstiegs und dessen Stufen auf dem erweiterten Baum einzufangen.
Rabbi Akiba ben Joseph, der große Maggid im Palästina des ersten Jahrhunderts, hinterließ uns einen Bericht seiner Reise durch die sieben himmlischen Hallen oder Paläste. Darin beschreibt er für Rabbi Ischmael, einen weiteren Meister der Merkhabah-Reise, daß das Hinabsteigen in sein eigenes innerstes Wesen seinem Aufstieg in die Welt von Beriah entspricht. Dieser Bericht soll verglichen werden mit der Lehre über die sieben Himmel, wie sie in der mündlichen Überlieferung sowie bruchstückhaft auch im Talmud und in der schriftlichen Kabbalah übermittelt wird.

Bevor wir dem Aufstieg in die höheren Welten folgen können, muß zunächst ein wichtiges metaphysisches Prinzip erläutert werden. Der Überlieferung zufolge führen die verschiedenen Phasen des Aufstiegs durch sieben niedere und sieben höhere Hallen. Die sieben niederen Hallen entsprechen den sieben jeziratischen Sephiroth-Bausteinen; diese können als sieben Stadien der psychischen Initiation betrachtet werden, vom Emporsteigen aus Malkhuth des zentralen Nervensystems bis hin zu Chesed in der Triade der Seele. Es gibt jedoch noch eine weitere Betrachtungsweise der Hallen, bei der die mittleren Triaden des Bewußtseins als fortschreitende Reihe von Zuständen angesehen wird. Während also der unterste der niederen Paläste immer noch das jeziratische Malkhuth des körperlichen Tiphereth ist, entspricht der zweite dem Ego des jeziratischen Jesod oder des normalen Verstandes. Hierauf folgt als drittes Stadium im psychischen Baum dasjenige der Bereitwilligkeitstriade Hod–Jesod–Netzach und als viertes die Triade des erwachenden Bewußtseins, gebildet aus Hod–Tiphereth–Netzach. Das fünfte Stadium liegt in der Seelentriade des Selbst-Bewußtseins, während das sechste (Binah–Tiphereth–Chokhmah) und siebte (Binah–Kether–Chokhmah) auf der Jezirah-Seite des unteren Gesichtes von Beriah liegen. Wandelt sich Daath von Jezirah in Jesod von Beriah, so transformiert sich das Selbst des Mystikers in Malkhuth von Beriah, und er geht in das Königreich des Himmels ein.

Rabbi Akiba schreibt in seinen Abhandlungen, daß er diese erste der höheren Hallen von Beriah in einem Zustand der Hingabe betrat. Hier, am Ort des Selbst, wo die drei niederen Welten aufeinandertreffen, beginnt der eigentliche Weg. Dies ist der Ort, an dem Vilon, der Schleier von Tag und Nacht, auf- und zugezogen wird. Im Palast des Vorhangs zwischen dem Natürlichen und dem Übernatürlichen bildet der Schleier die Grenze, wo der Mensch die Engel trifft. Diese Halle – der Sitz

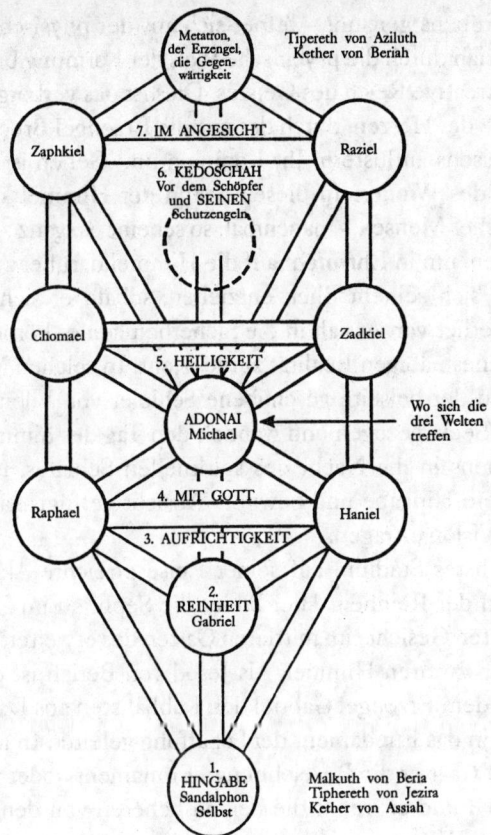

Abb. 29: Rabbi Akibas Aufstieg

Die Beschreibung des Aufstiegs von Rabbi Akiba durch die himmlischen Paläste wird hier auf dem beriatischen Baum veranschaulicht. Indem er sich durch sieben unterschiedliche Stadien bewegt, steigt er zwischen den schützenden Erzengeln hoch aus dem unteren Gesicht der Schaffung in das obere von Beriah, das gleichzeitig das untere Gesicht von Aziluth ist. Hier stand er in der Emanation, so hat er uns berichtet, aufrecht und bebend vor der göttlichen Gegenwart in IHRER Herrlichkeit.

des Glaubens genannt – öffnet sich aus der physischen Welt von Assiah durch die psychische Welt der Formung bis hinein in das kreative Reich des Geistes. Dies ist das verborgene Tor im Herz der Herzen, durch das uns die Erzengel Bruchstücke des Wissens zuflüstern. Ihr Kommen und Gehen ist wie ein Hauch des Windes. In diesen ersten der Himmel kann ein natürlicher Mensch – manchmal, so scheint es, ganz zufällig – eintreten, um in Ehrfurcht auf die Himmel darüber zu schauen, die sich seinem Blick entziehen, sobald er sich wieder nach Kether von Assiah in die Sicherheit seiner körperlichen und sinnesmäßigen Realität zurückzieht. In solchen Momenten wird der beiseite geschobene Schleier von Vilon wieder vor die Seele gezogen und wandelt den Tag des himmlischen Erwachens in die Nacht des spirituellen Schlafes. Nur wer über tiefe Hingabe und bewußte Absicht verfügt, kann eine solche Vision ertragen.

Als nächstes Stadium auf seiner Reise erreichte Akiba den Zustand der Reinheit. Hier bildet die Sephirah im Zentrum des dritten Gesichts im mittleren Garten des erweiterten Baumes den zweiten Himmel. Als Jesod von Beriah ist dies der Ort, an dem Erzengel Gabriel den Kabbalisten aus Daath von Jezirah in das Fundament der Schaffung geleitet. In unserem Schema trägt er die Bezeichnung »Firmament« oder »untere Rakijah«, und er trennt die beiden höheren von den beiden niederen Welten beziehungsweise die natürlichen von den übernatürlichen Teilen des Universums. Hier, an diesem Ort, werden die Zeichen des Himmels gesehen. Propheten und all jene, die reinen Herzens sind, können sie wahrnehmen. Doch erst wenn sich das irdische Daath eines Menschen zum himmlischen Jesod gewandelt hat, kann das Geheimnis dieser Symbole des Himmels entschlüsselt werden. Es heißt, alle Seelen, die sich an Gott erinnern, können diese Ebene erreichen und in das zweite Stadium von Devekuth oder der Kommunion

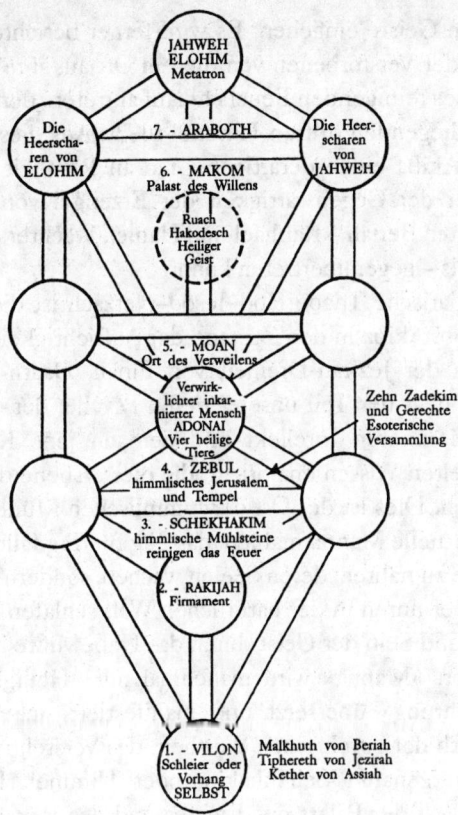

Abb. 30: Sieben Himmel

Anders als in vielen kabbalistischen Schriften werden die sieben Himmel in diesem Schema nicht den sieben unteren Sephiroth zugeordnet, sondern in Entsprechung zur mittleren Säule gesetzt. Bei dieser Betrachtungsweise werden die Himmel als Bewußtseinszustände auf dem zentralen Weg des heiligen Wissens hinauf betrachtet. Die überlieferten Berichte beschreiben symbolhaft in spirituellen Stadien die Bedingungen jeder Ebene vom ersten Augenblick des Selbst-Gewahrens in Malkhuth bis hin zur Ekstase im siebten Himmel von Araboth.

mit dem Geiste eingehen. Es wird ferner berichtet, daß die Seelen der Verstorbenen von diesem Ort aus ihre Reise den Strom des reinigenden Feuers hinauf antreten, der durch den darüberliegenden dritten Himmel fließt. Aus diesem Grund mußte Akiba einen derartigen Grad an Reinheit erreichen, bevor er der Gegenwärtigkeit der Erzengel von Hod und Netzach in Beriah – Raphael und Haniel, Wächter des dritten Himmels – gegenübertreten konnte.

Die beriatische Triade Hod–Jesod–Netzach ist die Halle, in der Rabbi Akiba in den Zustand der Aufrichtigkeit gelangte. Hier, in der Jezirah-Dreiheit von Binah, Daath und Chokhmah, liegt der Teil unserer tiefen Psyche, der dem äußeren und inneren Intellekt und dem an jene Kabbalisten vermittelten Wissen entspricht, die diese Ebene des Geistes erreichen. Dies ist der Ort der himmlischen Mühlsteine, die das spirituelle Manna mahlen, das Tag für Tag fällt, um nicht nur jene zu nähren, deren Seelen wachen, sondern auch jene, die weiter unten in der natürlichen Welt schlafen und deren Leben und Sein der Geist durch das Unbewußte beeinflußt. Das Wort »Manna« wird manchmal mit »Helligkeit« oder »Erleuchtung« übersetzt und manifestiert sich durch die Sephiroth der psychischen Weisheit, des Verstehens und des Wissens, genannt Schekhakim oder Himmel. Der dritte Himmel ist der Palast des Lichtes und des Feuers und der Ort, wo sich – so heißt es – die zweiundzwanzig Buchstaben des hebräischen Alphabets manifestieren, bevor sie in Jesod von Beriah eingehen. Hierauf entsteht in dem sich von oben herab entfaltenden Schöpfungswerk die erleuchtete Weisheit des Kabbalisten, der sich dem von unten hinauf wirkenden Wagenwerk widmet. Zu solchen Zeiten gewahrt dieser die Beziehungen zwischen allen Sephiroth unten in Kether von Jezirah; das heißt, er weiß um das Wesen seiner eigenen Psyche. Diese Triade von Beriah, die der Bereitwilligkeitstriade der darunterliegenden Welt entspricht, führt den Kabbalisten inmitten der Erzengel der Tradition und der Offenbarung zur direkten Verbindung mit dem Herzen der Welt des reinen Geistes.

Die vierte himmlische Halle, bestehend aus Hod, Tiphereth und Netzach von Beriah, heißt Zebul oder Wohnstätte. Dies, so heißt es, sei der Ort des himmlischen Jerusalem. Hier war Akiba seinem eigenen Bericht zufolge mit Gott. Durch das Berühren von Tiphereth in Beriah befände er sich damit direkt unterhalb von Malkhuth in Aziluth, dem Ort von Schekhinah, der Göttlichen Allgegenwärtigkeit. Als Tiphereth der Schaffung steht über dieser Stätte der Erzengel Michael, Wächter über das Haus Israel. Unmittelbar unterhalb der Sephirah von Schekhinah liegt der Tempel, dessen Altar folgende Inschrift aus dem ersten Buch der Könige 8, 13 trägt: »So habe ich nun ein Haus gebaut dir zur Wohnung, eine Stätte, daß du ewiglich da wohnest.« Dies weist auf die erste direkte Verbindung zur ewigen Welt von Aziluth hin. Der Überlieferung zufolge treffen wir hier auch auf die zehn großen Zadekim, die die esoterische oder himmlische Versammlung von Israel bilden. Sie wohnen direkt unterhalb des einen voll entfalteten Menschen, der in Kether von Jezirah – gleichzeitig Tiphereth, von Beriah und Malkhuth von Aziluth – residiert und das inkarnierte Verbindungsglied zum Göttlichen bildet. Die mündliche Überlieferung besagt, daß es zu allen Zeiten auf Erden einen solchen Menschen gibt, wenn sich dessen Gegenwart der Welt auch nur im Notfall offen zeigt. Manchen ist er als der Messias bekannt, anderen als die Leitfigur eines Zeitalters. Jede lebende Tradition hat einen Ort für ihn und einen Namen. Als Rabbi Akiba diese Seinsebene erreichte, trat er ein in die Gegenwart des dem natürlichen Menschen am nächsten liegenden Gottesnamen:

ADONAI – HERR. Hier treffen die menschliche und die göttliche Welt zusammen.

Im fünften Stadium seines Aufstiegs ging der Rabbi in die himmlische Halle Moan – oder Ort des Verweilens – ein. Dort mußte er vor den Erzengeln Chamael, Michael und Zadkiel, den Wächtern der Beriah-Triade Geburah–Tiphereth–Chesed, seine Heiligkeit unter Beweis stellen. Hier, im Äquivalent der Seelentriade, jedoch in der Welt des Geistes, wachen die Erzengel der Strenge, der Wahrheit und der Liebe über dem Zwischenbereich der spirituellen Moral, der den höheren himmlischen Garten (gleichzeitig das untere Gesicht der Welt der Emanation) vom niederen himmlischen Garten (gleichzeitig das obere Gesicht der Welt der Formung) trennt. Diese Zwischentriade bildet das Stadium der spirituellen Integrität, wo der Kabbalist beim Verlassen von Jezirah einen Zustand der psychischen Vollkommenheit oder Heiligkeit erreicht. In diesem Zustand manifestiert sich die Barakhah Gottes als göttlicher Donnerschlag und zeigt ihm – so wird berichtet – eine Vision von der Arbeitsweise der Offenbarung. Solche kosmischen Momente wurden auf vielfältige Weise beschrieben. Einige sprechen von der himmlischen Überwachung der Schaffung oder von den vier großen heiligen Lebewesen, dem Stier, dem Löwen, dem Adler und dem Menschen, die den himmlischen Thron tragen. Andere berichten von dem Ort des Verweilens, wo die geläuterten Seelen, die diese Ebene des Geistes erreicht haben, in die Seligkeit SEINER göttlichen Liebe eingehen. Hier, so sagen andere, wohnen die aufgestiegenen oder transzendenten Stammväter Israels und eine Heerschar von Engeln und Erzengeln, die die Welten unterhalb des himmlischen Gerichts und der Barmherzigkeit Gottes lenken und erhalten.

Der sechste Himmel wird in unserem Schema durch die große Beriah-Triade Tiphereth–Binah–Chokhmah gebildet. Hier, vor Ruach Hakodesch, dem Heiligen Geist, echote Rabbi Akiba die Kedoschah, die himmlische Heiligsprechung der Engel. Dieser Ort, von der Tradition Makom oder Stätte genannt, heißt »Palast des Willens«, denn hier wird die göttliche Absicht durch Daath von Beriah implementiert, um die Schaffung hervorzubringen. Daath von Beriah ist gleichzeitig Jesod von Aziluth und trägt den göttlichen Namen EL HAI SCHADDAI – der lebendige allmächtige Gott. So vermittelt der Heilige Geist von Daath in Beriah das Wissen und den Willen, die von den darunter geschaffenen Welten benötigt werden. Wir kennen es auch als den Ort, wo sich der »Kuß Gottes« manifestiert. Bis zu dieser Ebene, so wird uns berichtet, steigen die Bewußtesten im Geiste auf, um einzugehen in den Willen von Ruach Hakodesch und damit eins zu werden mit seinem Geist. Darum wird dieser Ort manchmal auch als »Stätte des Todes« bezeichnet, an dem sich jeder Sinn von Individualität ins Nichts auflöst, weil der Kabbalist seinen fleischlichen Zustand weit hinter sich gelassen hat. Dies muß nicht unbedingt gleichbedeutend sein mit dem physischen Tod, denn in dieser Stellung zwischen den geschaffenen und den göttlichen Welten hat der Kabbalist noch immer die Wahl, weiterzugehen oder umzukehren.

Rabbi Akiba setzte seinen Aufstieg fort und ließ so die Welt des Wagens hinter sich zurück. Nachdem er vollends in den Baum des Thrones eingegangen und an den beiden Erzengeln von Binah und Chokhmah – geistig verkörpert durch die großen Wesenheiten Zaphkiel und Raziel – vorbeigekommen war, gelangte er in den siebten Himmel und stand, so berichtet er, »aufrecht, mit aller Kraft meine Balance haltend«, und sein physischer, psychischer und geistiger Körper erbebte in Ehrfurcht vor der größten aller geschaffenen Wesenheiten, dem Erzengel Metatron, der als der entrückte Hennoch Erzengel der Gegenwärtigkeit Gottes in der Schöpfung ist. Hier, direkt unterhalb des Ortes von JAHWEH ELOHIM, liegt die supernale Triade von Beriah, auch Araboth des siebten Himmels genannt. In diesem Himmel finden wir die bislang noch unausgegossene Realität der Schöpfung. Dort liegt die Grenze zwischen Möglichem und Tatsächlichem, wo der Göttliche mit SEINEM Willen die zu schaffenden Welten hervorbringt. Dies ist der Ort, wo der Geist Gottes »auf dem Wasser« schwebt, wie es im ersten Kapitel der Genesis beschrieben wird. Zuzeiten wird er wahrgenommen als Wolke oder eine weite Ebene – dies sind zwei der Bedeutungen des Wortes »Araboth« –, dann wiederum als schier unendliche Oberfläche eines kosmischen Meeres. Das hebräische Wort für »Himmel« lautet »Schamaim«; es wird gebildet aus den beiden Wurzelwörtern für »Feuer« und »Wasser«. Der Überlieferung zufolge beziehen wir den aktiven Pfeiler des großen Baumes von Aziluth auf das Feuer und den passiven auf das Wasser. Die mittlere Säule wird von der Luft in Form von RUACH ELOHIM – dem Geist oder Hauch Gottes – gebildet. Alle drei stellen gemeinsam den siebten Himmel dar, wobei das Element der Erde unten das Bild durch alle Welten hinab vervollständigt, indem sich Kraft, Form und Bewußtsein in immer dichterer Stofflichkeit entfalten.

Araboth liegt direkt unterhalb von Kether in Beriah, der Krone des Schöpfers. Aus diesem Ort des Schöpfers gehen alle erschaffenen Dinge hervor, um hinabzusteigen, aufzusteigen und erneut hervorgebracht zu werden. Der Akt der Schöpfung erfolgt, so wird uns berichtet, mit dem Ausrufen eines Wortes. Dieses Wort ist der erste aller Töne, der im manifesten Universum zu hören ist. Es ist der höchste Name Gottes: EHJEH – ICH BIN. Dieser erste der göttlichen Namen nimmt seinen Ursprung jenseits von Kether in Beriah, in der Welt von Aziluth, die von den neun anderen Namen Gottes und ihren göttlichen Attributen gebildet wird. Wir kennen

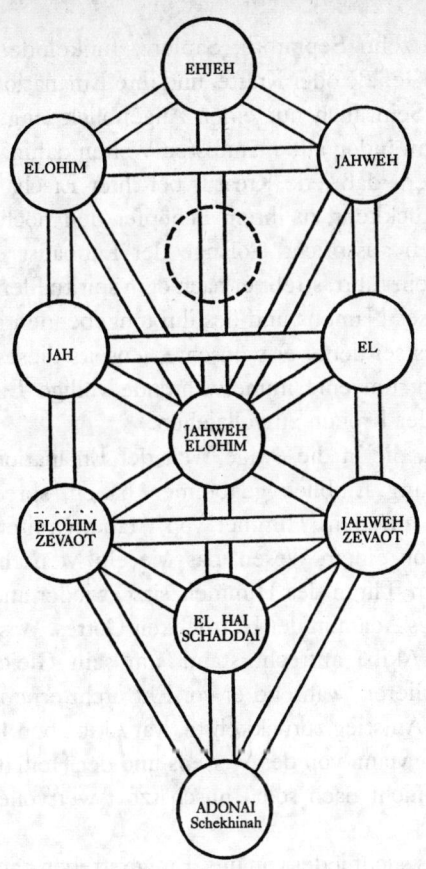

Abb. 31: Die heiligen Namen Gottes

sie als die zehn Sephiroth, Saphire, funkelnden Lichter, Gewänder, Gefäße oder Kräfte, und ihre Emanation ist ewig. Würde ihr Sein auch nur einen Augenblick lang unterbrochen, so schwänden alle manifesten Welten dahin. Uns wurde überliefert, daß jede Kreatur bei ihrer Erschaffung und bei ihrer Rückkehr zu ihrem Schöpfer den höchsten aller Gottesnamen ausspricht. Solange der Kabbalist ein inkarniertes Dasein führt, strebt er nach dem spirituellen Gewahrwerden dieses Namens und des ihn umgebenden göttlichen Zustands, es sei denn, er wünschte, jenseits dieses Punktes zu gelangen, um eine immerwährende völlige Einung mit der Krone der Kronen zu vollziehen.

Kabbalisten, die in die ewige Welt der Emanation jenseits der Schöpfung Einblick genommen haben, sprechen von einem, der auf dem Himmel von Araboth reitet. Andere berichten von einem Wesen, das wie ein Mensch aussieht und auf dem Thron des Himmels sitzt, wieder andere vom Ebenbild des Adam in der Herrlichkeit Gottes. Was Wunder, daß Rabbi Akiba aufrecht stand, um sein Gleichgewicht nicht zu verlieren, während er vor Ehrfurcht erbebte. Als er von seinem Aufstieg zurückkehrte, war Akiba ben Joseph, so heißt es, ein Mann voll des Wissens und der Heiligkeit. Und wer würde nicht nach solch unschätzbar wertvollen Perlen suchen?

Irgend etwas sucht jeder von uns. Einige streben nach Sicherheit, andere nach Vergnügen oder Macht. Wieder andere halten Ausschau nach Träumen oder was ihnen sonst noch in den Sinn kommt. Es gibt jedoch auch jene, die wissen, wonach sie suchen, dies jedoch in der natürlichen Welt nicht finden können. Für diese Suchenden wurden von jenen, die diesen Weg früher beschritten haben, viele Hinweise gestreut. Spuren gibt es überall, doch nur wer Augen hat, zu sehen, oder Ohren, zu hören, der wird sie erkennen. Begegnet der Mensch diesen

Zeichen mit dem ihrer Bedeutung angemessenen Ernst, so öffnet die Vorsehung eine Tür aus dem Natürlichen hinein in das Übernatürliche. Sie gibt den Blick frei auf eine Leiter, die vom Vergänglichen zum Ewigen reicht. Wer den Aufstieg wagt, der begibt sich auf den Weg der Kabbalah.

Anhang

Zur Transliteration

Die deutsche Transliteration des Hebräischen variiert stark. In diesem Buch liegen der Umschrift kabbalistischer Begriffe die *Encyclopedia Judaica* sowie die in der westlichen Welt gebräuchlichen Schreibweisen zugrunde. Zur Orientierung wird auf den folgenden Seiten eine Übersicht der Sephiroth, des hebräischen Alphabets mit den entsprechenden Zahlen sowie ein Glossar hebräischer Begriffe gegeben.

Die Sephiroth

Sephirah	Entsprechung im Deutschen
Kether	Krone
Chokhmah	Weisheit
Binah	Verstehen
Daath	Wissen
Chesed	Barmherzigkeit
Geburah	Gericht
Tiphereth	Schönheit
Netzach	Ewigkeit
Hod	Widerhall
Jesod	Fundament
Malkhuth	Königreich

Das hebräische Alphabet

Aleph	1
Beth	2
Gimel	3
Daleth	4
Heh	5
Vav	6
Zain	7
Cheth	8
Teth	9
Jod	10
Kaph	11
Lamed	12
Mem	13
Nun	14
Samekh	15
Ain	16
Peh	17
Zadde	18
Kuph	19
Resch	20
Schin	21
Tav	22

Glossar

Adam Kadmon	Erster Mensch
Adamah	Ackerboden
ADONAI	Name Gottes in Malkhuth
Ain	Das Nichts, die Leere
Ain Soph	Das Absolute, die Unendlichkeit, das All; eine Bezeichnung für Gott
Ain Soph Aur	Das Urlicht, der Uräther
Araboth	Siebter Himmel
Assiah	Welt des Machens; elementare und natürliche Welt
Avodah	Hinwendung, Arbeit, Dienst
Aziluth	Welt der Emanationen: das sephirothische Reich und die Herrlichkeit
Barakhah	Segnung der Gnade
Beriah	Welt der Schaffung und des reinen Geistes; Welt der Erzengel
Bet-El	Haus Gottes
Binah	Sephirah des Verstehens; gelegentlich auch »Vernunft« genannt
Chassidim	»Die Frommen«, Anhänger der mystischen Tradition des Chassidismus
Chesed	Sephirah der Barmherzigkeit; manchmal auch »Gedulah« genannt
Chokhmah	Sephirah der Weisheit und der Offenbarung
Chokhmah Nistarah	Verborgene Weisheit

Daath	Sephirah des Wissens; auch Nicht-Sephirah
Devekuth	Ständige Erinnerung
Din	Gerechtigkeit, Recht, das Gerechte
Diskarnation/Desinkarnation	Verlassen der menschlichen Seele des Körpers
Dschehennah	Tal der Hölle
EHJEH	ICH BIN
EL HAI SCHADDAI	Lebendiger allmächtiger Gott
ELOHIM	Name Gottes in Binah
Eretz	Land
Etz Chaim	Baum des Lebens
Gadluth	Große Bewußtseinsstufe
Geburah	Sephirah des Gerichts; wörtlich übersetzt »Stärke« oder »Macht«
Gematrie/Gematria	Okkulte Methode, hebräische Worte oder Sätze in entsprechenden Zahlenwerten auszudrücken
Gilgulim	Zyklus der Wiedergeburt; Transmigration der Seelen
Guph	Körper
Heikaloth	Himmlische Paläste
Hod	Sephirah des Widerhalls; Echo der Pracht
Idra Suta Kaddischah	Niedere heilige Versammlung
Ivrim	Hebräischer Name für die Hebräer
JAHWEH	Name Gottes in Chokhmah
Jasar Harah	Böser Impuls
Jasar Tov	Guter Impuls
Jesod	Sephirah des Fundaments
Jeschivah	Lern- und Lehrhaus
Jezirah	Welt der Formung; Welt der Psyche und der Engel

Kaddisch	Gebet
Katnuth	Kleine Bewußtseinsstufe
Kavanah	Gebet mit bewußter Absicht
Kedoschah	Heiligsprechung der Engel
Kellippoth	Welt der Hüllen und Dämonen
Kether	Sephirah der Krone
Maasseh Bereschith	Schöpfungswerk
Maasseh Merkhabah	Wagenwerk
Maggid	Lehrer, Prediger
Makom	Stätte
Malkhuth	Sephirah des Königreiches
Menorah	Siebenarmiger Leuchter
Mitzriaim	Ägypten (Einengung; Beschränkung)
Nakuph	Im Kreise herumgehen
Nephesch	Natürliche Seele
Nephesch Chaim	Lebendige Wesen
Neschamah	Individualseele
Netzach	Sephirah der Ewigkeit; auch Sieg und Beharrlichkeit genannt
Notarikon	Eine Technik, hebräische Gottesnamen bzw. Worte abzukürzen, um somit esoterisches Wissen zu verschlüsseln
Pachad	Furcht
Penuël	Ort, an dem Jakob zu Israel wurde
Rakijah	Firmament
Ruach	Geist
Ruach Elohim	Geist Gottes
Ruach Hakadesch	Heiliger Geist
Sanhedrin	Schriftgelehrter im biblischen Israel
Schamaim	Himmel auf Erden
Schekhinah	Göttliche Allgegenwärtigkeit in Malkhuth
Schetijah	Kosmischer Stein

Schiur Komah	Visionäres Buch
Schma	Großes Gebet von Israel
Schmitah	Kosmischer Universalzyklus
Sepher Jezirah	Buch der Formung
Sephirah	Gefäße, Lichter und Attribute Gottes
Sohar	Buch der Herrlichkeit
Tempel-Ära	1. Tempel-Ära: 515 v. Chr. 1. Tempel in Jerusalem; 2. Tempel-Ära: 20 v. Chr. Tempelneubau, 70 n. Chr. Zerstörung des 2. Tempels
Teschuvah	Reue, Umkehr und die Wandlung eines unteren Gesichtes in ein oberes Gesicht
Tiphereth	Sephirah der Schönheit; gelegentlich auch »Pracht« genannt
Vilon	Schleier
Zadde	Aufrichtigkeit; Fischhaken
Zadek	»Der Gerechte«; Lehrer der Strenge
Zaken	Ältester
Zakheh	Läuterung
Zebul	Wohnstätte
Zelem	Bild
Zimzum	Prinzip der göttlichen Kontraktion, bevor das Universum ins Sein kommt

Westliche Wege

Neil Douglas-Klotz
DAS VATERUNSER
Meditationen und Körperübungen zum kosmischen Jesusgebet

(86008)

Thomas Sugrue
EDGAR CAYCE
Die Geschichte eines schicksalhaften Lebens

(4107)

Hanneke und Hans Korteweg
DEM INNEREN LICHT FOLGEN
Chakren, Charakterstrukturen und die sieben Strahlen

(4261)

Katja Wolff
DER KABBALISTISCHE BAUM
Adams Schlüssel zum Paradies

(4223)

Katja Wolff
MAGIE
Kunst des Wollens
Macht des Willens

(4262)

Lex Hixon
EINS MIT GOTT
Mystik jenseits von Religion und Zeit

(4252)

Astrologie

(4165)

(4243)

(4253)

(4234)

(4280)

(4281)